일러두기

1 이 책은 2019년 5월 22일부터 7월 11일까지 MBC에서 방영된 수목드라마 〈봄밤〉의 대본을 엮어 만든 것입니다.

2 김은 작가의 드라마 대본 집필 형식에 맞춰 편집했습니다.

3 인물들의 대사는 그 느낌을 살리기 위해 최소한의 수정만 하였으니, 한글 맞춤법에 맞지 않더라도 양해 바랍니다.

4 화면에 인물이 등장하지 않고 목소리만 들리는 경우(전화 통화, 회상 등) 인물 이름 옆에 (E), (F) 표기가 되어 있습니다.

5 말줄임표, 마침표, 느낌표 등은 최대한 통일하였으나, 상황 묘사가 극적일 때는 그에 맞는 느낌을 살렸습니다.

6 이 대본집은 (방송 전) 작가가 집필한 원고로, 편집/연출에 의해 방송된 영상물과 다소 차이가 있습니다.

밤밤

김은 대본집

2

arte POP

contents

이 정 인

35세, 도서관 사서

우애 좋은 세 자매 중 둘째다. 자기 스스로 못됐다는 걸 강조하지만 '자신이 원하는 삶을 사는 것'에 가장 큰 가치를 두고 있을 뿐이다.

꽤 오래 만난 연인 기석이 당연하다는 듯 결혼을 언급하면서, 둘의 관계를 다시 생각하게 된다. 자신이 원하는 연애는 어떤 건지, 구체적으로 어떤 결혼을 원하는지 아직은 모르지만, 자기가 원하는 게 기석과의 결혼이 아니라는 것만은 확실히 안다.

그 즈음, 겨울의 끝자락에서 한 남자를 만난다. '친구하자'는 말로 거리를 두었지만, 그렇게라도 하지 않으면 사라져버릴까 봐, 눈처럼 녹아버릴까봐 붙잡아둔 것이다.

언제부터인지, 약 먹는 것도 싫어하면서 자꾸 약국에 간다. 거짓말을 제일 싫어하면서 자꾸 거짓말을 한다.

친구라도 하자는데 자꾸 싫다고 내치는 그 남자 때문인 것 같다.

| 유 | 지 | 호 |

35세, 약사

잘생긴 외모, 훌륭한 머리, 자상한 성격. 흠잡을 데 없는 남자이지만 미혼부다. 20대 때 만나던 여자친구가 잠적한 지 8개월만에 돌아와 임신 사실을 알렸고, 아이를 낳았다. 지호는 아이와 여자 모두 책임지기로 결심하지만, 아이는 남고 여자는 떠났다. 그때 지호 인생 최초이자 최대의 소용돌이를 만난다.

그렇게 지호는 홀로 아빠가 됐다. 그에게 세상 끝까지 지켜야 할 것이 단 하나 있다면 아들 은우다.

아들에 대한 사랑만 남긴 채 6년 가까이 로봇처럼 살았다. 미혼부라는 꼬리표와 은우에게 좋은 아빠가 되겠다는 결심이 그의 마음을 묶어놓은 듯, 그 누구도 열지 못하는 단단한 문처럼 보였다.

술이 덜 깬 정인이 그의 약국 문을 열고 들어오기 전까지는 말이다.

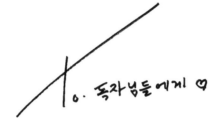

To. 독자님들에게 ♡

지호랑 함께
봄밤에 빠져시길..! ♡

권	기	석

38세, 은행 심사과 과장

정인의 오래된 연인. 유지호의 대학 선배다. 수영재단 이사장
의 둘째 아들로 가진 게 많다.

과거 음악에 빠져 살다가 정인을 만나면서 정신 차리고 평
범한 직장인으로 살고 있다. 자존심과 승부욕이 강한데, 그걸
여자친구 앞에서 지키려고 하는 게 문제다. 욱하는 성격도 있
어 헤어지자는 말도 여러 번 했지만, 그때마다 정인의 깊고 넓
은 마음이 그를 포용해주었다.

이정도 만났으면 결혼해야지, 하던 중 정인의 심경에 변화
가 있다는 것을 알아차린다. 죽고 못 사는 사랑도 아니면서 헤
어지자는 말을 받아들이지 못한다. 자존심 때문인지, 정이 깊
어서인지 알 수 없다. 알고 싶지도 않다. 그냥 이정인은 내 여
자고, 앞으로도 그래야 한다는 생각뿐이다.

정인을 모두 다 안다고 생각한다. 유지호를 바라보는 그녀
의 눈을 보기 전까지는, 정말 그런 줄 알았다.

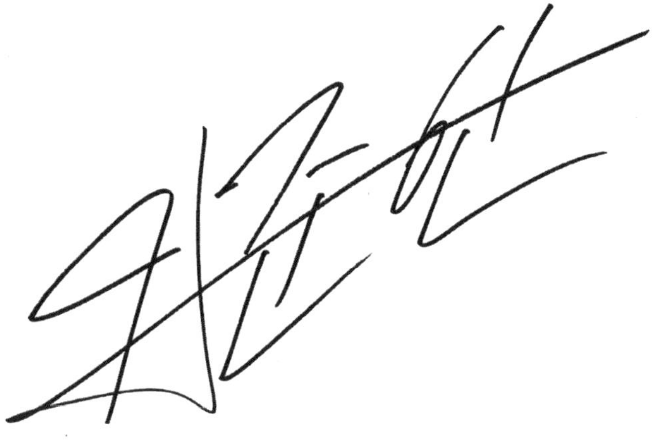

우리가 함께 한 봄밤이
우리 가슴 속에 오래도록 추억 되기를

One

Spring

Night

| | | 9 | 부 | | |

봄밤

1. 빌라 앞 _ 지호의 차 안 (밤)

지호, 담담한 표정으로 빌라 앞으로 차를 몰고 가고 있다. 앞 유리 너머로 차에 타려 하는 기석이 보인다. 지호, 순간 긴장되는 듯한 표정이다. 기석이 지호의 차를 돌아본다. 지호, 집 앞에 차를 세우고 라이트를 끈다. 기석, 지호의 차를 보고 있다. 지호, 기석에게 시선을 둔 채 벨트를 풀고 차에서 내린다.

2. 빌라 앞 _ 차 밖 일각

지호, 기석을 보며 차 문을 닫는다. 기석, 굳은 표정으로 본다. 지호, 차 문을 잠그며 기석에게 향한다. 기석, 그 자리에 선 채 뚫어져라 보기만 한다. 지호, 가까이 가서 선다. 기석, 막상 말이 나오지 않는다. 지호, 담담하게 본다.

3. 영주의 집 _ 베란다

영주, 휴대폰 쥐고 아주 조금 열어놓은 창문 너머로 두 사람 훔쳐보고 있다. 지호와 기석, 말도 없이 마주 보고만 있다. 영주, 긴장한 상태로 정인에게 빠르게 톡을 보내랴 창밖을 보랴 분주하다.

4. 멕시칸 식당 밖

창 너머로 서인과 재인이 가방을 챙겨 일어서려는 모습이 보인다. 정인, 자리에 앉은 채 불안한 표정으로 휴대폰 톡을 확인하고 있다.

5. 빌라 앞 _ 차 밖 일각

지호와 기석, 마주 보고 서 있다. 기석의 시선이 팽팽하다. 반면에 지호는 담담하다.

기석	나한테 할 얘기 있냐?
지호	네.
기석	(순간 싸늘히 굳어진다)
지호	(흔들림 없이 본다)
기석	(시선을 살짝 틀어 잠시…. 지호를 다시 한 번 보고는 차에 오른다)
지호	(잠시 보다가 차가 서 있는 쪽으로 돌아선다)
기석	(차에 시동을 건다)
지호	(리모컨으로 차 문을 열며 다가가 차에 오른다)

6. 영주의 집 _ 거실

영주, 휴대폰을 귀에 대고 베란다에서 거실로 온다.

정인(F) 어, 영주야. 어떻게 됐어?

영주 둘이 사라졌어.

정인(F) 어디로?!

영주 모르지. 기석 씨 먼저 차 타고 갔고, 바로 지호 씨도 차 몰고 갔어.
야, 둘이 어디 공터 같은 데 가서 치고받는 거 아니야?

정인(F) 하….

영주 넌 지금 어디야?

7. 멕시칸 식당 앞 일각

정인, 통화하며 서 있다. 서인과 재인, 좀 떨어져 서 있다.

서인 정인이랑 집으로 가.

재인 (걱정스럽게) 언니네 가기로 했잖아.

서인 이제 괜찮아. 가서 정인이나 좀 잘 챙겨.

정인 (살짝 어두운 표정으로 전화 끊으며 다가온다)

서인 (표정을 읽는다…)

정인 여기 있어. 차 갖고 올게.

서인 아니야. 여기서 멀지도 않은데, 내가 너네 내려주고 갈게.

정인 왜?

재인 (어이구) 작은언니 얼굴을 봐.

정인 (민망…. 재인을 흘기듯 본다)

재인 (얼른 서인을 보며) 우리 그냥 택시타고 갈게.

서인	(정인 보며) 그게 낫겠어?
정인	어. 근데 언니….
서인	알았어. 결과가 어떻든 전화할게. 걱정하지 마.
정인	(안아주며) 우리 항상 옆에 있는 거 알지?
서인	(등을 쓸어주며) 정인아, 니 마음을 믿어. 그럼 다 잘될 거야.
정인	(… 끄덕인다)
재인	(두 사람을 노려보며) 진짜 못 봐주겠네!
서인	(얼른 떨어진다. 돌아서 재인을 안아 토닥) 아휴, 우리 샘쟁이….
정인	(두 사람을 미소 담고 보다가 시선을 돌린다. 작게 심호흡을 하며 마음을 다지듯 단단한 표정을 짓는다)

8. 편의점 앞 일각

영재와 현수, 마실 것 하나씩을 들고 걸터앉아 있다. 서로 이 생각, 저 생각 중이다.

현수	아! 야, 걔한테 연락해봐. 동생.
영재	(흠칫!) 재인이랑 끝났다니까.
현수	그게 문제냐. 친구가 전쟁터에 나갔는데?
영재	그렇게 걱정되면 아까 같이 가지 그랬냐. (마신다)
현수	…! 지금이라도 가볼까? 유지호 쥐어터지고 있으면 어떡해.
영재	설마…. 너네 선배 그렇게 과격한 사람이야?
현수	이게 저번부터! 이건 성격하고는 하등의 관계가 없는 얘기라니까. 너 같으면 니 여자 뺏어가는 놈한테 예의 차리겠니? (마신다)
영재	… 야, 근데…. 냉정하게 보면 둘 사이가 딴딴했으면 뭐에도 흔들리지 않았어야지. 다 지호 탓으로 돌리는 건, 오히려 창피한 거 아니냐?
현수	(응?) 일리는 있는데…. 야, 그렇다고 순순히 꺼져주는 것도 웃기지.

영재	(그렇기도…) 지호가 당하고만 있지는 않겠지…?
현수	… 그 자식이 공부는 겁나 잘했는데, 싸움도 잘했었나?

9. 근린 공원 앞 일각

동네의 자그마한 공원 앞이다. 지호와 기석의 차가 나란히 주차되어 있다.

10. 근린 공원 안

가로등이 곳곳에 켜져 있다. 운동기구 몇 가지가 설치된 일각에 작은 벤치들이 간격을 두고 이어져 있다. 지호와 기석, 각자 벤치 하나씩에 앉아 있다. 지호, 여전히 담담한 표정이다. 기석, 되레 긴장을 해 더 경직돼 있다.

지호	선배가 생각하는 거….
기석	잠깐만.
지호	(기석을 본다)
기석	(보지도 않고) 지금이라도 괜찮아. 내가 굳이 듣지 않아도 될 얘기면 안 해도 돼.
지호	(앞을 본다) 하는 게 맞아요.
기석	…! (지호를 본다)
지호	우연히 약국에 손님으로 들어왔어요.
기석	(왠지 이 말만으로도 덜컥한다…. 고개가 슬쩍 떨어진다)
지호	… 또 우연찮게 같은 빌라에 친구가 살아서 다시 마주쳤고, 그러면서 만나는 사람이 있다는 것도 알게 됐어요. 근데 내가 멈추지를 못

	했어요.
기석	…! (싸늘한 시선을 저만치 던진다)
지호	그래서 가볍게 아는 친구로 지내자는 제안도 거절했어요.
기석	(허!) 무슨 생각으로? 정인이하고 내 사이가 쉬워 보였어?
지호	그런 생각이 눈곱만큼이라도 있었으면, 일부러 선배한테 들켰겠죠.
기석	(오기 난다) 내가 눈치 못 까고 있었던 게 아니야.
지호	전혀 모르게 할 수도 있었어요.
기석	…! 근데. 그럼 왜 흘렸냐?
지호	(보며) 날 우습게 봐서요.
기석	(흠칫!)
지호	날 대하는 선배의 생각과 태도가 잘못됐다는 걸 느끼게 하고 싶었어요. 무시할 의도는 아니었다고 했지만, 그건 사람을 죽여놓고 죽일 의도는 없었다고 말하는 것과 다를 게 없어요.
기석	(순간 당혹) 야, 그건….
지호	그런 사람을 더 이상 이정인이 만나지 않았으면 좋겠다는 생각까지 하게 됐고, 그래서 일부러 티 냈어요.
기석	(당혹감과 분함이 뒤섞인다… 뚫어져라 본다)
지호	(지지 않고 보고 있다)

11. 정인의 집 _ 거실

재인, 지갑과 휴대폰, 소화제를 들고 급하게 현관을 들어온다. 방으로 향하다가 열린 문으로 정인이 없는 것을 보고는 화장실 앞으로 간다.

재인	언니, 약 사왔는데. (노크하며) 괜찮아…?

변기 물 내리는 소리 들린다. 정인, 나온다.

재인	토했어?
정인	(고개만 젓는다)
재인	심하게 체한 것 같은데, 그냥 지금이라도 병원 가볼래?
정인	약 먹으면 괜찮을 것 같아.
재인	(약을 건네며) 물 갖다줄게.
정인	(소파로 와서 앉는다)
재인	(냉장고에서 생수 꺼내 컵과 함께 가져온다)
정인	(약을 꺼낸다)
재인	(얼른 물을 따라 건넨다)
정인	(먹는다)
재인	(테이블에 생수와 남은 약을 올려놓고 정인을 보며 바닥에 앉는다)
정인	(컵을 내리고는 괜스레 민망해서) 이재인 말대로 나 너무 후져졌다….
재인	아무렇지 않은 게 오히려 이상한 거지. (잠시…) 난 언니가 무슨 큰 죄지은 것처럼 생각하지 않았으면 좋겠어. 좀 이기적이면 어때. 내 진심을 지키는 일인데.
정인	(재인을 가만 본다…. 의미 없이 작게 미소 지어준다)

12. 근린 공원 안

지호와 기석, 같은 모습으로 벤치에 앉아 있다. 지호, 여전히 덤덤하다. 기석, 오히려 표정이 조금 편안해 보인다.

기석	결론은 정인이를 계속 마음에 두겠다? (보며) 그런 거지?
지호	(보지도 않고 대꾸하지 않는 것으로 대답을 대신한다)
기석	(앞을 보며) 그래라, 그럼.

지호	…! (본다)
기석	승부 보자는 뜻으로 착각하지 마. (일어선다)
지호	(무슨…? 슬쩍 미간을 찌푸리며 올려다본다)
기석	(보며) 넌 한 여자의 불행을 자초하려는 거고, 난 그 여자의 불행을 막으려는 거야. (슬쩍 비웃음마저 섞으며) 이해가 좀 되냐?
지호	(앞을 본다. 잠시…. 다시 보며) 이해보다는 걱정이 되죠.
기석	(뭔 소리야…)
지호	이정인을 누가 더 힘들게 만들지 예상이 돼서.
기석	(어쭈…. 몇 걸음을 다가와 선다) 그게 나라는 거야?
지호	(일어서 마주 보며) 내가 아닌 건 확실해요.
기석	…! (순간 경직되며 노려본다)
지호	(날 선 눈빛으로 맞선다)
기석	좋게 말로 할 때 그만 기어올라.
지호	선배에 대한 예의 접을 거였으면, 날 무시했을 때 그냥 안 넘겼어요.
기석	…! 봐줬다는 거야?
지호	참았다고 해두죠.
기석	안 참았으면. 두들겨 패기라도 하려고 그랬냐?
지호	그 정도로 풀렸겠어요? 무릎 정도는 꿇게 만들었겠지.
기석	(흠칫…! 파르르해진다…. 당혹감에 슬쩍 웃음기마저 보인다)
지호	사실 이 자리. 이정인 문제로만 나온 거 아니에요. 어쩌면 내 얘기가 우선이었을 수도 있어요. 맞아요. 나한테 아이가 있다는 거, 사람들 눈에 어떻게 비춰지는지 다 알아. 근데 나한테 아이는 세상 무서울 것 없는 자신감이기도 해. 그러니까 다시는 건들지 말아요. 두 번째 부터는 선배고 뭐고 없어. (누르듯 본다)
기석	(끓지만 맞설 말을 못 찾는다. 그저 노려볼 뿐…)
지호	더 할 얘기 없죠. (먼저 돌아서 간다)
기석	(그대로 서 있다. 부글부글…)

13. 공원 입구

지호, 조금 굳었지만 덤덤한 표정으로 걸어 나오고 있다. 기석, 빠르게 걸어와 지호를 홱 지나쳐 앞서간다. 지호, 걸으며 기석의 뒷모습을 태연히 볼 뿐이다.

14. 공원 앞 일각 _ 기석의 차 안

기석, 화를 누르느라 입을 꽉 다문 채 앉아 있다. 매서운 눈빛으로 룸미러를 본다.

15. 기석의 차 뒤편 _ 지호의 차 안

지호, 유리 너머를 통해 기석의 차를 바라보며 기다려주고 있다. 기석의 차에 시동이 걸린다. 지호, 그대로 보기만 한다. 기석의 차가 가버린다. 지호, 그제야 시동을 걸고 벨트를 맨다.

16. 정인의 집 _ 주방

식탁에 휴대폰과 마시다 만 찻잔 놓여 있다. 정인, 의자에 무릎을 세우고 앉아 머리를 묻고 있다. 순간 고개를 들고 휴대폰을 본다. 휴대폰에 진동 오고 있다.

17. 정인의 집 _ 현관 앞 복도

정인, 긴장된 표정으로 겉옷을 걸치고 휴대폰만 들고 엘리베이터로 향한다.

18. 정인의 오피스텔 앞 일각

기석의 차 세워져 있다. 기석, 차 옆에서 오피스텔을 등지고 서 있다. 기석의 너머로 정인이 걸어오는 것이 보인다. 정인, 기석을 보며 휴대폰을 주머니에 넣고 표정을 단단히 하며 다가온다. 기석, 여전히 그대로 서 있다. 정인, 기석에게서 좀 떨어져 서며 혹시나 싸웠나… 얼굴부터 살핀다. 기석, 돌아본다.

기석   (차로 가려 하며) 타.
정인   (의심스러워 쳐다보기만…)
기석   (슬쩍 성질) 차에서 얘기하게. (운전석으로 향한다)
정인   …. (조수석에 오른다)
기석   (운전석으로 가서 오른다)

19. 오피스텔 인근 _ 기석의 차 안

정인과 기석, 나란히 앉아 서로 정면만 보고 있다.

기석   … 지호 만났어.
정인   알아.
기석   (순간 노려본다. 벌써 연락했어?)

정인	이 일에 대해서는 우선 내가 얘기할….
기석	안 해도 돼.
정인	…! (순간 긴장한다)
기석	우리 사이 달라지는 거 전혀 없어. 이 말 하려고 내려오라고 한 거야.
정인	(빤히… 무슨 생각인 거야…)
기석	실수할 수 있어. 니가 그동안 많은 일 참아주고 눈 감아준 거, 이번에는 내가 그렇게 할 거야. 잊어버릴 테니까 너도 그렇게 해.
정인	(하…. 앞을 본다. 잠시…) 나 실수한 거 아니야.
기석	(탁 본다!)
정인	진심이야. 유지호 씨한테.
기석	(순간 확 내려서는 문을 부서져라 닫는다)
정인	(흔들림 없이 입만 꾹…)

20. 기석의 차 밖 일각

기석, 어찌할 바를 모르겠다. 그저 화를 누르려 연거푸 심호흡을 할 뿐이다. 정인, 내린다. 등을 돌리고 선 기석의 곁으로 다가온다.

정인	오빠.
기석	달라지는 거 없다니까. 잊어버릴 거고, 너도 그래야 돼.
정인	잔인하게 들려도 어쩔 수 없어. 난 진심이야.
기석	(확 돌아) 동정이야! 연민이라고! 유지호가 가당키나 해? 이건 아니야. 해서는 안 될 짓하는 거랑 다를 게 없는 거야.
정인	지호 씨 이전에 오빠하고는 헤어질 생각이었어.
기석	그러니까! 둘 사이에 어떤 것도 없을 때였으면 차라리 나아. 다시 잘해보자, 잘해보자 하다가 결국에는 나도 지쳐서 그래, 다 관둬 했을지 몰라. 근데 다른 사람도 아니고 뭐, 유지호? 그 꼴을 어떻게 봐.

니가 불구덩이로 뛰어드는 걸 어떻게 그냥 보고만 있냐고!

정인   (하…. 고개 돌리며 답답해한다)

기석   더 안 돼. 이렇게 된 이상, 널 위해서 더 못 헤어져.

정인   …! (보며) 난 이미 헤어졌어.

기석   (날 선 눈으로 본다)

정인   정말 날 위한다면 헤어지자는 말부터 무시하지 말아야지. 받아들일 수 없다는 이유만으로 내 감정은 묵살시키잖아. 안 된다, 못박고 일방적으로 우리는 계속 연인이다, 하잖아. 이게 무슨 억지야?

기석   난 노력하는 거야! 우리 둘을 위해서 노력하는 거!

정인   (발끈) 그 정성을 왜 이제 와서 하냐고! 오빠도 인정했지. 안일했었다고. 헤어진다는 생각 못했다고. 아니, 그것도 사실 날 무시했던 거야. 지 까짓 게 화내봐야. 내일 만나서 대충 얼러주면 또 풀려. 그 뻔한 속을 알면서도 대충 넘기고 못 이기는 척 맞춰주는 게 사랑인 줄 알았던 내 자신이 한심해 죽을 지경이야. 그래서 오빠한테만 책임 전가 안 하는 거야. 오빠랑 난 똑같았어. 똑같이 자만했어.

기석   (분노만 커진다) 그래서 기껏 찾은 해답이 유지호야?

정인   …! 내 일이야. 간섭하지 마.

기석   (버럭) 동정이라고! 정신 차려, 이정인. 현실을 똑바로 보라고. 제발!!!

정인   (저 외침이 되레 안쓰러워진다) 오빠한테 미안한 건 딱 하나야. 이미 사랑이 아닌데 사랑인 척했던 거. 진심으로 미안하게 생각해.

기석   (잠시 보다가… 고개 돌려 호흡을 가다듬고는) 올라가. 가서 아무 생각하지 말고 자. 나도 그럴 거야. 우리한테는 아무 일도 없었던 거야.

정인   더 이상 우리라고 하지 마.

기석   …!

정인   (흔들림 없이 본다)

식탁 위에 휴대폰 놓여 있다. 지호, 싱크대 앞에서 머그잔에 커피를 따르고 있다. 휴대폰에 진동 온다. 지호, 정인의 전화인 것을 짐작한 듯 식탁으로 와 집어 든다. 정인이다. 받아서 "응, 정인 씨" 하며 다시 싱크대로 간다.

정인(F) 전화한대놓고.

지호 (커피를 마저 따른다) 정인 씨가 통화 괜찮을 때 할 것 같아서. (잔을 가지고 식탁 앞에 와서 앉는다)

정인(F) 기석오빠 여기 온 거 알고 있었어요?

지호 갈 거라고 생각했죠. (마신다…)

정인(F) 뭐 마셔?

지호 커피.

정인(F) 일부러 그러는 거야, 아니면 진짜인 거야. 왜 이렇게 여유가 넘쳐?

지호 중요한 일이긴 하지만, 흥분한다고 해결되는 게 아니니까. 웬만해선 크게 놀라는 편도 아니고.

정인(F) 어른이네.

지호 (피식…) 일찍 세게 놀라봐서.

정인(F) 지금보다도 어렸을 때인데 그 큰 일을 어떻게 견뎠어요…?

지호 … 시간이 해결해준 것 같아요…. (만난 거) 괜찮았어요?

정인(F) 각오했던 부분이라. 지호 씨는? 만나서 마음 상하지 않았어요…?

지호 아니. 오히려 기석선배가 많이 당혹스러웠을 거예요.

정인(F) ….

지호 그래서 말인데…. 우리, 좀 더 시간이 필요할 것 같아요….

22. 정인의 집 _ 거실

창 너머에서 새어 드는 불빛뿐인 어두운 거실이다. 정인, 겉옷을 그
대로 입은 채 소파에 앉아 통화하고 있다.

정인   무슨 뜻이에요…?
지호(F) 두 사람, 지나온 시간만큼 정리할 시간도 필요하지 않겠어요?
정인   (슬쩍 놀란다…)
지호(F) 누가 잘했든 잘못했든 상처잖아. 그만큼 아플 거고.
정인   (어쩜…) 어떻게 그런 생각을 해…?
지호(F) 나도 아파봤으니까. 기억하죠? 천천히 와도 돼. 나 어디 안 가….
정인   (참…. 표정이 조금 편안해진다. 등을 기댄다)

23. 산부인과 병원 앞 (낮)

임산부나 부부, 여성들이 드나들고 있다. 서인, 가방을 멘 수수한 옷
차림이지만 옷깃을 올려 가능한 한 사람들의 눈에 덜 띄게 하며 빠
르게 문을 나와 주차장으로 향한다.

24. 병원 주차장 _ 서인의 차 안

서인, 차에 오른다. 가방을 옆에 두는 것도 잊고 격해지려는 감정
을 누르느라 어깨가 들썩일 만큼 숨을 마셨다 내뱉었다 한다. 유리
너머로 사람들이 지나는 것에 괜스레 흠칫해진다. 얼른 가방을 옆
에 놓고 시동을 걸려다보니 키를 꽂지도 않았다. 다시 가방을 가져
와 뒤적이다가 멈칫한다. 길게 몇 장이 이어진 임신(8주) 초음파 사

진을 꺼낸다. 눈물이 차오르기 시작한다. 현실이 너무 가혹하고 아이에게는 너무도 미안하다…. 눈물이 뚝뚝 떨어진다. 숨이 거칠어진다. 핸들을 안고 엎드려 어깨를 들썩이며 흐느낀다.

25. 서인의 아파트 _ 주차장

서인, 차에서 내린다. 뒷자리에서 장 본 물건들을 꺼낸다. 차 문을 잠그고 양손 가득 짐을 들고 엘리베이터로 향한다.

26. 서인의 집 _ 주방 (밤)

가스레인지 위에 음식이 담긴 냄비와 프라이팬 등이 놓여 있다. 싱크대와 개수대에 음식 재료와 쓰던 그릇들이 널려 있다. 서인, 식탁에 만든 음식들을 늘어놓고 입 안 가득 넣어가며 열심히 먹는다. 힘겨워 보이지만 각오를 다지듯 단단한 표정으로 꼭꼭 씹어 삼킨다.

27. 일식집 앞 일각 (낮)

시훈, 휴대폰으로 톡을 확인하며 차에서 내린다. 인상이 구겨진다. 발렛 직원, 차에 올라 이동시킨다.

시훈　(통화 버튼 누르고 귀에 댄다. 상대가 받자마자) 병원 인수를 안 하겠다는 게 아니잖아! 잠깐 사정 때문에 계약 날짜만 좀 미뤄보라는 건데 뭐가 자꾸 곤란해. 딜 하려는 거지? 어디서 얼마나 들고 들어온다는데?! 됐고…. 신 과장, 이런 식으로 사람 우습게 보면 나야말로 곤란하지….

서인, 차를 몰고 와 앞에 세운다. 시훈, 힐끗 보고는 돌아서 통화한다. 발렛 직원, 뛰어온다. 서인, 내린다. 직원, 서인의 차에 오른다. 시훈, 몇 마디를 작게 하고 전화 끊고 돌아서 웃어 보인다. 서인, 앞서 들어간다. 시훈, "하여튼…" 하며 따라 들어간다.

28. 일식집 _ 룸 안

서인과 시훈, 마주 앉아 있다. 테이블에 기본 음식들이 놓여 있다. 직원, 메인 음식을 가운데 놓아주고 있다.

시훈   간만에 외식인데 한잔할까?

서인   (컵에 물만 따른다)

시훈   (직원에게 됐다는 눈짓한다)

직원   (인사하고 나가서는 문을 닫아준다)

시훈   (바로 젓가락 들고 먹으며) 먼저 보자고 하길래 기분 좋은 줄 알았지.

서인   병원 이전하는 문제, 어떻게 됐어?

시훈   (보지도 않고 먹으며) 잘 진행 중이야.

서인   기석 씨한테 대출 받았어?

시훈   그것도 진행 중이고.

서인   하지 마.

시훈   …! (국물을 그릇째 들고 소리 내며 마시고 내려놓는다)

서인   정인이하고 엮여 있잖아. 우리 문제에 연결 짓고 싶지 않아.

시훈   (픽) 개인 돈을 빌리는 거면 민폐지. 근데 은행 직원한테 정당한 절차 통해서 대출 받는 게 불법이냐?

서인   (가방에서 도장과 통장을 꺼내 테이블에 올려놓는다)

시훈	(순간 눈이 반짝)
서인	아파트, 내 지분 줄게. 통장에는 일억 좀 안 되게 있어. 이것도 다 줄게.
시훈	… 갑자기 뭐야.
서인	(이혼 서류가 든 봉투 꺼내 안에서 도장을 찍은 서류를 빼놓는다) 다른 거 안 바래. 이혼에만 동의해줘.
시훈	(서인만 뚫어져라…)
서인	지난 일 다 덮어주고, 어떤 것도 바라지 않을 테니까 이혼만 해줘.
시훈	… 기어이 해야겠어? 다시 잘 해볼 수는 없는 거야?
서인	알잖아. 너무 멀리 왔어.
시훈	만회할 수 있어. 행복하게 해줄게. 오래 안 걸려.
서인	…. (웬지 울컥해진다. 참으려 애쓴다)
시훈	(슬쩍 당혹) 서인아. 참…. 누구보다 행복하게 해줄게. 믿어봐.
서인	부탁이야. 나 더 이상 시훈 씨 미워하고 싶지 않아….
시훈	…! (순간 굳는다. 잠시 서인을 보다가… 다시 먹기 시작한다)
서인	(봉투에 올려진 서류를 앞으로 밀며) 부탁해….
시훈	(순간 손으로 쓸어 옆으로 확 밀어버린다)

봉투와 종이가 날려 테이블 아래로 떨어진다. 서인, 역시나…. 시훈을 원망스럽게 본다. 시훈, 굳은 표정으로 욱여넣듯 먹는다. 서인, 절망스럽다. 결국 끝까지 가겠구나….

29. 도서관 _ 회의실 (밤)

정인과 영주, 책들을 쌓아놓고 청구 기호 붙이는 작업을 하고 있다. 영주, 갑자기 손을 멈춘다. 정인, 힐끗 볼 뿐 손을 계속 놀린다.

영주	내가 더 고민 중인 건 알고나 있냐?

정인	니가 뭘.
영주	이정인을 전폭 지지해야 하나, 뜯어말려야 하나.
정인	(픽⋯)
영주	어쩔 수 없이 마음이 가는 건 알겠는데, 진짜 가도 되는 길이야?
정인	(보며) 혼자 가는 거 아니니까.
영주	⋯! 눈물이 앞을 가리네.
하린	(간식을 잔뜩 안고 들어온다) 저녁 간식이 도착했습니다.
정인/영주	(슬쩍 놀란 눈으로 본다)
하린	(책상 위에 부려놓으며) 독서 동아리 간식 남은 거 얻어왔어요.
정인	아. 참, 너도 동아리 시작하지. 준비는 잘 돼?
하린	(앉으며 울상) 아뇨. 난 사서가 맞는 길이 아닌가봐.
영주	(간식 뜯으며) 누구랑 같이 가. 그럼 맞는 길이래.
정인	⋯! (어휴⋯)
하린	무슨 얘기예요?
영주	고민 나눌 애인을 만들라고. (먹는다)
하린	아. 그게 마음대로 되나. 근데 진짜 요즘은 왜 남친 잘 안 오세요?
정인	어, 뭐⋯. (간식 집어 들며 딴청)
영주	갈아타는 중이거든.
정인	(간식 뜯다 멈칫!)
하린	어? (정인 보며) 또 누가 있어요? 와, 능력자다.
영주	반역자지. 연애 생태계의 상도덕을 흐려놓는데.
정인	송영주.
하린	⋯! 농담 아니고? 어머, 떨려. (정인의 팔을 잡고 흔들며) 어떡해⋯.
정인	(포기했다) 그러게 어떡할까. 답 좀 주라. (간식 먹는다)
영주	자, 공정하게 외모는 디카프리오야. 위대한 개츠비 대 타이타닉.
하린	둘 다 비극인데?
영주	사랑은 시작 자체가 비극의 출발이야. 빨리 정해. 누구.
정인	(피식⋯)

하린	나는… 개츠비. 그 여자를 만나기 위해서 올인…. 멋있어. (빠져든다)
영주	이정인은?
정인	타이타닉.
영주	가난뱅이 화가인데?
정인	… 한 여자의 살아갈 이유가 되어주잖아.

30. 빌라 앞 일각 (낮)

지호, 차 문을 다 열어놓고 발판을 꺼내 털고 있다. 영주, 트레이닝
복 차림으로 편의점 봉투 들고 오다가 본다. 지호, 고개 돌리다 슬쩍
웃으며 인사한다. 영주, 인사를 하는 둥 마는 둥하며 시선이 뒷자리
의 카시트에 가 있다.

지호	(아…) 전에 말할 타이밍을 놓쳤어요. 사실은….
영주	알고 있어요. 조카로 오해했던 거 죄송해요.
지호	아뇨. 대부분 그렇게 생각해요.
영주	선입견이죠. 이런 말, 어떻게 들릴지 모르겠지만… 공부 많이 됐어요.
지호	(고맙다…. 피식)
영주	(미소 담고) 언제 정인이하고 같이 한잔해요.
지호	(미소를 건넨다)

영재, 기운 없는 얼굴로 오다 흠칫한다. 지호와 영주, 서로 보고 웃
고 있다. 영재, '뭐야…?' 하는 시선이 된다. 지호, 돌리던 시선에 영
재를 본다. 영주, 돌아보고는 지호에게 살짝 인사하고 빌라 안으로
향한다.

영재	(빠르게 와서) 누구야?

지호	(차 문들을 닫으며) 이층 주민.
영재	(설마… 좀 큰 소리로) 너 정인 씨 말고 또…?
지호	야!

31. 지호의 집 _ 거실

식탁에 데워진 즉석 밥과 컵라면, 김치 등이 통째로 놓여 있다. 싱크대 위에는 음식 포장지들이 널려 있다. 지호, 프라이팬에 잔뜩 구운 소시지를 접시에 덜어내고 있다. 영재, 싱크대 수납장에서 햄을 꺼내 식탁으로 가져온다.

영재	(앉으며) 어떻게 또 친구가 여기에 사냐. 유지호, 여자 복을 타고 났네.
지호	(접시 들고 식탁으로 와 앉으며) 나한테 할 소리냐.
영재	(앗! 얼른 햄을 따며) 이건 그냥 먹어도 맛있더라….
지호	(먹으며) 오늘 휴강이라는 거 뻥이지?
영재	(햄을 툭 내려놓으며) 사실은, 공부가 안 돼….
지호	(픽) 그럼 재인 씨를 찾아갔어야지. 원인이 거기인데.
영재	…! (얼른 먹기 시작한다)
지호	공부가 여자친구 있고 없고랑 무슨 상관이냐.
영재	(이런!) 내 머리는 니 머리가 아니잖아! (햄을 숟가락으로 퍼먹는다)
지호	핑계는. 재인 씨가 니 공부 방해했어?
영재	방해가 뭐야. 얼마나 잘해줬는데. 밥도 사주고 영양제까지 챙겨주고.
지호	영양제?
영재	어. 니가 가끔 주는 거랑 똑같은 거.
지호	(혹시…) 사서?
영재	몰라. 말로는 집에 굴러다니는 거라는데. 아무튼 엄청 많이 갖다줬어.
지호	(알겠다… 흘리듯) 엄한 놈이 땡잡았네. (먹는다)

영재	뭐?
지호	잘 챙겨 먹으라고.
영재	그건 그렇고. 톡으로 얘기한 게 다야? 진짜 말로만 하고 끝난 거야?
지호	… 끝난 거겠냐. 이제 시작인 거지.
영재	현수 말 들어보면 니네 선배, 그냥 조용해질 사람은 아닌 거 같던데.
지호	(잠시 생각… 이내 태연하게 먹는 걸로 각오를 대신한다)

32. 영국의 집 _ 마당 (낮)

영국, 장갑 끼고 이곳저곳을 다니며 잡초를 뽑고 있다. 기석, 대문을 들어선다. 영국, 돌아보고는 다시 손을 놀린다.

기석	(얼른 와서) 제가 할까요?
영국	할 것도 없어. 심심해서 그냥 만진 거지. 어떻게 운동을 안 갔어?
기석	이번 주는 쉬려고요.
영국	그럼 쉬지, 여긴 뭐하러 왔어.
기석	드릴 말씀 있어요.
영국	(본다)
기석	정인이하고 올해 안에 결혼할게요.
영국	(천천히 장갑을 빼서는 팔뚝이며 바지 쪽을 툭툭 턴다)
기석	(슬쩍 긴장) 얘기 나온 김에 해버리는 게 나을 것 같아서요….
영국	… 가, 차나 한잔해. (앞서 현관으로 향한다)
기석	(여전한 표정으로 따라간다)

33. 영국의 집 _ 거실

영국, 생각이 많은 표정으로 소파에 앉아 있다. 기석, 차 두 잔을 내려놓으며 앉는다. 영국, 차를 마신다. 기석, 긴장만 된다. 영국, 잔을 내려놓고도 말이 없다.

기석   (지레) 제 나이도 있고, 만난 기간도 적지 않으니까….

영국   걔도 그러재?

기석   갑작스러워서 좀 당황은 하는 것 같은데, 금방 받아들일 거예요.

영국   시대가 어떤 시대인데. 억지로 밀어붙여서 결혼이 되겠어?

기석   (뜨끔하면서도 슬쩍 욱) 정인이랑 어떤 얘기하셨는지 모르겠지만, 정
         인이는 누구보다 제가 잘 알아요. 워낙 자기 주관이 강한 애라 스스
         로 이해할 시간을 줘야 돼요. 그 다음부턴 아무 문제 없어요.

영국   … 문제가 없다?

기석   없어요.

영국   전혀 소리 날 게 없다 이거지?

기석   (오기 난다) 소리 날 게 뭐 있어요. 둘이 좋아서 하는 결혼인데.

영국   …. (참 나)

기석   (슬쩍 짜증 섞인) 제가 다 알아서 할 테니까 허락만 해주세요.

영국   내 허락이 없어서 지금까지 왔어?

기석   (흠칫…!) 아버지 탓한다는 게 아니에요. 이제 제대로 마음먹었으니
         까 믿고 봐달라는 거지. (꼿꼿하게 보며) 실망시켜 드리지 않을게요.

영국   (잠시 빤히…. 일단 두고 보자. 차를 들어 마신다)

기석   (뭔가 찝찝…. 슬쩍 표정이 굳어진다)

영국과 태학, 차를 놓고 앉아 있다. 태학, 무슨 말이 나올까 잔뜩 긴장한 표정이다.

영국   교직원 회의 한 번씩 들어가서 주의 좀 줘. 요즘 애들, 의식도 높아지고 주관들도 분명해졌어. 예전 우리 때 생각하면 안 돼.

태학   그럼요. 자식들만 봐도 확연히 다른 걸 느끼는데요.

영국   그렇겠더라고. 딸내미가 보통이 아니야.

태학   (흠칫!) 그렇잖아도…. 그러니까 이제, 우리 애를 어떻게 보셨나 하면서도 그게 또 선뜻 여쭤보기가 그래서…. 궁금해하던 차입니다.

영국   아무 소리도 안 한 모양이네?

태학   (뜨끔) 잘 만나 봤다고만…. 그래서 잘하고 왔겠거니 믿고 있었죠….

영국   잘한 정도야? 아주 대단했어.

태학   (응? 덮어놓고) 죄송합니다. 우리 애가 혹시 결례라도…?

영국   우리 기석이 짝이 될 만한 애가 아니야.

태학   (이런…!)

영국   기석이한테 차고 넘쳐.

태학   (이건 또 무슨…? 어리둥절)

영국   썩 괜찮은 젊은 친구야. 그래서 이 교장한테 부탁 하나 하려고 그래.

태학   (여전히 어리둥절해 대답도 못한다)

영국   좀 두고 봐. 둘이 알아서 잘할 것 같더라고. 그리고 시기가 뭐 중요해? 원하는 결과를 쥐냐 못 쥐냐지. 내 생각은 그런데, 안 그래?

태학   (당최…) 아니긴요. 아주 꼭 맞는 말씀이죠…. (좋으면서도 뭔가 좀…)

35. 교장실 밖 일각

영국, 앞서 나온다. 태학, 따라 나와 인사한다. "그럼 올라가십쇼…"

영국   내일이고 모레고 점심이나 하자고.

태학   예, 알겠습니다. (다시 인사)

영국   (돌아서다 퍼뜩! 찍어 눌러야겠다… 돌아본다)

태학   (들어가려다 '뭐 때문에…?' 하는 눈으로 본다)

영국   이 교장 퇴임하고 나서 우리 재단 일 해보라는 거 말이야.

태학   …! (쪼르르 와서) 아, 예.

영국   그건 애들 문제하고 연관 짓지 마. 공사는 분명해야 되는 거니까.

태학   …! 너무 훌륭한 말씀이긴 한데, 그래도 이왕이면은… 그러니까 이
       제, 애들 일까지 같이 잘 어우러지면 더할 나위 없이 좋겠죠.

영국   (잘 넘어온다) 그러면야. 아무튼 좀 두고 보자고.

태학   예…. (꾸벅)

영국   (돌아서 가며 씨익…)

태학   (그저 좋아 뒤에 대고 인사하고 있다)

36. 도서관 로비 일각 (낮)

형선, 생각이 많은 얼굴로 서 있다. 정인, 휴대폰만 들고 급히 온다.

정인   엄마.

형선   (돌아서) 어. 애, 너 아빠한테 전화 안 왔니?

정인   아니. 왜?

형선   주말에 무슨 일이 있어도 너 좀 오래. 근데 목소리가 아주 좋아.

정인   (응?)

형선	이사장 만난 걸로 한동안 부어 있더니 뭔 일인지 모르겠다.
정인	그러게….
형선	너, 기석이하고는 괜찮은 거야? 안 좋은 거 아니었어?
정인	뭐 그냥…. 왜?
형선	아빠가 갑자기 이러니까. 혹시 기석이하고 무슨 얘기를 했나 싶어서.
정인	(설마…) 그랬으면 내가 벌써 알았지.
형선	둘은 다시 좋아진 거야?
정인	… 아니.
형선	(한숨이 툭)
정인	(잠시 보다) 나 엄마 실망시킬지도 몰라….
형선	…! 무슨 소리야?
정인	그럴지도 모른다고.
형선	… 소신껏만 살면 엄만 실망 안 해.
정인	진짜…?
형선	(어이구) 아주 작정하고 큰일 저지를 건가보네? 난 니들한테 바라는 거 없어. 자기 인생 포기 안 하는 거. 그거 하나면 돼.
정인	(피식…. 벌써 미안해 끝이 흐려진다…)

37. 약국 안 (밤)

혜정, 가운 차림으로 데스크 정리하고 있다. 예슬, 역시 퇴근하려 자리를 정리 중이다. 지호, 가방과 겉옷을 움켜쥐고 조제실에서 급히 나와 데스크 밖으로 나가며 "먼저 갈게요!" 혜정과 예슬, 흠칫한 다…. 지호, 뒤도 안 돌아보고 뛰듯 나가버린다.

혜정	왜 저래? 혹시 부모님 댁에서 전화 왔니?
예슬	그런 것 같지는 않은데. 통화하시는 거 못 들었어요….

혜정   (어리둥절한 표정으로 괜스레 밖을 본다)

38. 약국 밖 _ 코너 길

지호, 휴대폰을 귀에 대고 뛰며 급히 꺾어지다 깜짝 놀라 멈춘다. 정
인, 코너에 서 있다. 지호, 휴대폰을 끊는다.

정인   되게 놀라네?
지호   카페에서 기다린다고 했으니까. 왜 여기 있어요?
정인   동네에 소문나라고.
지호   …! (풋)

그때 혜정, 가운 입은 채로 급히 꺾어지다 화들짝 놀라 멈춰 선다.
지호, 당황한다. 정인, 지호와 혜정을 번갈아 본다.

혜정   (멋쩍은) 하도 급하게 나가길래 집에 무슨 일 생겼나 하고….
지호   (아…) 무슨 일이 생겨요…. (들어가라는 듯 본다)
혜정   (무시하고, '소개 시켜라' 하는 시선으로 미소 담고 보기만)
지호   (어휴…. 정인을 보며 혜정 소개) 여기는….
혜정   안녕하세요. 왕혜정이라고 해요.
정인   네, 안녕하세요. 이정인입니다. 전 뵀었는데. 약국 몇 번 갔었거든요.
혜정   그럼 아는 척하지 그랬어요. 내가 얘에 대해서 싸그리 폭로할 게….
지호   …! (밀어대며) 빨리 가. 얼른 퇴근하세요…. 빨리이….
혜정   (밀려 가며) 우리 또 봐요!
정인   (웃으며 인사한다)
혜정   (지호를 뿌리치며 슬쩍 흘기고는 정인에게 미소 짓고 사라진다)
지호   (민망…. 정인 쪽으로 온다)

정인	폭로당할 게 많은 사람이었구나…. 기대되네.
지호	(진심 투덜) 아, 왜 맨날 이정인한테 꼬투리를 잡히지. (앞서간다)
정인	(씨익…. 쪼르르 옆으로 간다)
지호	(빠르게 걷는다)
정인	…! (빠르게 따라가 곁에서 걷는다)
정인/지호	(앞서거니 뒤서거니 티격태격하며 걸어간다)

39. 작은 카페 안

정인과 지호, 커피를 놓고 마주 앉아 있다.

지호	갑자기 커피 한잔하재서 놀랐어. 진짜 무슨 바람이 분 거예요?
정인	봄바람. (마신다)
지호	(피식…. 마신다)
정인	퇴근하다가 그냥. 피곤은 한데 집에는 바로 가기 싫고, 진탕 놀고 싶은 건 또 아닌… 뭐 그런 날 있지 않아요?
지호	그래서 또 만만한 유지호?
정인	편해서지.
지호	말은.
정인	진짜. 지호 씨가 편해요. 꼭 맞는 베개 같아.
지호	… 걱정 많이 되죠?
정인	(바로 절레절레. 잔을 들어 마신다)
지호	나만 믿어라… 뜬구름 같은 약속 못해. 대신 좋을 때든 힘들 때든 괜찮아. 언제든 오늘처럼 와요.
정인	(내려놓으며) 방문 서비스는 없나?
지호	누구처럼, 하는 거 봐서.
정인	못된 건 진짜 빨리 배워.

지호	(피식…) 매일매일 달려가고 싶지. 에라 모르겠다, 될 대로 돼라, 그 러고 싶은 마음은 또 얼마나 큰데.
정인	근데?
지호	함부로 까불다 이정인 잃어버리면 어떡해. 다시는 없을 사람인데.
정인	… 이러다 실망하면 어떡하려고. 나에 대해서 다 모르잖아.
지호	더 알 게 있나?
정인	있지.
지호	뭐?
정인	사실은… (슬쩍 어두워지며) 나, 큰일 났어요.
지호	(덩달아 심각해지며) 왜요?
정인	(어두운 표정으로 바라보기만)
지호	(걱정스럽게) 뭔데. 얘기해봐요.
정인	내가… 지호 씨 사랑한다?
지호	…! (멎는다)
정인	(씨익…)
지호	(벌떡 일어나 카페 밖으로 나가버린다)
정인	(응?)

40. 카페 밖 일각

지호, 길 쪽으로 몸을 돌린 채 서 있다. 정인, 조심스레 나와 보고는 의아한 표정으로 다가간다. 지호, 정인이 다가오는 것을 느끼고 몸 을 더 돌린다. 정인, 얼굴을 보려 한다. 지호, 고개마저 돌린다. 정인, 슬쩍 인상 쓰며 지호의 옷소매를 잡아 돌린다. 지호, 마지못한 듯 돌 아서는데 눈이 그렁해져 있다. 정인, 흠칫…. 이내 피식 웃는다. 지 호, 멋쩍다. 괜스레 눈을 흘기며 고개를 돌린다. 정인, 웃으며 얼굴 을 들여다보려 한다. 지호, 아휴…. 몸을 틀며 피한다. 정인, 요리 조

리 따라가며 보려 한다. 지호, 웃음이 나기 시작한다. 그래서 더 피
하려 한다. 정인, 장난기가 더해져 아예 양손으로 지호의 얼굴을 잡
아보려 한다. 지호, 웃으며 정인의 양 팔목을 잡고 떼어내려 한다.
지나는 사람들의 시선은 관심 없다. 마치 두 사람만 존재하는 듯 서
로를 보고 웃으며 실랑이한다….

41. 기석의 회사 _ 사무실

기석과 직원들, 각자의 자리에서 퇴근 준비하고 있다. 직원1, 일어
나 휴대폰과 소지품 등을 챙기며 괜스레 기석의 심기가 아직도 불
편한지 눈치를 쓱 본다.

직원1 오늘 빡세게 야근도 했는데, 뭐 좀 먹고 가야 되지 않나….

직원2 먹어야죠. (기석 쪽을 보며 슬쩍) 과장님…?

직원1 (얼른 손짓을 해가며 말리는데…)

기석 (의자에 걸쳐둔 겉옷 들고 일어서며 웃음기 섞어) 가자. 내가 쏠게.

직원들 (순간 전부 기석을 보며 화색…. 빠르게 자리들을 정리한다)

현수 (서류 하나를 들고 자리로 온다)

직원1 최현수, 우리 저녁 먹고 가기로 했다.

현수 (앉으며, 지레) 전 오늘은 좀….

기석 (겉옷 입으며) 약속 있어?

현수 있기도 하고…. (어정쩡)

기석 (픽) 니가 빠지면 분위기가 안 나지. 잠깐 있다가 가. (앞서 나간다)

직원들 (하나둘 나간다)

현수 (기석의 뒷모습을 시선으로 좇는다. 무슨 생각으로 저러지…)

42. 고깃집 앞

기석과 직원들, 앞서 온다. 현수, 슬쩍 불편한 기색으로 좀 떨어져 온다. 기석, 직원들에게 "통화 좀 하고" 하며 먼저 들여보낸다. 현수, 얼른 지나쳐 가려 한다.

기석	현수야.
현수	(흠칫!) 네?
기석	왜 자꾸 내 눈치를 보냐.
현수	(뜨끔) 눈치라기보다…. 솔직히 제 입장이 좀 그렇잖아요….
기석	(순간 싸늘) 뭐가.
현수	…! (대놓고 말하기도 그렇고…)
기석	(피식 웃으며) 해프닝이야.
현수	(응?)
기석	웃고 넘길 일이라고. 그러니까 원래대로 해. 너하고 나 사이도 전혀 변할 거 없어. 앞으로도 쭉.
현수	…. (억지로 슬쩍 끄덕끄덕)
기석	지호하고도 마찬가지고.
현수	…! (뚫어져라…)
기석	친구도 좋지만, 니가 날 진심으로 생각한다면 어떻게 행동해야 되는지 잘 알 거다. 너 그 정도 머리는 되잖아.
현수	(어색하기 짝이 없는 미소를 짓는다…)
기석	(현수 한쪽 어깨를 잡고) 잘하자. (순간 눈빛으로 누르듯 보고 들어간다)
현수	(기석을 보지도 못하고 얼어붙은 듯 서 있다…)

43. 시훈의 병원 (낮)

직원1, 데스크 안에서 컴퓨터 보며 진료 끝낸 환자에게 다음 예약을 잡아주고 있다. "다음 주 화요일 두 시는 어떠세요?" 태학, 대기석에 앉아 흐뭇하게 보고 있다. 직원2, 차트를 넘기며 진료실에서 나와 데스크 안으로 들어간다. 환자, 따라 나와 데스크로 간다. 시훈, 원장실에서 겉옷을 챙겨 입으며 급히 나온다.

시훈   아버님.
태학   어. (일어선다) 아직 환자분들 계신데 괜찮아?
시훈   진료는 다 끝났어요. (직원) 갔다올게.
직원1 네, 다녀오세요.
태학   그럼, 수고들 하세요.
직원1,2 안녕히 가세요.
태학   (출입문으로 향하며) 치료하고 바로 밥 먹어도 되나?
시훈   너무 자극적인 것만 아니면 괜찮아요.
태학   어…. (나간다)
시훈   (따라 나간다)

44. 비빔밥 전문 식당

태학과 시훈, 마주 앉아 식사 중이다.

태학   오늘은 환자들이 아주 많지는 않은 거 같던데.
시훈   (뜨끔) 이상하게 예약이 몰리는 날이 따로 있더라고요. (얼른 먹는다)
태학   어…. (먹으려다) 병원 옮긴다는 건 어떻게 되고 있어?
시훈   …! 진행 중입니다. 곧 이전할 겁니다.

태학	잘 됐네. 근데 바쁘게 일하는 것도 좋지만 얼른 식구를 늘려야지.
시훈	(흠칫!) 아, 네…. (멋쩍게 웃는다… 형선이 내색 안 했구나)
태학	서인이가 겉만 쌀쌀하지, 속은 안 그래.
시훈	(냉큼) 잘 알죠. 무슨 걱정이세요. 저희 잘 지내고 있습니다.
태학	그야 물론이겠지. 정인이도 서인이처럼 고분고분 말 듣고 가면 지 인생이 그냥 트이는 건데, 누굴 닮아 고집인지…. 으휴. (먹는다)
시훈	(아!) 그리고 보니, 정인이 결혼 얘기가 더 안 나오네요.
태학	몰라. 어떻게 돼가고 있는 건지. 까딱하다가는 재인이가 먼저 간다고 그러겠어. (먹는다)
시훈	(웃는다. 먹으며 건성으로) 막내처제는 오랜만에 봐도 변한 게 없더라고요.
태학	(멈칫!) 걔를 어떻게 봤어?
시훈	(응?) 한국 들어온 거 모르셨어요? 제가 본 것도 꽤 됐는데.
태학	…! (순간 수저를 탁 놓는다)

45. 도서관 밖 일각

정인과 하린, 지갑과 휴대폰 들고 커피 두 개씩 담긴 캐리어를 들고 걸어온다.

하린	동아리 참석 문자 보낼 때마다 싫다는 남자한테 매달리는 심정이에요.
정인	그 기분 너무 잘 알지.
하린	남자한테 매달려본 적 없으시면서.
정인	(얼결에) 없기는. 별 구질구질한 짓을 다 해봤는데.
하린	언제? 저번에 한 얘기 진짜예요? 진짜 다른 분 만나시는 거예요?
정인	(앗!) 아니, 그게…. (앞을 보다가) 엄마.

형선, 가방을 고쳐 메며 급한 걸음으로 나오다가 멈칫 한다. 하린, "안녕하세요?" 형선, 건성으로 "예…" 정인, 이상하다는 눈치 느낀다. 하린, 얼른 눈치 채고 정인의 커피 캐리어를 대신 받아 들고 형선에게 고개인사하고 들어간다.

형선	(하린이 멀어지자…) 아빠가 재인이 온 거 알고 불벼락 떨어졌어.
정인	…! 어떻게 알았대?!
형선	그러니까. 당장 데려다놓으라고 소리 소리를…. 귀청 떨어지는 줄 알았어.
정인	재인이 내가 데리고 갈게. 어차피 주말에 갈 거였잖아.
형선	아빠가 너한텐 기분 좋은 거 같았는데 이 일로 산통 깨지면 어떡하니?
정인	… 기석오빠랑 헤어졌어.
형선	(어머!) 아무리 바빠도 잠깐 얘기 좀 하자. (끌고 간다)
정인	(맥없이 끌려간다)

46. 도서관 내 휴게 장소

정인과 형선, 나란히 앉아 있다. 형선, 정인을 향해 몸을 돌린 채 보고 있다.

형선	뭐냐니까? 저번부터 실망시킬지도 모른다느니 뭐니 하는 게 수상했어. 뭔데. 기석이랑 헤어진 거, 그게 다 아니지?
정인	… 좋아하는 사람이 있어.
형선	(멈칫!)
정인	지금은 이거 말고 다른 얘기는 못해.
형선	무슨 소리야, 다…. 그거 때문에 기석이랑 깨진 거야?
정인	정리 중이었어. 그러는 사이에 그 사람이 나타난 거야.

형선	(벙찐 표정으로 본다)
정인	한눈팔았다고 해도 상관없어. 변명하고 싶지도 않고.
형선	그 사정까지 알 바 아니고. 그래서 누군데. 그 사람이 누군데…?
정인	아직은 말 못해요.
형선	…! (순간 인상)
정인	엄마, 최대한 노력하고 말씀드릴게요. 믿고 기다려줘…. (간절히 본다)
형선	(뭐가 뭔지…. 걱정스러운 눈으로 바라본다)

47. 약국 안 (밤)

예슬, 퇴근 준비하고 있다. 혜정, 퇴근 차림으로 바깥 진열대 앞에 서서 쇼핑백에 성인용 마스크를 여러 개 챙겨 넣고 있다. 지호, 퇴근 차림으로 조제실 불을 끄며 가방 들고 나온다.

혜정	(데스크로 가서 쇼핑백 올려놓으며) 마스크. 아버님 갖다드려.
지호	내가 챙겨도 되는데. (바로 지갑을 꺼낸다)
예슬	또 혼나시려고.
혜정	(이미 지호를 째려보고 있다)
지호	(카드 꺼내 단말기에 꽂으려 하며) 은우 물건들도 그렇고 자꾸 신세만 진다고 뭐라고 하세요.
혜정	(카드를 휙 빼앗아 나가버린다)
지호	아이….
예슬	혼나실 거라고 했잖아요. (가방 들고 데스크 밖으로 나간다)
지호	(피식하며 가방과 쇼핑백을 챙겨 든다)
예슬	다음에 회식 한 번 쏘세요.
지호	그거야 얼마든 하지.
예슬	그럼 됐죠, 뭐. 왕 약사님한테 얘기해야지. (나간다)

지호   (고마운…. 불을 끄고 데스크 밖으로 나가 입구의 불도 끄고 나간다)

48. 도로 위 _ 지호의 차 안

지호와 혜정, 나란히 앉아 가고 있다. 뒷자리 카시트 옆에 쇼핑백과
지호의 가방 놓여 있다. 혜정, 휴대폰으로 톡을 확인하고 있다.

혜정   차 얻어 탄 김에 한잔할까 했더니 애들이 빨리 오라고 난리다.

지호   다음에 집 앞으로 한번 갈게요. 오늘은 나도 엄마네 가야 되고.

혜정   마스크 때문에 일부러 가는 눈치 아닌데?

지호   겸사겸사. 지난번 일 있고 나서 연락도 잘 안 하셔.

혜정   정인 씨…? 엄마 말씀도 전혀 이해 못할 건 아니지.

지호   아는데…. 그래도 들어드릴 수는 없어.

혜정   …! (슬쩍 놀란 눈으로 본다)

지호   (힐끗 보고는) 사고 치라며.

혜정   친 게 아니라, 당한 거던데 뭐. 정인 씨 보니까 사이즈 나오더만. 철
       벽 치고 살던 유지호 무너뜨릴 만하더라.

지호   (피식…)

혜정   (보며, 조심스럽게) 어디까지 생각하고 있어? 우선 연애만?

지호   (앞만 보며 잠시 생각한다…) 마지막이지.

혜정   (응?)

지호   내 인생에서 마지막 여자라고.

혜정   …! 그런 건 단정 짓는 거 아니야.

지호   두고 봐요. 어떻게 되나. (앞을 보는 시선이 꼿꼿하다)

49. 도로 위 _ 기석의 차 안

기석, 운전하며 정인에게 전화 건 상태다. 신호가 한참 울린다. 기석, 불안해진다.

정인(E)   왜.

기석   (바로 화색) 오늘 쉬는 날이지? 집이야?

정인(E)   왜 그러는데.

기석   …! 같이 저녁 먹을까 하고. 낮에 다른 일 좀 보느라 미리 연락 못 했어.

정인(E)   뭐 하자는 거야?

기석   (아휴…) 얼굴 보면서 얘기하자.

정인(E)   무슨 얘기를 더 해.

기석   (참으며) 일단 보자고.

정인(E)   엄마네 가는 중이야.

기석   왜. 무슨 일 있어?

정인(E)   오빠하고 내 얘기하러.

기석   (흠칫!)

정인(E)   옆에 재인이 있어. 통화 오래 못해.

기석   (사이드 미러를 보고 도로변으로 차를 빼 세운다) 우리 얘기하겠다고? (싹 굳어) 유지호는. 그것도 말씀드릴 거야?

정인(E)   지금 나 협박하는 거야?!

기석   협박이든 뭐든! 잘못된 길로 가는 꼴 못 본다고 했지!

정인(E)   해봐. 막을 수 있으면 막아봐! (끊어버린다)

기석   (흠칫! 하…. 주먹을 꽉 쥐고 핸들을 부서져라 때리고는 씩씩…)

50. 태학의 아파트 입구 일각

재인, 한쪽에 서 있다. 정인, 휴대폰을 쥐고 거친 숨을 고른다.

재인   (다가와서… 눈치 보며) 그냥 집에 나 혼자 갔다 올게.

정인   됐어.

재인   욱해서 아빠한테 다 말할까봐 그래!

정인   (본다)

재인   아직은 아니야. 유지호 씨 얘기하면 언니 죽기 전에는 여기서 못 나와.

정인   … 경솔하게 안 할게. (가려 한다)

재인   (잡고) 약속한 거다? 지금은 아니야. 응?

정인   알았어. (가려다) 너야말로 아빠가 뭐라고 하셔도 입 다물어.

재인   (뚱) 나도 그 정도는 안다.

정인   (입구로 향한다)

재인   (걱정 가득한 표정으로 따라간다)

51. 태학의 집 _ 거실

정인과 재인, 바닥에 무릎 꿇고 고개를 떨군 채 앉아 있다. 태학, 소파에 열 받은 표정으로 앉아 있다. 형선, 태학에게서 좀 떨어진 소파 자리에 반대로 고개 돌린 채 앉아 있다.

태학   말만 하면 알아서 한다는 둥 의견을 존중해달라는 둥 하더니, 그게 부모를 속이는 거였어? 어디서 배워서 이런 못된 짓을 꾸며?!

정인   (꾹 다문 채)

재인   언니가 꾸민 거 아니라고. 내가 말하지 말랬어요.

태학   넌 입 다물고 있으라니까!

재인	(뚱해져 시선 내린다)
태학	이사장님 만난 일도 그래. 아빠 체면을 봐서라도 참았어야지. 뭐? 당장은 결혼을 못해? 그 양반 마음이 넓어 이해를 해서 다행이지, 심기라도 불편해졌으면 어쩔 뻔했어?!
정인	(보며) 당장 못하는 게 아니라, 결혼 생각 전혀 없다고 말씀드렸어요.
태학	(화들짝! 바로 형선을 탁 본다)
형선	(뜨끔) 아니…. 지금 바로 하는 게 아니니까….
정인	아빠.
태학	(본다)
재인	(순간 얼결에 정인의 한쪽 다리를 살짝 누른다)
정인	(재인의 손을 치우며) 알아.
재인	(숙인 채 더 긴장…)
정인	기석오빠한테 헤어지자고 했어요.
형선	(못 살아…. 고개를 돌린다)
태학	(어이없어…. 멍한 시선으로 본다)
정인	많이 고민해왔고 힘들게 결정했어요. 아무리 생각해도 오빠하고는 미래가 안 보여. 내가 만족하지를 못하겠어요….
태학	…! 기석이가 부족하면 도대체 어떤 놈이 성에 찬다는 거야? 너 그렇게 높이 보며 살았어? 내가 널 미처 몰랐던 거야?
정인	기석오빠 나쁘지 않아요. 조건으로만 본다면 과분하기도 하지. 근데 지금까지 와보니까… 내가 진정으로 원하는 사람은 아니었어요.
태학	(점점…) 그러니까 니가 바라는 게 도대체 어떤 사람이냐고!
정인	… 따뜻한 사람.
재인	(미쳐…. 고개를 더 숙인다)
형선	(그 말이 먹히겠니…. 외면하고 만다)
태학	(황당. 형선을 보며) 얘가 지금 뭐라는 거야?
형선	(여전히 고개는 돌리고 짜증내듯) 따뜻한 사람이 좋대.
태학	(이런! 다시 정인 보며) 참… 기가 찬다, 기가 차. 허구한 날 소설책이

나 뒤적대더니 머릿속에 허상만 채웠네. 아주 인생을 헛살고 있었어….

정인　(진심인데…. 태학을 바라보며 울컥해진다)

태학　뭘 울먹거려?! 그 따위 정신 머리로 무슨 결혼이야. 나가서 길을 막고 물어봐. 니가 하는 소리 알아듣겠다는 사람 하나 있나!

정인　있으면.

태학　…! (응?)

재인　(숙인 채 고개만 틀어 하지 말라는 듯 작게) 언니이….

형선　(정인을 불안한 시선으로 본다)

정인　내 말 이해해주는 사람 있으면, 허락해주실 거예요?

형선　정인아. (하지 마…. 안타깝게 본다)

정인　(형선을 보니 다시 울컥해진다)

형선　(얼른) 여보, 이만했으면 애들 다 알아들었어. 이제 그만하지 그래….

태학　(정인만 보고 있다) 너 혹시…? (설마)

정인　… (떨어뜨렸던 시선을 들고) 좋아하는 사람 있어요.

52. 남수의 집 _ 주방

지호, 남수, 숙희, 식탁에 몇 가지 과일을 놓고 마주앉아 있다. 일각에 지호의 가방과 쇼핑백, 겉옷이 놓여 있다.

숙희　혼자는 이런 거 더 못 챙기잖아. (접시 밀며) 배불러도 먹어. 당신도.

지호　(억지로 집어 들기만 한다)

남수　(집어 들며) 나도 저녁 먹고 나니까 영….

숙희　그… 전에 얘기하려던 사람 있잖니. 사실은 저 아래 마트집 딸인데….

남수　그건 지나간 거지.

숙희　(이런! 슬쩍 흘긴다)

지호	(과일을 도로 내려놓고는) 저, 결혼할 거예요.
남수/숙희	(순간 얼어붙는다)
숙희	(퍼뜩!) 그럼 해야지. 그래서 엄마도 더 소개하려고….
지호	전에 말씀드렸던 사람하고요. 당장은 아니지만, 그렇다고 더 만나보다가 생각이 달라지거나 할 일은 절대 없어요.
숙희	(당혹) 아니…. 그 사람 미혼이라며. 안 된다고 얘기했잖아.
지호	죄송해요.
숙희	…! 얘가…? (발끈) 넌 니 자식이라 몰라. 자기가 낳지도 않은 애 부모 되는 게 쉬운 일인 줄 알아?!
남수	(얼른) 애 들어.
숙희	(앗! 은우 방 쪽을 본다)
지호	나는요.
숙희	(흠칫! 뭔 소린가 하며 본다)
지호	난 쉬웠겠냐고. (토로하듯) 왜 내 마음은 몰라주세요….
숙희	(당혹) 아니, 지호야….

은우, 방에서 가지고 놀던 지호의 휴대폰 들고 졸린 눈을 비비며 나온다.

은우	아빠…. (휴대폰 내민다)
지호	어, 졸려? (얼른 휴대폰 받아 내려놓고 은우를 안아 방으로 들어간다)
남수	(안쓰럽기만…) 아휴…. (일어나 안방으로 간다)
숙희	(괜스레 남수의 뒷모습을 흘겨본다…. 이내 시선 돌린다. 속상해…)

53.   은우의 방

스탠드만 켜진 방 안. 지호, 은우를 안고 침대에 걸터앉아 토닥토닥

해주고 있다. 은우, 지호의 어깨에 머리를 대고 눈을 껌뻑껌뻑한다.

은우   … 몇 밤 자고 올 거야…?
지호   (나지막이) 아빠가 그렇게 맨날 보고 싶어…?
은우   응….
지호   아빠하고 은우하고, 같이 살까…?
은우   (눈이 거의 감기며 겨우 고개를 끄덕끄덕)
지호   (더 작게) 그래…. 그러자….

54. 세탁소 안

작업대 위의 조명 정도만 켜져 있다. 남수, 쇼핑백에서 마스크를 꺼내 서랍에 차곡차곡 넣고 있다. 지호, 차 키를 들고 들어온다.

남수   지난번에 갖다준 것도 남았는데.
지호   약사님이. 옷에서 먼지 많이 나니까 자주자주 바꿔 쓰세요.
남수   감사하다고 말씀드려. (슬쩍 눈치) 바로 가야 되냐?
지호   (무슨 뜻인지 알고는 정수기로 가서 종이컵 하나를 가져온다)
남수   (소주병을 들고 긴 의자에 앉는다)
지호   (컵을 건네고 병을 받는다. 남수 곁에 앉아 따라주고는 옆에 놓는다)
남수   (한 모금 마시고, 얕은 한숨을 뱉어낸다)
지호   (앞만 본다)
남수   섭섭하게만 생각하면 안 돼. 우리도 속으로야 얼마나 기쁘겠어. 근데 은우를 생각하면 또 마냥 좋다고만 할 수 없는 게 사실이라….
지호   (슬쩍 욱해서) 나라고 생각 안 했겠냐고. 얼마나 많이 멈추려고 했는데. 안 되니까 여기까지 왔지. 오히려 그 사람한테 미안해 죽겠어. 나만 봐주는데, 난 머뭇거리기나 했다고…. 하…. (고개를 떨군다)

남수	(속상하다… 마신다)
지호	은우 일 겪고 다시는 두 분 속 안 썩이겠다고 다짐했어요. 어떤 말씀도 거역 안 하고 살겠다고 죽을 각오를 했어. 근데… 이 여자는 못 놔요. 힘들 거 알아. 그래도 갈 거야. 그만큼 절실해요….
남수	살얼음 위에 선 것마냥 살던 니가 이렇게까지 확고할 땐 그만한 이유가 있어서겠지. 얼마나 고민을 했을지 알고도 남아….
지호	(죄송하고 고맙고…)
남수	어떤 사람이야…?
지호	(살짝 고개 들고) 처음으로 날, 유지호로만 봐준 사람이에요….
남수	(순간 울컥…) 고맙다. (보지도 않고 지호의 다리를 툭툭)
지호	(작게 미소를 담는다…)

55. 태학의 집 _ 침실

형선, 방문을 슬그머니 연다. 태학, 방문과 등을 지고 침대에 걸터앉아 있다. 형선, 말 시키려다 그냥 닫는다. 태학, 깊은 숨을 몰아쉬느라 어깨가 올라갔다 내려간다.

56. 기석의 집 _ 거실

바닥에 가방과 겉옷, 그 위에 휴대폰이 던져진 듯 놓여 있다. 기석, 소파에 앉아 불안한 시선을 저만치 던져놓고 있다. 휴대폰을 집어들어 화면을 밝혀 본다. 정인에게서 아무 메시지도 연락도 없다. 툭 던져놓고는 다시 불안한 시선이 된다.

57. 정인의 집 _ 현관 밖 복도

정인과 재인, 마음이 무거워 표정마저 어두운 채로 걸어오고 있다.
정인, 진동에 흠칫. 주머니에서 휴대폰 꺼내 톡을 보다가 뚝 멈춰 선
다. 재인, 얼결에 멈춰 정인을 본다. 정인, 가방을 재인에게 던지듯
건네고 휴대폰만 쥐고 급히 돌아서 간다. 재인, 으이구…. 현관문으
로 가 번호키 누른다. 문을 열며 돌아본다. 정인, 내달리고 있다.

58. 오피스텔 앞 일각

지호의 차 세워져 있다. 지호, 차 밖 일각에서 오피스텔 입구를 보고
있다. 정인, 뛰어온다. 지호, 미소 짓는다. 정인, 질주하듯 온다. 지호,
슬쩍 의아해진다. 정인, 가까이 와 멈추고는 지호를 바라보며 가쁜
숨을 고른다. 지호, 다가간다. 정인, 지호가 미처 다가오기도 전에
다가가 지호의 허리를 감싸며 안긴다. 지호, 흠칫…! 가만히 정인을
안는다. 무슨 일이 있었구나…. 더 꼭 안아준다.

59. 공원 _ 벤치

곳곳에 서 있는 가로등 불빛이 길을 비추고 있다. 정인과 지호, 가까
이 앉아 서로의 손을 꼭 잡고 있다. 지호, 잡은 정인의 손을 내려다
본다. 정인, 그런 지호를 본다.

정인 무슨 생각하는데?
지호 이 손을 왜 더 빨리 잡지 못했을까 하는 생각.
정인 우리가 어떻게 될 것 같아요…?

지호	어떻게 됐으면 좋겠어요? 되고 싶은 대로 되게 해줄게.
정인	뭐든 다?
지호	다.
정인	(고개를 살짝살짝 저으며) 지금이 딱 좋아.
지호	난 아닌데.
정인	(응?)
지호	(입을 맞춘다)
정인	(깜짝! 슬쩍 머리를 뒤로 빼며 인상 쓴다)
지호	(슬쩍 당혹…)
정인	한 번 안아줬더니 손 잡고 뽀뽀하고…. 진짜 웃겨.
지호	(픽) 그러게 누가 안으래. (정인의 얼굴을 한 손으로 감싸고 키스한다)
정인/지호	(서로의 손은 여전히 잡고 있다…)

60. 커피전문점 _ 라이브 매장

정인과 지호, 손을 잡고 나란히 걸어 들어온다. 정인, 디저트 진열대를 보고는 얼른 손을 놓고 쪼르르 간다. 지호, 웃으며 따라간다. 정인, 다 먹을 듯 코를 박고 본다. 직원, 맞은편에 선다. 정인, 이것저것을 마구 가리킨다. 지호, 곁에서 미소 담고 본다.

61. 커피 전문점 내 _ 다른 일각

한쪽 무대에서 라이브 연주 공연이 한창이다. 정인과 지호, 나란히 앉아 여러 가지 디저트와 차를 놓고 공연을 보고 있다. 정인, 공연을 보다가 지호가 포크로 디저트를 집어 들자 얼른 손을 당겨와 먹으려 한다. 지호, 힘을 줘 뺏기지 않는다. 정인, 흘기고는 접시째 들고 먹기 시작한다. 지호, 정인의 팔을 당겨 뺏어 먹으려 한다. 정인, 힘을 주며 뺏기지 않으려 한다. 두 사람, 실랑이하며 장난친다. 정인, 뒤로 넘어갈 듯 웃어댄다. 지호, 순간 그런 정인이 너무 예뻐 빤히 본다.

그때 기석의 옛 멤버1, 악기를 들고 무대 쪽으로 가다 정인을 스치듯 보고 '응?' 하며 다시 돌아본다. 정인과 지호, 잡고 밀고 웃어가며 장난치고 있다.

62. 기석의 빌라 앞

기석, 거칠게 차를 몰아 주차장을 빠져나와 간다.

63. 도로 위 _ 기석의 차 안

기석, 싸늘하게 굳은 표정. 시선은 날이 선 채 속도를 올리고 있다.

64. 커피전문점 안

정인과 지호, 어깨를 나란히 붙이고 앉아 공연을 보다가, 서로의 눈을 바라보며 미소를 건네는 등 둘만의 시간을 즐기고 있다.

65. 커피전문점 앞

기석, 주차 구역도 아닌 곳에 급정거하듯 차를 세우고는 바로 내려

문을 닫다가 흠칫한다. 정인과 지호, 즐겁게 얘기하며 나온다. 정인, 기석을 보고 기겁하며 멈춰 선다. 지호, 역시 기석을 봤다. 굳어진다. 기석, 죽일 듯 노려본다. 정인, 굳은 표정으로 기석을 향해 걸음을 뗀다. 순간, 지호가 정인의 팔목을 잡아 세운다. 정인, 놀라며 지호를 본다. 지호, 기석만 보고 있다….

엔딩.

O n e

S p r i n g

N i g h t

밤

10 부

1. 커피전문점 앞 (밤)

기석, 싸늘하게 보고 있다. 정인, 굳은 표정으로 기석을 향해 걸음을 뗀다. 순간, 지호가 정인의 팔목을 잡아 세운다. 정인, 놀라며 지호를 본다. 지호, 기석만 보고 있다. 기석, 정인을 붙잡은 것에 욱…! 죽일 듯 다가온다. 지호, 정인을 놓고 기석을 향해 간다. 지호와 기석, 마주 서려는 순간…. 정인이 두 사람 사이로 뛰어들어 기석의 몸을 밀고 가며 "나랑 얘기해" 한다.

기석   (정인의 두 손을 한꺼번에 옆으로 치우고 노려보며) 무슨 얘기. 내 말은 다 씹어먹고 이딴 짓이나 하면서 뭘 얘기해! 너 사람 말이 말 같지가 않아?!

정인   누가 할 소린데! 헤어지자는 말이 장난이야?! 몇 번을 얘기해도 들은 척도 않고, 멋대로 굴면서 누구한테 큰소리야. 이럴 권리 있어? 내가 누구를 만나든 어디서 뭘 하든 느닷없이 나타나서 무슨 권리로 악쓰는데? 뭔데 소리를 질러?!

기석   결국 이럴 거면서 우리 아버지는 왜 만났어?!

지호   …! (뭐야…? 정인을 본다)

정인   결혼 안 한다고. 오빠하고 난 이미 실패한 관계라고 말씀드렸어.

기석	…! (아찔…)
지호	(그런 일이 있었구나…. 슬쩍 고개를 튼다)
기석	(오기 난다) 그래서, 성공하고 싶어서 (지호 가리키며) 저 새끼야? 가 없고 불쌍한 마음을 착각하는 거라니까!
지호	(빡! 쳐다본다)
정인	(인상 쓰며) 말 조심해.
지호	(순간 쫓아와 기석의 옷깃을 움켜쥐고 끌고 가려 한다)
정인	(헉!)
기석	(잡은 지호의 팔목을 꽉 잡고) 어딜 잡아. 죽고 싶냐?
지호	(가까이 다가가 누르듯 보며) 두 번째부터는 선배고 뭐고 없다고 했지.
기석	진짜 해보자고?
지호	그러니까 오라고!!! (잡은 손에 힘을 확 주며 끌고 가려 한다)

정인, 지호의 팔을 당기며 "뭐하는 거야…! 지호 씨 손 놔요…" 달려 나온 멤버1, 둘 사이에 끼어들어 떼어내려 하며 "왜 이래, 왜 이래…" 정인, 멤버1을 알아보고 흠칫한다. '그래서 기석이…. 하…' 인상 쓴다. 멤버1, 두 사람을 겨우 떼어놓는다. 지호와 기석, 맞선 채 씩씩댄다…. 멤버1, 기석을 밀며 더 떨어뜨린다.

정인	(지호 앞을 막고) 지호 씨….
지호	(정인을 한쪽으로 숨기듯 빼) 먼저 가요.
정인	(흠칫!)
지호	(기석을 등지고 있는 정인의 손에 차 키를 쥐어준다)
정인	(지호를 본다…)
지호	(걱정 말라는 시선을 준다)
정인	(… 키를 꼭 쥐고 자리를 떠난다)
기석	(쫓아가려 하며) 야, 이정인!
멤버1	(막아서 밀고 가며) 야, 야….

기석	(떠밀리며) 놔봐…. 놔보라고…!
지호	(기석을 보며 다가간다)
기석	(노려본다)
지호	앞으로 할 얘기 있으면 나하고 해요. 나한테 불만인 거잖아.
기석	너 진짜 뭐 믿고 까부냐?
지호	이정인은 건들지 말자고요.
기석	(순간 욱! 덤비려 한다)
멤버1	야, 좀…! (기석을 더 밀고, 지호 돌아보며) 나중에 해요. 예? 나중에….
기석	(밀려가며) 너 한 번만 더 정인이 근처에서 알짱대면 죽을 줄 알아!
지호	(안쓰럽기까지 하다…. 얕은 숨을 내쉰다)

2. 도로 위 _ 지호의 차 안

지호, 운전하면서도 편치 않은 표정이다. 정인, 창밖을 보며 생각이 많은 표정이다.

3. 선술집

기석과 멤버1, 마주 앉아 술 마시고 있다. 기석, 소주를 연거푸 따라 마신다. 멤버1, 기석을 보는데 이해되면서도 짜증난다. 술 마신다. 기석, 술을 마시고 내려놓는다. 분노와 짜증이 뒤섞여 날 선 시선으로 허공을 보고 있다.

4. 도로 위 _ 지호의 차 안

지호, 앞만 보며 달리다가 방향등을 켜며 차를 한쪽에 세운다. 정인, 의식하고는 슬쩍 긴장한다.

5. 공터 일각

지호의 차, 한적한 곳에 멈춰 선다. 이내 시동마저 꺼진다.

6. 지호의 차 안

정인과 지호, 모두 벨트를 풀고 앞만 보며 앉아 있다.

지호   … 은우가 태어나고 한 달도 채 안 됐을 때 아이 엄마가 사라졌어요.

정인   (흠칫…! 지호를 보지는 못한다…)

지호   화만 났지. 찾아다니는 내내 만나기만 하면 너 죽고, 나 죽는 거다 그 마음 하나였는데, 시간이 갈수록 불안했어. 무조건 싫다고 하면 어쩌지, 그럼 나 혼자 아이를 어떻게 키우지. 입양을 보내야 되나….

정인   (놀란 듯 지호를 본다)

지호   (여전히 은우에게 미안한 점이다…) 그런 못난 생각을 할 만큼 그때는 머릿속에 내 절박한 상황만 있었어요. 그러다 한참이 지나서야 떠올렸어. 그 사람도 무슨 이유가 있었을 텐데, 내가 미처 알지 못했던 뭔가로 힘들었을 수 있는데…. 다 이해는 못해도 그 정도만이라도 인정하고 나니까 내 마음이 좀 편해지더라고요….

정인   (이해는 가지만… 그래도…. 앞으로 고개를 돌린다)

지호   우리한테 시간이 필요할 것 같다고 했던 건, 내가 관대하거나 한없이 선량해서가 아니에요. 기석선배가 스스로 받아들일 수 있게 하자는 거지.

정인   (순간 욱…. 지호 보며) 배려든 해결책이든 그건 우리만 아는 사정이지. 남들이 볼 때 난 양다리 걸치고 있는 여자고, 지호 씨는 애인 있는 여자를 집적대고 있는 남자일 뿐이야. 왜 그런 시선까지 감수해. 난 싫어. (획 돌려) 차라리 유지호도 안 보면 안 봐. 속은 뒤집어지는데, 겉으로는 의연한 척하는 거 못해. (더 열난다. 다시 보며) 지호 씨도 은우에 관해서는 절대 못 참잖아. 나도 내 감정, 내 선택이 덮어놓고 밟히는 건 못 견뎌. 깨지든 박살 나든 부딪치고 말지, 피하고 참는 거 안 해.

지호   (피식…) 그러면서 아까는 왜 말렸어.

정인   (찌릿!) 창피해서. 남자 둘이 여자 하나 세워놓고 으르렁거리는데, 모르는 사람이 봤으면 내가 무슨 대단한 나라 공주나 재벌 상속녀쯤 되는 줄 알았을 거 아니야. 진짜 어이가 없어서….

지호   … 내일 출근해요?

정인   …! (지호 보며) 아니.

지호   (바로 시동을 건다)

정인   (뭐지…)

7. 정인의 오피스텔 앞 일각

재인, 이미 쌀쌀맞은 표정으로 나와 두리번거린다. 영재, 한쪽에서 뒷짐을 지고 서 있다. 딴에는 웃어 보이려던 표정이 재인과 눈 마주치자 지레 깨갱…. 눈치 보는 것 같다.

재인   (턱턱 다가와서는) 왜.

영재   잘 지냈어…?

재인	알 거 없잖아. 용건이 뭐야.
영재	(멋쩍은 웃음기 담고) 왜 그래….
재인	박영재야말로 왜 이래. 공부한다며. 그새 합격했어?
영재	(순간 시무룩)
재인	아까부터 팔은 왜 그러고 있어? 진짜 합격증이라도 들고 온 거야?
영재	(괜스레 흠칫…! 더 뒤로 하며) 아니….
재인	(슬쩍 인상) 설마 꽃 사온 건 아니겠지?
영재	(좌판에서 산 듯 보이는, 투명 비닐에 싸인 작은 프리지아 다발을 내민다)
재인	(완전 인상!)
영재	그냥 오는 길에 팔길래…. (민망해 스르륵 내린다…)
재인	(휙 뺏어 들고) 얼만데.
영재	… 오천 원.
재인	이천 원이구나.
영재	삼천 원이야!
재인	(찌릿!) 공부 안 하냐?
영재	(당당) 했어. 심지어 수업도 없었는데 조금 전까지 학원에 있다 왔어.
재인	잘났다.
영재	(깨갱…)
재인	근데 진짜 용건이 뭐야. 이재인이 걸리적거린다며.
영재	언제…. 내가 괜히 오바해서 마음만 불편하고, 오해도 풀고 싶고….
재인	… 돈 있어?
영재	돈? (주머니 뒤적이며) 꽃 사고 남은 게 만….
재인	됐어. 집에 올라가서 차 마시자. (돌아서려 한다)
영재	(화들짝) 안 돼.
재인	(돌아보며 뭐야…)
영재	지난번에 갔던 걸로 그 난리를 쳤는데. 아후, 됐어.
재인	되긴 뭐가 돼. 약사가 비밀이 없다고?!
영재	(헉!)

8. 정인의 집 _ 주방

식탁 위에 꽃이 놓여 있다. 영재, 옆에 가방 놓고 미리 쫄아서 앉아 있다. 재인, 물을 담은 긴 컵을 앞에 놓는다. 영재, 멀뚱하게 본다. 재인, "꽂으라고" 하고는 싱크대로 간다. 영재, 얼른 일어나 꽃의 비닐을 벗겨 컵에 꽂아넣는다. 재인, 포트의 뜨거운 물을 머그잔 두 개에 붓고 가져와 각자의 앞에 놓고 앉는다. 영재, 비닐을 옆으로 밀어놓고 앉는다. 재인, 꽃이 꽂힌 컵을 이리저리 돌리며 본다….

영재   근데… 진짜 언니는 어디 갔어?

재인   (한쪽에 밀어놓으며) 약사 만나러.

영재   (흠칫! 얼른 차를 후후 불며 딴청…)

재인   애가 있는 게 창피한 거야?

영재   (깜짝!)

재인   그걸 왜 숨겨. 오히려 당당해야 되는 일이야.

영재   (정색) 몰라서겠어. 지호의 개인사니까. 함부로 떠들 얘기도 아니고.

재인   뭘 또 정색을 해? 내가 잘못했다 그랬어?

영재   (깨갱) 누가 그랬대…. (마시려다 퍼뜩!) 근데 지호랑…. (머뭇)

재인   뭐.

영재   진짜 그래도 괜찮은 거야…? 니네 언니….

재인   사랑을 어떻게 막니. (마신다)

영재   (순간 헤벌쭉) 사랑한대?

재인   (흠칫! 내리며) 니가 왜 좋아해?

영재   (흡!)

재인   (슬쩍 흘기고는 티백을 들었다 놨다…)

영재   지호, 진짜 좋은 애야….

재인   우리 언니도 좋은 사람이야. 나하고는 달라. (마신다)

영재   니가 어때서. (차 마시려다 퍼뜩! 인상 쓰며) 야, 이서인 아나운서!

재인   (깜짝! 잔을 떼며 본다)

9. 태학의 집 _ 정인의 방

형선, 힘없는 표정으로 침대에 걸터앉아 통화하고 있다.

형선   내가 뭐라고 한다고 정인이가 말 듣는 애야?

서인(F)   그래도 엄마 말은 좀 듣지….

형선   됐다야. 너 진짜 뭐 좀 들은 거 없어?

서인(F)   자세히는 없고… 정인이가 많이 좋아하는 것 같긴 해.

형선   …! 도대체 어떤 사람인데. 왜 너한테도 그건 말을 안 해?

서인(F)   뭘 걱정해. 정인이가 오죽 잘 봤겠어….

형선   그렇게 잘 봐서 만난 기석이하고는 왜 헤어진대, 그럼?

서인(F)   평생 같이 할 사람이 아니라고 판단했나보지.

형선   그런 식이면 난 니 아빠랑 예전에 갈라섰어야 돼.

서인(F)   우리가 왜 이러는데. 다 엄마 닮아서 그러는 거야.

형선   (당혹) 얘들은 이상해. 꼭 나쁜 건 나 닮았대.

10. 서인의 침실

서인, 침대 위에 기대 앉아 통화하고 있다.

서인   (미소 담아) 이게 나쁜 거야?

형선(F)   어려운 거란 거지. 정서적으로 통하는 사람 만나는 게 쉽니? 무슨 의미인지도 모를 사람들이 더 많을 거다. 아빠부터도 봐. 정인이 말에 기만 차서 멍해지더라.

서인	… 내 문제 터지고 나면 아빠 생각도 좀 달라지지 않을까….
형선(F)	정인이 얘기하느라 니 걱정은 하지도 못했다. 어때. 괜찮아…?
서인	잘할 수 있어. 진짜 잘할 수 있어.
형선(F)	뭐를…?
서인	뭐든. 나 진짜 잘 해낼 거 같아.
형선(F)	왜 그래, 갑자기?
서인	나 하나로 끝내야지. 그래야 정인이도 재인이도 행복해지지….

11. 남수의 세탁소 앞 일각

정인과 지호, 차에서 내린다. 정인, 문을 닫고 불 꺼진 세탁소와 집을 번갈아 본다. 지호, 운전석 문을 닫고 조금은 긴장된 시선으로 정인을 본다. 정인, 뚱한 표정으로 돌아본다. 지호, 순간 더 긴장하는 표정이 된다.

정인	우리 아빠는 평생 교사셨고, 엄마는 전업주부예요.
지호	아버님이 교장 선생님이신 건, 농구하다 들어서 알고 있었어요….
정인	지호 씨 부모님은 사장님이시네요.
지호	(응?)
정인	나 이런 걸로 꿀리는 성격 아니에요. 부모님이 회장님이셔도 안 꿀려.
지호	(진짜…! 정인의 곁으로 간다)
정인	우리 아빠 곧 정년퇴임이에요. 금방 백수되실 거야.
지호	(웃음 섞어) 그래서 뭐.
정인	무시하지 말라고.
지호	(이런 마음을 써주는 여자라니… 안으려 한다)
정인	(흠칫! 바로 확 밀어내며) 집 앞이잖아. 미쳤나 봐.
지호	보면 오히려 좋아하실 텐데.

정인	(흘기며) 그동안 어떻게 참았대?
지호	죽는 줄 알았지.
정인	치…. 근데 진짜 갑자기 여기는 왜 왔어요?
지호	부모님이 사장님인 거 자랑하려고. (웃으며 운전석으로 가며) 타요.
정인	들어가볼래.

12. 세탁소 안

지호, 작업대 위의 간접등만 켠다. 정인, 어둠 속에 서 있다가 세탁소 내부를 본다.

지호	세탁소가 다 그렇지. 뭘 보고 싶어해….
정인	(여전히 둘러보며) 어렸을 때부터 살았어요?
지호	그랬죠. 초등학교 때부터니까.
정인	깨끗한 어린이였겠다.
지호	세탁소를 안 했어도 지저분하지는 않았을 거예요. 엄마가 워낙 깔끔해서.
정인	누구 닮았어요?
지호	… 좋은 면은 부모님이 주셨고, 나쁜 면은 내가 만들었겠죠.
정인	(돌아보며) 지호 씨 효자구나?
지호	무슨 효자야. 속을 얼마나 썩였는데. (슬쩍 시선을 떨어뜨린다)
정인	(알 듯 하다…) 앉아도 되죠. (긴 의자에 앉는다) 이상하게 꼭 알던 데 같아. 어릴 때 생각도 막 나고….
지호	익숙한 데니까.
정인	약국도 그래서인가? 생각해보니까 지호 씨도 처음부터 낯설지가 않았어.
지호	술이 덜 깼었다며.

정인	분위기 깰래?
지호	(픽) 난 반대였는데. 그땐 정인 씨가 너무 해맑아서 신기했어요.
정인	지금은 아니라는 거네?
지호	찾아볼래야 찾아볼 수가 없지.
정인	(찌릿!)
지호	(웃으며 정수기 쪽으로) 믹스커피는 있는데.
정인	(끄덕이고는) 은근 분위기 있어, 여기. 한잔하기 좋겠다.
지호	…! (돌아보며) 할래요?
정인	술도 있어요?
지호	(다시 작업대로 가며) 아마도…? (서랍을 열고 깊숙이 손을 넣는다)
정인	(일어서서 호기심 가득한 표정으로 본다)
지호	(빙긋 웃으며 남수가 조금 먹다 남겨놓은 소주병을 꺼낸다)
정인	(눈이 커지며) 오…!

13. 선술집 안

기석과 멤버1, 마주 앉아 있다. 기석, 잔뜩 취했다. 휴대폰을 집어 든
다. 멤버1, 얼른 뺏는다. 기석, 노려본다.

멤버1	맨 정신에 하라고. 지금 정인 씨한테 좋은 소리 안 할 거 아니야.
기석	… 내가 뭘 잘못했냐. 나 이정인 만나는 동안 딴짓 안 했어. 뭐, 룸 몇 번 가고 친구들 모임에서 여자들하고 섞여서 술 좀 마신 거? 세상에 그 정도도 안 하는 애들 있냐. 넌 안 그래? 너도 그러잖아.
멤버1	지금 그런 거 따질 때냐.
기석	그러니까! 갑자기 이게 뭐냐고. 유지호가 말이 되냐. 내가 유지호한테 밀려? (픽) 유지호인데? 겨우 유지호한테?! 장난해? 내가 그 정도밖에 안 돼? (버럭) 유지호가 니보다 나은 게 뭔데?!

멤버1	(주변 의식…) 야, 좀….
기석	어이없어…. 얻다 대고 유지호야….
멤버1	(지나치게 신경 쓰네…. 빤히 본다)
기석	내 말이 틀리냐?
멤버1	(멋쩍은) 누가 뭐래. (술병을 가져와 잔을 채운다)
기석	(괜스레) 야, 아까 그 자식 아무것도 아니야. 진짜 아니야.
멤버1	알았어. (마신다)
기석	(슬쩍 당혹) 별것 아닌 놈이라니까. 나한테 게임도 안 돼….
멤버1	알았다고, 인마. (슬쩍 인상마저 쓰며 일어나) 화장실 좀. (간다)
기석	(친구의 뒷모습을 본다. 시선 돌린다. 되레 수치스럽다)

14. 도로 위 _ 영국의 차 안

기사, 운전하고 있다. 영국, 뒷자리에서 눈을 감고 있다. 휴대폰 울린다. 흠칫한다. 주머니에서 휴대폰을 꺼낸다. 누군지 보지도 않고 받는다.

영국	여보세요?
기석(F)	(열난) 저한테 도대체 뭘 바라시는 거예요?
영국	(흠칫! 휴대폰 화면에서 이름을 확인하고 다시 귀에 댄다) 무슨 소리야?
기석(F)	아버지가 진짜 원하는 건 뭐고요! 정인이 만나서 한 얘기 왜 숨기셨어요. 결혼 안 한다고 했던 거 왜 말씀 안 하셨냐고요!
영국	(슬쩍 인상…)
기석(F)	처음으로 아버지한테 잘해보라는 격려 듣고 감동까지 했어요. 그런 일이 있었는지도 모르고 들떴었다고요! 왜 내 꼴을 우습게 만드세요? 왜 사람을 등신 만드냐고요!
영국	취했다. 들어가.

기석(F)　　사실을 알려줬어야 되는 거였다고요! 아버지 말의 숨은 뜻을 파악
　　　　　하라고 할 게 아니라, 뭐가 진실인지 그걸 얘기했어야죠, 그걸!
영국　　　(발끈) 너 싫다는 소리를 부모한테 듣는 게 부끄럽다는 생각은 못하냐?!

15. 선술집 앞 일각

기석, 취기가 잔뜩 올라 휘청대며 통화 중이다.

기석　　　(순간 욱…. 눈시울이 젖어든다) 아버지는 늘 제가 부끄러우시죠….
영국(F)　　….
기석　　　알아요. 단 한 번도 저한테 만족한 적 없으셨다는 거. 알고 있어요.
　　　　　엄마 닮아서 겁만 많은 놈이라고 속으로는 비웃고 계신 거 예전부
　　　　　터 알고 있었어요. 근데요, 아버지. 절 다 모르셔서 그래요. 저 그렇
　　　　　게 처지지 않아요. 밖에서는 나름 인정 받고 살아요. 제법 한다고요.
　　　　　이 말도 우습게 들리시죠? 그러시겠죠…. 아버지한테 난 뭐….
영국(F)　　생각만 꼬여서 빈정빈정…. 이러니까 정인인가 하는 애가 너보다
　　　　　크다고 하는 거야. 그 따위 정신 상태로 무슨 결혼을 해?!
기석　　　(버럭) 해요! 두고 보세요. 무슨 일이 있어도 결혼해요! 누가 막아도,
　　　　　어떤 새끼가 덤벼도 정인이는 나하고 결혼해요!

16. 도로 위 _ 영국의 차 안

기사, 운전하며 룸미러로 눈치를 슬쩍 살핀다. 영국, 휴대폰을 쥔 채
생각이 많은 표정이다.

영국　　　… 한 며칠 기석이 좀 지켜봐. 사람을 붙이든가.

기사	예.
영국	(창밖으로 시선을 보낸다… 뭔가 심상치 않은 것 같다)

17. 세탁소 안

정인, 소주 담긴 컵을 들고 앉아 있다. 지호, 곁에 앉아 있다.

정인	나보고 재인이가… 이기적이 되래요.
지호	(본다…)
정인	어떠냐고. 내 진심을 지키는 일인데. 위로하는 말쯤으로 생각했는데, 아니야. 그래야 하는 거더라고요. 그래서, 죄책감 안 가지려고.
지호	… 헤어진 시기 때문이 아니에요. 유지호라는 게 자존심 상하는 거지.
정인	(흘기듯 보며) 기죽는 거면, 실망할 거야.
지호	(피식) 이정인이라는 든든한 빽이 있어서.
정인	지호 씨 머리 좋죠?
지호	(무슨…?)
정인	처음이자 마지막으로 한 번만 얘기할 거니까 잘 새겨요. 앞으로 지호 씨가 못마땅할 땐 바로 바로 뭐라고 할 거야. 납득하기 어렵게 화낼 때도 있을 거고, 못된 말들을 막 쏟아낼 수도 있어요.
지호	(그거야 뭐…. 끄덕인다)
정인	그럴 때 혹시라도 지호 씨를 무시하는 마음이 있어서라고 해석하지 마.
지호	(미소가 작게 피어난다…)
정인	내 눈치부터 보는 쪼다 짓도 하지 마. 아예 유지호 안 만날 거야.
지호	(감동한다. 정인의 한 손을 가져와 두 손으로 감싸고 내려다만 본다…)
정인	듣기 좋으라고 하는 말 아니에요. 중요한 거야. 꼭 기억해야 돼.
지호	(여전히…)
정인	응…? (얼굴을 들여다본다)

지호	(눈을 마주치고는 입에 쪽!)
정인	(잉…? 흘기며) 이 와중에 살 길 찾는 거 봐.
지호	(무슨?)
정인	음주 운전 걸릴까봐 뽀뽀만 한 거잖아.
지호	(…! 어이없어하며 픽)
정인	(마시고) 캬…!
지호	(못 말려…. 환하게 웃는다)
정인	(보며 못잖게 환하게 웃어 보인다)

18. 세탁소 밖

남수, 과일이 든 비닐 봉지를 들고 기분 좋게 취한 모습으로 걸어오다 세탁소 앞에 세워진 지호의 차를 보고 의아해한다. 세탁소에 불도 켜져 있어 '안에 있나?' 생각없이 다가갔다가 기겁하며 대문 앞으로 뛰어올라간다. 정인이 종이컵을 들고 작업대 앞에서 신기한 듯 구경하는 모습이 창 너머로 보인다. 남수, 찰싹 붙어 몰래 보려 애를 쓴다. 숙희, 자다 깬 얼굴로 휴대폰을 귀에 대고 대문을 연다. 남수, 화들짝! 숙희를 밀어넣고는 대문을 살짝 닫는다. 정인과 지호, 작업대 앞에서 얘기를 하고 서로 보며 웃기도 하는 모습이 보인다.

19. 집 마당

숙희, 남수를 떼어내려 이리 밀고 저리 밀고 한다. 남수, 아랑곳없이 숙희를 잡아 끈다. 남수, 실랑이 하다 비닐을 놓쳐 과일이 쏟아진다. 숙희, 더 열난다. 남수의 등을 짝 때리고는 과일들 줍는다. 남수, 그저 좋아 싱글벙글하며 함께 줍는다.

20. 세탁소 앞

세탁소의 불이 꺼졌다.

21. 거리 일각 _ 정동길

한적하다. 가벼운 바람이 분다. 정인과 지호, 나란히 걸어온다. 정인,
바람을 느끼듯 눈을 잠깐 감는다. 지호, 보고는 얼른 몇 발 앞으로
가서 정인을 향해 팔을 둥글게 벌리고 선다. 정인, 품 안으로 쏙 들
어오다 깜짝 놀라며 눈을 뜬다. 지호, 웃으며 안는다. 정인, 안긴 채
미소 짓는다.
지호, 팔을 내린다. 정인, 앞서 걷는다. 지호, 곁으로 가서 걷는다. 정
인, 저만치 보며 슬쩍 지호의 팔짱을 끼려 한다. 지호, 알아채고 팔
을 딱 붙여 못 끼게 한다. 정인, 기를 쓰고 팔을 넣으려 한다. 지호,
못잖게 버틴다. 티격태격 장난을 이어간다. 정인, 웃으며 앞서간다.
지호, 얼른 곁으로 가서 정인의 손을 잡는다. 두 사람, 좀 떨어져 걷
느라 잡은 두 손이 살랑살랑 움직인다….

22. 도서관 _ 휴게 장소 (낮)

방문객들 몇몇 책을 옆에 두고 커피를 마시거나 얘기 나누고 있다.
재인, 휴대폰을 뒤적거리며 앉아 있다. 형선, 재인을 못마땅한 표정
으로 보며 온다. 재인, 여전히 휴대폰만 보고 있다. 형선, 등을 짝 때
린다. 재인, 놀라며 인상 쓴다.

형선   (흘기며 앉아) 핸드폰이나 보고 있을 거면 도서관은 왜 와?

재인	엄마가 오랬잖아.
형선	돈을 처들여서 유학을 갔다 오면 뭐해. 아무데도 써먹지도 못하는걸.
재인	걱정 마. 할 거 없을까봐?
형선	재주가 많아서 놀지. 그건 그거고, 정인이가 말하는 사람이 누구야.
재인	…! 내가 어떻게 알아?
형선	이게.
재인	몰라, 잘….
형선	아는 데까지만 얘기해봐.
재인	언니 여기 있는데 직접 물어보지, 왜 날 불러서 이래?
형선	아빠가 캐묻기 전에 얼른 얘기해. 엄마가 알고 있어야 막아주든 도와주든 할 거 아니야. 이게 어영부영해서 넘어갈 일 같아? 그날 봐. 아빠가 오죽 놀랐으면 너 야단치는 것도 관뒀겠어. 누구야? 얼른!
재인	… 약사야.
형선	(응?)
재인	언니랑 동갑이고. 이거 두 개 말고는 진짜 몰라.
형선	(곰곰…. 더 물으려는데)
재인	(힐끗 보고 있다 벌떡) 나 배고파. 밥 먹으러 갈래. (가버린다)
형선	아휴…! (서둘러 가방을 챙겨 들고 따라간다)

23. 구내식당

형선, 자판기 커피를 놓고 생각에 빠져 앉아 있다. 재인, 맞은편에서 밥 먹고 있다.

재인	집에 있는 내 옷 언제 가지러 갈까?
형선	(커피 마시며 곰곰) 정인이가 뭘 감추는 건지 감을 못 잡겠네….
재인	(철렁…. 먹는 것에 집중)

형선	좋아한다는 거 말고는 지금은 어떤 얘기도 못한다고 하더라.
재인	(미친다… 꾸역꾸역)
형선	니가 생각해도 뭐가 있는 거 같지?
재인	관심 없어.
형선	야.
재인	(흠칫!) 그냥 좀 냅둬봐. 언니, 자기가 알아서 잘하는 사람이잖아.
형선	그걸 몰라서야? 뭘 감추고 숨기는 성격이 아닌데 이상해 그러지. 옆에서 살살 꼬셔서 좀 알아봐. 도대체 뭐 때문에 그러나.
재인	(죽겠다… 슬쩍) 혹시 마음에 안 들면 반대라도 하게?
형선	그럴 만하면 그래야지.
재인	아빠면 몰라도 엄마가?!
형선	자식 일인데 분명히 할 건 해야지.
재인	예를 들면 어떤 거?
형선	뭐….
재인	(괜스레 초조… 불안한 시선으로 본다)
형선	왜 그렇게 쳐다봐?
재인	(뜨끔) 엄마 되게 개방형인데 낯설어서, 낯설어서. (얼른 먹는다)
형선	(난 또…) 내가 막상 뭐라고 하겠니. 그냥 궁금해서 이러는 거지.
재인	(어색하게 웃으며) 그러니까. 엄마는 그런 사람 아니지…. (죽겠다)

24. 고시원 앞 _ 동네 놀이터

재인과 영재, 아이스크림을 빨며 벤치에 앉아 있다.

영재	엄마 아시면 너부터 혼나는 거 아니야?
재인	그건 일도 아니지. 문제는 아빠야. 우리 아빠 성격 진짜…. 아흐. (먹는다)

영재	때리시진 않지…?
재인	그러진 않는데…. 모르지, 또. 역사적인 날을 만드실지.
영재	남의 자식도 때리시려나?
재인	(빤히) 지금 유지호가 아니라 박영재 걱정하는 거지.
영재	(억울) 야, 무슨! 너 진짜 이건 오바다.
재인	(먹으며) 알았다, 알았다. (계속 먹는다)
영재	(먹는 모습을 빤히 본다)
재인	(먹기만 하며) 뽀뽀하면 죽는다.
영재	(얼른 다른 데 보며 먹는다)
재인	(보지도 않고 싱긋)

25. 샌드위치 매장

정인과 영주, 직원과 마주 서서 주문하고 있다. 정인의 뒤로 손님 몇 명 기다린다.

정인	(손가락으로 세며) 점심 안 먹은 사람들 또 있나? 다섯 명 맞지?
영주	모자라면 나눠 먹지, 뭐.
정인	그러든가. 음료는 됐어요. (카드 꺼낸다)
직원	스테이크 샌드위치 세 개, 불고기 샌드위치 두 개, 샐러드, 포장 맞으세요?
정인	네. (카드 건넨다)

손에 쥔 휴대폰에 진동 온다. 확인한다. '기석오빠'… 정인과 영주, 동시에 마주 본다. 정인, 슬쩍 굳어지며 옆으로 빠진다. 직원, 카드와 영수증을 건넨다. 영주, 받아 들고 정인 옆으로 온다. 정인, 휴대폰 쥔 손을 내려놓고 있다.

영주	(카드와 영수증 건네며) '기석오빠' 옆에 하트가 사라졌네.
정인	(픽…. 받아서 지갑에 넣으려 한다)
영주	(응? 시선에 걸린…. 휴대폰을 휙 빼앗아 스티커를 본다) 뭐야?
정인	은우가 줬어.
영주	은우가 누군데…? 지호 씨?!
정인	응. (휴대폰 가져와 주머니에 넣는다)
영주	(퍼뜩!) 너 그 공룡책…! 뭐, 조카?!
정인	그래. 내가 점점 교활해진다. (음식 받는 곳으로 간다)
영주	(어이없는 웃음을 지으며 따라간다)

26. 기석의 회사 _ 옥상

직원들, 곳곳에 모여 커피 마시며 떠들고 있다. 기석, 한쪽에 떨어져 휴대폰을 꽉 쥔 채… 어떻게 해야 되나…. 생각이 뒤섞인다. 현수와 직원1, 2가 커피 들고 온다.

직원1	과장님. (빠르게 온다)
기석	(돌아본다)
직원1	아직 식사 안 하셨죠?
기석	어, 별로 생각이 없어서. (가려다) 아, 그 심사 결과 나왔냐?
직원2	내려왔어요. 뽑아서 책상에 올려놨습니다.
기석	그래.
현수	남시훈 씨 안 되던데.
기석	…! (날카롭게 본다)
현수	(지레) 신경 쓰시는 것 같아서….
기석	니 일이나 제대로 해. 쓸데없는 데 관심 끄고. (가버린다)
현수	(슬쩍 황당…. 또 왜 저래…)

직원1	야, 너 과장님하고 뭐 있냐? 왜 뻑하면 냉온탕을 왔다 갔다 하냐.
현수	(여전히 기석의 뒷모습을 보며 슬쩍 짜증 섞어) 내 말이….

27. 기석의 회사 _ 회의실

기석, 혼자 앉아 있다. 휴대폰을 책상에 올려놓고 초조하게 기다리
고 있다. 휴대폰에 톡이 온다. 얼른 확인하는데 별것 아니다. 툭 던
지듯 놓고 고개를 숙였다, 들었다 하며 전화를 기다린다. 다시 고개
를 숙인다…. 휴대폰 진동 온다. 고개를 탁 들고 휴대폰 집어 든다.
'정인이 언니'… 기석, 막상 긴장된다. 심호흡하고 받는다.

기석	여보세요…?
서인(F)	오랜만이네요.
기석	네… 갑자기 연락해서 놀라셨죠…?
서인(F)	연락할 줄 알았어요.
기석	…!
서인(F)	방송 들어가야 돼서 길게는 통화 못해요. 무슨 일이신데요?
기석	전화로는 그렇고 좀 만나서 얘기를 했으면 하는데….
서인(F)	난 언제든 괜찮아요.
기석	(되레 당황) 아, 네….
서인(F)	잘됐다 싶네요. 기석 씨 한 번 만나고 싶었거든요.
기석	(더 긴장이 되다) 네에….

28. 약국 안 (밤)

지호, 퇴근 차림으로 앉아 휴대폰 만지고 있다. 예슬, 퇴근 준비를

끝내고 일어선다.

예슬	약속 있어서 먼저 갈게요.
지호	어, 들어가.
예슬	(데스크 밖으로 나가 조제실에 대고) 약사님, 저 먼저….
혜정	(겉옷과 가방 들고 나온다) 응. 가, 가.
예슬	내일 봬요. (밖으로 나간다)
지호	(다시 휴대폰을 보며 스마트 뱅킹 어플을 연다)
혜정	(데스크에 가방 놓고 옷을 입으며 지호를 내려다보다 인상 쓰며 휴대폰 획 뺏는다)
지호	(깜짝! 올려다본다)
혜정	또 누구한테 돈 빌려주려고 그러지?
지호	아니야. (손 뻗으며) 아버지한테.
혜정	(응? 건네주며) 갑자기 왜?
지호	(어플을 구동시키고는 30만 원을 입력하며) 뭘 좀 훔쳐 먹었거든.
혜정	뭐길래 삼십만 원이나 보내?
지호	(픽) 술.
혜정	소주만 드신다고 하지 않았어?
지호	(휴대폰 넣으며) 엄마한테 입막음용.
혜정	뭔 소리야, 다. 아무튼 너, 친구건 누구건 절대 돈 빌려주지 마.
지호	내가 뭘….
혜정	니가 지금까지 떼어먹힌 돈 내가 아는 것만 해도 얼만데. 내가 그래서 니 친구들만 보면 아무나 다 꼴보기 싫….
현수	(슬쩍 굳은 표정으로 들어오며 혜정에게 살짝 인사한다)
혜정	(뜨끔! 순간 우아하게) 왔어요.
지호	(픽… 일어서며) 웬일이냐. (이내 현수의 표정을 감지한다)

29. 찌개집 안

지호와 현수, 찌개 냄비 하나를 사이에 두고 저녁 먹고 있다.

현수   (먹으며 열 내는 중이다) 아니, 내가 너랑 정인 씨를 몰래 소개시켜줬
         냐고. 왜 끄떡하면 날 못 잡아서 먹어서 안달이야. 안달이….

지호   (먹으며) 니가 이해 좀 해줘.

현수   (잠시 보다가…) 너 정인 씨랑 완전히 그렇게 된 거냐?

지호   (보기만…)

현수   와, 대박. 유지호, 무시무시하다. 내 친구 맞냐….

지호   (픽) 친구를 위한 일이다 생각하고 희생 좀 해라.

현수   다 좋다 이거야. 직원들 있는 데서 티를 내니까 내가 더 죽겠는 거지.

지호   … 많이 힘들 거야. 못 이기는 척 참아줘.

현수   (어이구) 승자의 오만이니? 니가 왜 권기석을 걱정해.

지호   걱정이냐. 이해가 되는 거지. (먹는다)

현수   (어이없는 표정) 원수를 사랑하라냐. 이거 상대방 입장에서는 오히려
         먹이는 걸로 느낄 수 있다, 너.

지호   (먹기만 하며) 그것까지는 내가 어쩔 수 없고.

현수   (참 나…) 희귀한 인간형이야. (우걱우걱 먹는다)

지호   (마음이 편하지만은 않다. 씹는 것이 느려진다. 눈은 현수를 보지만 시선은
         떠 있다)

30. 커피전문점 안 (낮)

서인, 앉아 있다. 기석, 커피와 차를 가져와 놓고 맞은편에 앉는다.

서인   잘 마실게요. (티백 담근 머그잔을 앞에 놓는다)

기석	(…!) 정인이도 그러는데.
서인	(응?)
기석	말하는 게 똑같아서.
서인	자매니까 비슷하겠죠. (잠시 보다가) 시훈 씨 일로 보자고 한 거죠?
기석	(응?)
서인	(뭐지…?) 대출 얘기 알고 있어요.
기석	아. 그건, 제가 어떻게 할 수 있는 게 아니라서 사정 얘기했는데.
서인	그럼 왜 날…? (…!) 정인이?
기석	… 네.
서인	(순간 곤란) 자세히는 몰라도 대충 분위기는 알아요. 근데 잘못 찾아 온 거 같네요. 나하고 정인이가 각별하기는 해도, 사생활까지 지나 치게 간섭하진 않아요. 서로 원치도 않고.
기석	정인이가 예민해하는 부분이라 잘 알고 있어요. 근데 이번 일은 그 냥 넘길 문제가 아니라서. 정인이가 제일 믿고 따르는 게 언니니까, 만나서 의논하는 게 맞겠다 싶었어요.
서인	(뭘 이런 걸 의논을 해…. 차를 마신다)
기석	(잔을 내려놓길 기다린다)
서인	(놓고 기석을 본다…. 얘기해라…)
기석	정인이하고 요즘 많이 안 좋아요.
서인	(보기만…)
기석	(말을 하려다 멈춘다. 거론조차 짜증 난다. 고개 틀어 얕은 한숨…)
서인	(잠시 보다가) 정인이하고 회복될 수 있다고 생각해요?
기석	…! (자존심 상한 듯. 슬쩍 웃음이 섞인다) 불가능해 보여요?
서인	(뭐야…. 슬쩍 굳어) 하고 싶은 얘기가 뭐예요? 정인이하고 사이를 도 와달라는 거예요? 그건 본인이 알아서 할 일 아닌가.
기석	정인이가 다른 사람을 보고 있어요.
서인	설마 그걸 말려달라는 건 아니죠?
기석	알고 있었어요? 허…!

서인	상처됐을 거라고 생각해요. 근데 이런 건 옆에서 나선다고 달라질 문제는 아니라고 봐요. 내 입장은 정인이의 선택을 존중해야 하는 게 맞고.
기석	(순간 올라와) 아이가 있는 사람이면요.
서인	…! (잘못 들었나…? 미간을 살짝 찌푸린다)
기석	보고 있다는 다른 사람한테 아이가 있어요. 미혼부예요.
서인	(철렁…. 탄식 같은 숨이 툭 터진다)
기석	나하고 정인이 관계 회복은 나중 문제예요. 정인이 설득시키는 게 우선이에요. 지금 이성적인 상태 아니에요. 그냥 놔둬서는 안돼요.
서인	(기석을 보지만, 얼이 나갔다)

31. 커피전문점 앞 일각

서인, 차분해졌지만, 무거운 표정으로 서 있다. 기석, 역시 어두운 표정으로 나온다.

기석	얘기하는 게 맞다는 생각으로 왔는데, 막상 하고 나니까 편치도 않네요.
서인	(이제 와서…) 절대 하지 말아야 하는 건 아니지만, 쉽게 해서도 안 될 얘기긴 했어요.
기석	…! (당혹)
서인	시훈 씨 얘기를 제대로 못했는데 간단해요. 기석 씨한테 피해가 없다 해도 무조건 거절해주세요.
기석	(무슨…?) 혹시 나하고 정인이 때문에요…?
서인	(못박아야겠다) 가족이라 해도 돈 문제만큼은 철저한 게 좋죠.
기석	… 그렇긴 한데, 그래도 형님한테 드릴 수 있는 도움은 드려야죠.
서인	거절해주는 게 그 사람을 제대로 도와주는 거예요.

기석	(응?)
서인	그럼, 들어가세요.
기석	(고개인사한다)
서인	(고개인사하고 가며 표정이 단단해지기 시작한다)
기석	(뒷모습을 바라본다. 불안한 표정이다. 잠시 보다가 반대쪽으로 간다)

32. 영주의 집 _ 거실 (밤)

정인, 영주, 하린, 분식을 가득 늘어놓고 둘러앉아 먹던 중이다. 영주와 하린, 떠들며 먹고 있다. 정인, 휴대폰 들고 서인이 보낸 톡을 확인하며 표정이 굳어진다. '기석 씨 만났어. 우리 집으로 좀 와' 정인, 대충 감이 온다. 바로 일어나 겉옷과 가방을 챙겨 든다. 영주와 하린, 어리둥절해 올려다본다. 정인, 언니네 가봐야 한다는 소리만 하고 그대로 나간다. 영주와 하린, 미처 일어서지도 못하고 보기만 한다.

33. 빌라 앞

정인, 가방을 고쳐 메며 입구에서 튀어 나온다. 지호, 퇴근하고 막 들어서다 흠칫한다. 정인, 지호를 보자 더 어두워진다. 지호, 왜…? 바로 걱정 어린 표정이 된다….

34. 라이브 카페 안

음악인들이 삼삼오오 모여 기타를 치거나 술 마시고 있다. 기석, 한쪽 자리에 혼자 앉아 테이블 위의 휴대폰을 뚫어져라 보며 술을 마신다….

35. 도로 위 _ 지호의 차 안

지호, 걱정되는 표정으로 운전하고 있다. 정인, 조수석에 앉아 휴대폰을 꼭 쥐고 불안한 표정으로 창밖에 시선을 던져두고 있다. 그러다가 흠칫하며 내려다본다. 지호, 정인의 한 손을 꼭 잡아준다. 정인, 내려다만 보며 살짝 미소 짓는다….

36. 서인의 아파트 출입구 일각 _ 대로변

지호의 차, 비상등을 켠 채 세워져 있다. 정인, 먼저 내린다. 지호, 운전석에서 내려 정인의 앞으로 온다. 정인, 애써 미소 보인다. 지호, 정인을 안는다. 가만히 등을 쓸어준다. 정인, 안긴 채 걱정 말라는 듯 끄덕인다….

37. 서인의 집 _ 거실

정인과 서인, 소파에서 마주 보며 앉아 있다. 정인, 살짝 고개를 떨구고 있다. 서인, 걱정 가득한 표정으로 바라보고 있다.

정인 … 처음에는 상상조차 안 했어. 기석오빠하고 헤어지건 말건 그 사람하고 어떻게 해보겠다는 건 꿈도 안 꿨어. 근데… 자꾸만 그 사람을 찾고 있더라고…. 오지 말라고, 저리 가라는데도… 더 달라붙었어, 내가….

서인　그 사람이 좋을 수는 있지…. 그건 이해하는데….

정인　(보며) 은우야. 이름이.

서인　(당혹) 어….

정인　이 감정이 그 사람이 좋아서인지, 그냥 아이라서 느끼는 건지 아직은 정확히 모르겠는데…. (눈가가 젖기 시작한다) 난… 은우가… 예뻐….

서인　…! (시선이 멎는다)

정인　언제부터였는지도 몰라. 이미 예뻐하고 있더라고…. (고개를 떨군다) 미안해. 먼저 말 못 한 것도 미안하고, 속상하게 만든 것도 진짜 다너무 미안해…. (고개 들다가 서인을 보고 흠칫!)

서인　(이미 눈에 눈물이 가득 차 있다)

정인　(다시 눈가가 젖어들기 시작한다) 언니….

서인　(툭 터지는 한숨…. 눈물을 뚝뚝 떨어뜨린다)

정인　(눈물 삼키며 서인의 눈물을 닦아준다) 내가 잘할게…. 응?

서인　(정인의 손을 잡아 내려서 꼭 쥔다) 속상해서가 아니라 부끄러워서….

정인　(무슨…?)

서인　나, 임신했어.

정인　(멈칫!)

서인　포기할까도 했었어. 너무 가혹하잖아. 그래서… 죄 없는 아이를…(다시 눈물이 차오르며) 형벌이라고까지 생각했어…. 근데 넌 어쩜….

정인　(서인을 안는다…. 안타까워 눈물이 차오른다)

서인　(눈물을 삼키려 애쓴다)

정인　언니는 잘할 거야. 잘해낼 거야. 꼭 그래야 돼….

서인　(끄덕인다)

정인　(더 꼭 안는다)

정인과 서인, 서로를 마주 보고 위로하듯 미소를 건네며 출입구를 나온다. 정인, 앞을 보다가 멈칫하며 선다. 서인, 멈춰 정인의 시선을 따라간다. 지호, (차 없이) 생각이 많은 표정으로 고개를 살짝 떨군 채 땅을 툭툭 차기도 하며 서 있다. 정인, 앞서 다가온다. 지호, 느끼고 돌아본다. 이내 정인의 뒤에 오는 서인을 본다. 슬쩍 놀라며 정인을 본다. 정인, 피식 웃는다. 지호, 서인을 보고는 인사한다. 서인, 인사한다.

정인	우리 언니예요.
지호	아, 네…. (다시 보며 살짝 고개인사)
서인	(미소 담고) 반가워요, 지호 씨.
지호	(…!) 반겨주셔서 감사합니다. 그리고… 죄송합니다….
서인	… 그 말은 안 들은 걸로 할게요.
지호	(흠칫! 뜻을 짐작하고) 고맙습니다….
서인	(이런 사람이구나…. 더 큰 미소를 건넨다)
정인	(지호의 마음을 느낀다… 일부러) 왜 여기 있어요?
지호	아, 그냥….
정인	아나운서 얼굴 한번 보려고?
지호	…! (뭐래…)
정인	실물 보니까 어때요? 나보다 예뻐요? 아, 나 예쁘다는 소리 한 번도 안 했지, 참.
지호	(순간 당황)
서인	그랬어요? 우리 정인이 예쁜데….
지호	(단박에) 알죠. 그러니까 좋아하…죠….
정인	사랑한다며.
지호	(또 바로) 어. (앗…! 고개를 튼다)

정인	(웃는다)
서인	(짓궂다는 듯한 표정으로 웃으며 정인을 본다)
지호	(민망한 웃음을 툭…. 정인을 슬쩍 흘긴다)

39. 상점 앞 _ 지호의 차 안

문 닫힌 상점 앞, 주차된 차 안에 정인과 지호가 나란히 앉아 있다.

정인	언니한테 진작 말할걸. 오히려 후회했어….
지호	밖에서 엄청 쫄아 있었는데.
정인	그러게 그냥 가라니까.
지호	내 문제로 불려갔는데, 어떻게 가요. 무책임하게.
정인	가만 보면 말은 참 잘해.
지호	(참 나) 대신 맞으래도 맞아.
정인	누가 때려? 때리면 가만둘 거 같아, 내가?
지호	(슬쩍 비웃는 듯)
정인	사람을 또 겉만 봤네. 나 힘 엄청 세요. (주먹 불끈)
지호	조심할게요.
정인	(멋쩍게 웃고는) 그냥 한 말 아니었어요. 상처 안 줄 거야.
지호	말만으로도 충분히 감동했어. 그러니까 혼자 다 해결하려고 하지마. 그리고 어떻게 보고만 있어. 쪼다처럼 굴지 말라며.
정인	이런 건 또 말도 잘 들어.
지호	맞을까봐.
정인	조심하자, 지호야.
지호	알았다, 정인아.
정인	(흘기며) 그래서 내가 예쁘냐고, 안 예쁘냐고.
지호	너무 늦었다. 가야겠다. (시동 걸려 한다)

| 정인 | 어쭈. (키를 뺏어버린다) |

정인과 지호, "그래도 안 하네", "이러는데 뭐가 예뻐" 웃으며 밀고 당기는 등 장난친다.

40. 정인의 집 _ 침실

재인, 침대 위에 팔짱 끼고 양반다리로 앉아 열 받은 표정을 하고 있다. 정인, 화장대 거울 보며 헤어밴드 빼고, 휴대폰 들고 바닥에 깔린 이불 위에 앉는다.

재인	권기석, 그렇게까지 안 봤는데 남 서방 못지않게 후져 빠졌네. 아예 엄마나 아빠를 찾아가지 왜.
정인	(알람만 맞추며) 내일 전체 회의 있으니까 삼십 분 빨리….
재인	(뭐야) 가만 놔둘 거야? 만나서 한판 해야 되는 거 아니야?
정인	그거 노리는 건데 뭐.
재인	(응?)
정인	(휴대폰 놓고, 굳은 표정으로) 있는 대로 성질 나서 만났다가 결국에는 흐지부지 해결되고, 넘어가고 했던 예전 같은 생각인 거야. 오늘 나한테 전화 안 와서 엄청 기막혀 했을 거다.
재인	권기석 작전이건 뭐건 참고 말 거냐고.
정인	언니도 그러고, 지호 씨도 자극하지 말고 놔두래.
재인	알아서 떨어져 나갈 때까지?
정인	절대 그럴 사람은 아니야.
재인	진짜 엄마, 아빠 돌아가면서 찾아간다고?
정인	그 전에 내가 집에 가서 얘기해야지.
재인	(헉!) 언니 맞아 죽을지도 몰라.

정인   각오하고 있다. (이불 속으로 들어가 눕는다)

재인   (무슨 생각인 거야… 걱정스럽게 내려다본다)

41. 라이브 카페 앞 일각

기석, 휴대폰을 꼭 쥔 채 비틀거리며 나온다. 주인, 팔을 잡았다 놓
았다 부축하며 따라 나온다.

주인   갈 수 있겠냐?

기석   그럼요…. (넘어질 듯 휘청한다)

주인   (얼른 잡으며) 안 되겠다. 잠깐 여기 있어. 택시 잡아줄게.

기석   괜찮아요. 진짜 괜찮아요. 수고하세요…. (비틀거리며 간다)

주인   (걱정스레 본다)

기석   (몸은 비틀대면서도 눈은 매서워지고 핸드폰 쥔 손에 힘이 더 들어간다)

42. 도로 위 _ 영국의 차 안 (아침)

기사, 운전하고 있다. 영국, 뒷자리에 앉아 서류봉투에서 꺼낸 사진
들을 넘겨 보고 있다. 기석과 서인이 만나고 있는 모습을 찍은 사진
들이다. 잠시 서인을 유심히 본다.

영국   아나운서지?

기사   맞는 것 같습니다.

영국   (사진들을 넘긴다. 라이브 카페에서 취해 나오는 기석의 사진이다) 여기
       는 뭐야. 술집이야?

기사   예. (룸미러 통해 눈치 보며) 그, 음악 하는 사람들이 주로 모이는….

| 영국 | …! (순간 굳어진다. 창밖으로 시선을 보낸다. 생각이 많아진다) |

43. 수영고 _ 교장실 안

태학, 돋보기 쓴 채 결재 서류들을 확인하고 사인하느라 분주하다.
내선 전화 울린다. 태학, 서류에 시선 고정하고 전화 받는다.

태학	네.
영국(F)	나가서 점심하자고.
태학	…! (돋보기를 벗으며) 아, 저기….
영국(F)	선약 있어?
태학	(어색하게 웃으며) 예, 죄송합니다.
영국(F)	죄송은. 알았어. (끊는다)
태학	(수화기를 놓는다. 앞으로 어떡하나…. 큰 한숨이 터진다)

44. 약국 안

예슬, 책상 앞에 앉아 처방전들을 정리하고 있다. 혜정, 약봉투를 든
손님에게 잔돈을 건네며 "꼭 식사 전에 드세요" 손님, "네, 수고하세
요" 하고 나간다. 혜정과 예슬, 각자 "안녕히 가세요…"

혜정	(앉으며) 아휴, 앉을 시간도 없었네….
예슬	힘드셨죠. 요즘 이상하게 손님이 많아졌어요.
혜정	유지호가 꽃길을 걸으니까 내가 고생길에 접어든 거지.
지호	(조제실에서 구매 목록 파일 들고 나오며) 무슨 논리야? (예슬에게 파일 건네며) 비품 주문서랑 같이 보내면 돼.

예슬	(받아 들며) 네.
혜정	좋아서. 야, 나만큼만 니 생각하라 그래.
예슬	그건 맞아요. 저랑 점심 드실 때마다 우리 지호는 행복해야 돼…. 앞으로 좋은 일만 있어야 돼…. 얼마나 걱정을 하시는데요.
지호	(혜정 옆에 앉으며) 말로만?
혜정	(이게…!) 정인 씨 언제 만나?
지호	그건 왜요?
혜정	너 말고 나.
지호	…! 좀 나중에.
혜정	왜. 오늘 당장 보자.
지호	(참 나) 그때 이상한 말해서 진짜 내가 뭐 숨기는 거 많은 줄 알아.
혜정	최악의 남자지.
지호	내가 왜.
혜정	한두 개야? 효자에, 돈 문제에, 과거의 여자들에….
지호	…! (바로 손 덥석 잡고) 누나. 누님….
혜정	호호호. (싹 굳어) 언제 볼까?
지호	아이…. (곤란해 인상 쓰며 고개를 푹…)

45. 도서관 휴게실 안

정인과 영주, 파일과 책 몇 권을 놓고 마주 앉아 차 마시고 있다. 정인, 지호의 톡을 확인하며 난처해한다. 영주, 차 마시며 '왜 저래' 하는 표정이다.

정인	지호 씨가 같이 일하는 약사님 만나재….
영주	관계망이 시작됐군.
정인	너도 가야지.

영주	…! 내가 왜?
정인	상대방은 지원군하고 같이 나온다잖아. 넌 의리도 없냐?
영주	나 아직 너 지원한다고 안 했다.
정인	엄마에 아빠에, 너까지 보태야겠냐.
영주	지호 씨 부모님은 왜 빼. 무조건 너 좋다고 한다는 보장 있어?
정인	…! (하긴…)
영주	물론 권기석네처럼 상대도 안 해주지는 않겠지만.
정인	… 내가 겪은 정도로도 비참했는데, 지호 씨는 훨씬 더하겠지…?
영주	벌써 그런 생각하면 힘만 빠져.
정인	그러니까 도와줄 거지?
영주	(파일을 빠르게 챙겨 들며) 오하린부터 도우련다. (나간다)
정인	야. (컵들을 잽싸게 버리고 쫓아나간다)

46. 도서관 _ 동아리실

정인과 하린, 마주 보도록 놓인 테이블 위에 프린트물과 간식거리
가 조금씩 담긴 접시를 하나하나 놓고 있다.

하린	혼자 해도 되는데….
정인	엄살이나 안 피웠어야지. 영주도 내려오려고 했어.
하린	동아리도 처음이지만, 어린애들이라 더 긴장돼요, 진짜. 애들은 다 안대요. 좋은 사람인지 아닌지.
정인	(손이 멈춘다. 하린을 빤히…)
하린	(힐끗하고는 손 놀리며) 우리 언니가 조카들 키우다보니까 어른의 거울이라는 말, 진짜 맞대. 아이들 눈은 속일 수가 없다면서. 어른들이 미워할까봐 싫다, 아니다, 말을 안 할 뿐이래.
정인	일부러 좋은 척할 수도 있다는 거네….

| 하린 | 그렇죠. (손 놀리다) 근데 왜 갑자기 심각해지셨어요? |
| 정인 | 어, 아니. (손 놀리는데 저절로 멈추게 된다. 은우는…) |

47. 남수의 세탁소 앞

유치원 승합차 멀어져 가고 있다. 숙희, 은우 앞에 앉아 가방과 겉옷을 벗겨준다.

숙희	(지호 걱정에 표정이 밝지 못하다) 잘 놀다 왔어…?
은우	(가만 보다가) 할머니 화났어요?
숙희	…! 왜 화가 나? (엉덩이 톡톡하며) 이렇게 예쁜 은우가 있는데. 우리 은우, 할머니하고 할아버지하고 오래오래 행복하게 살자. 알았지?
은우	아빠는?
숙희	(순간 당혹) 아빠는 저…기 먼 데 약국에 있으니까.
은우	아빠가 나랑 같이 산다고 했어.
숙희	(흠칫!) 언제?
은우	나 잘 때. (세탁소로 뛰어간다)
숙희	(무슨 소리야…? 일어서며 은우를 돌아보는 시선에 걱정이 어린다)

48. 세탁소 안

남수, 많은 옷들을 옮기며 분주하다. 은우, 뛰어 들어와 작업대 한쪽에 놓인 남수의 휴대폰 냉큼 집어 긴 의자로 가서 엎드려 만지기 시작한다.

| 숙희 | (들어오자마자 날리는 먼지를 느끼고 손을 휘휘) 은우야, 먼지 많다. 할 |

아버지 핸드폰 두고 얼른 집으로 들어가.

은우   (얼른 일어나 휴대폰을 놓고 다가온다)

숙희   (자신의 휴대폰을 꺼내 주며) 할머니 금방 들어갈게.

은우   (받아 들고) 응. (내실로 뛰어간다)

남수   (여전히 옷들을 옮기느라 분주하다)

숙희   (은우 짐을 작업대에 놓으며) 그 많은 마스크는 왜 썩혀. (서랍을 열고
      마스크 꺼내려다가 거의 남지 않은 소주병을 꺼낸다)

남수   (지레) 엊그제 딱 한 잔 마신 거야.

숙희   (병을 들이밀며) 한 잔을 대접에 마셨나 봐?

남수   ···! (확 뺏어 들고) 이게···. (아! 지호가···) 언제 이렇게 마셨지···?

숙희   (어이구···! 작업대 위의 짐들을 들고 나간다)

남수   (이내 미소가···. 짜식···)

49. 약국 _ 조제실 안

지호, 조제된 약과 봉투를 챙겨 들고 나가려 한다. 휴대폰에 톡 온
다. 가운 주머니에서 꺼내어 본다. '아버지 - 건투를 빈다' 지호, 미소
가 번진다. 휴대폰 다시 넣으며 나간다.

50. 기석의 회사 안

기석과 현수, 직원들, 각자의 자리에서 일하고 있다. 현수, 서류 하
나를 들고 기석의 눈치를 힐끗힐끗 보다가 용기 내 앞으로 간다.

현수   (서류를 옆에 놓아주며) 심사 누락된 건들인데, 재검토해서···.

기석   (모니터만 보며 휙 집어 반대편에 툭 놓는다) 알았어.

현수	팀장님께서 내일 출근하자마자 바로 보시겠답니다.
기석	(날 서서 보며) 지금 나한테 업무 지시하는 거냐?
현수	…! 아닙니다. 죄송합니다. (인사하고 자리로 간다)
기석	(잠시 노려보다 자리를 박차고 나가버린다)
직원들	(슬쩍 놀라며 어리둥절해한다)
현수	(반대로 고개 틀며 인상을 팍 쓴다)

51. 기석의 회사 _ 회의실

기석, 창가에 서서 밖을 보고 있다. 자책감도 들고 화도 나고…. 괜
스레 휴대폰을 꺼내 화면을 밝혀본다. 아무런 메시지가 없다. 창문
너머를 보며 잠시 생각…. 이내 휴대폰 빠르게 뒤적여 이름 찾는다.
'남시훈' 찾아 통화 버튼을 누르고 귀에 댄다.

시훈(F)	어, 기석아.
기석	형님, 통화 괜찮으세요?
시훈(F)	잠깐.
기석	…! (슬쩍 눈치가…) 오늘 시간 어떠신가 해서요.
시훈(F)	왜?
기석	(당혹) 뵌 지도 좀 됐고, 대출 건에 대한 얘기도 좀 드리려고요….
시훈(F)	오늘….
기석	(왜 이러지?) 시간 안 되시면 다음에 봬도 되고요….
시훈(F)	정인이 때문에?
기석	(흠칫! 서인에게 들었나…?)
시훈(F)	장인어른 뵀었는데, 그렇잖아도 걱정하시더라.
기석	…! 뭐 때문에요…?
시훈(F)	뭐긴. 너네 결혼이지.

기석   (순간 화색) 아, 네. 조만간 아버님도 한번 봬야겠네요…. (더 큰 미소)

52. 설렁탕집 안

태학, 혼자 앉아 생각이 많은 얼굴로 식사 중이다. 반만 덜어낸 밥공기가 옆에 놓여 있다. 밥공기를 집어 들었다가 그냥 놓고 탕그릇에 담겨 있던 숟가락마저 빼서 내려놓고는 물을 따라 마신다. 일어나 계산서 들고 냅킨을 휙휙 뽑아 입을 닦으며 카운터로 간다. 여주인, 포스 앞에 서 있다. 태학, 계산서를 건넨다.

여주인   (받으며) 점심이 늦으셨네요….
태학   예. (지갑에서 카드를 꺼낸다)
여주인   이사장님이 계산하셨어요.
태학   (흠칫! 고개를 휙 돌려 가게 안을 살핀다)
여주인   아까 들어오셨을 때, 막 식사 끝내고 나가셨는데….
태학   (낭패다! 인상 쓰며 나간다)
여주인   (왜 저래…?) 안녕히 가세요.

53. 수영고 _ 이사장실 앞

태학, 잔뜩 긴장한 표정으로 문 앞에 와서는 선뜻 노크하지 못하고 서 있다. 안절부절못하고 있는데 영국, 뒤에서 오며 "나 보러 왔어?" 한다. 태학, 흠칫! 얼른 돌아서 인사한다.

영국   왜?
태학   계산을 하고 가셨다고 해서….

영국	선약 있다고 해놓고 혼자 왔길래. 내가 이 교장한테 뭐 실수를 했나 싶어서 얼른 피해서 나왔지. (안으로 들어간다)
태학	(더 죽겠다…. 따라 들어간다)

54. 이사장실 안

영국과 태학, 소파에 차례로 앉는다. 태학, 애써 표정 관리하지만 좌불안석이다.

태학	그러니까 이제, 그게… 점심 약속이 갑자기 취소가 되는 바람에….
영국	그럼 전화를 하지. 사람이 융통성이 없어.
태학	(어색하게 웃어 보인다)
영국	딸내미한테 기석이 말고 누가 있는 것 같아.
태학	(순간 정지된 듯 본다)
영국	혹시나 했는데, 그런가보네?
태학	…! 금시초문이죠. 어디서 그런 해괴망측한 얘기를 들으셨습니까?
영국	몰라?
태학	알고 말고 할 게 있나요. 그러니까 그게, 우리 애 성격을 몰라서 하는 말씀이세요. 워낙에 대쪽 같은 애라, 언감생심…. 말도 안 됩니다.
영국	(빤히…. 믿어, 말아?)
태학	근데 어디서 무슨 얘기를 들으셨길래….
영국	여러 정황상.
태학	(정황…? 긴장한 표정으로 눈치 살핀다)
영국	딸내미가 우리 기석이하고는 결혼을 못하겠대. 알고 있어?
태학	(아찔…) 그게 그러니까, 말이 그런 거지…. (아!) 요새 젊은 친구들이 결혼에 좀 회의적이지 않습니까. 그 맥락에서 보고 있는 거죠…. 기석이도 결혼이 좋다고만 하겠습니까? 예전 우리 때처럼 생각하

시면 안 되죠…. 늘 강조하시면서. (어색하게 웃어 보인다)

| 영국 | (어쭈…. 픽) 확실히 누가 있는 건 아니다? |
| 태학 | 그럼요. 절대, 절대 그럴 아이가 아닙니다…. (겉으로는 웃지만 속은 죽겠다) |

55. 맥주집 (밤)

정인, 지호, 혜정, 영주, 맥주와 안주를 놓고 둘러앉아 있다. 지호, 혼자 긴장했다.

영주	(지호에게 잔 내밀며) 면접 보러 온 사람 같아요.
지호	(뜨끔) 아닌데…. (건배하고 얼른 마신다)
정인	(피식)
혜정	얘가요….
지호	…! (바로 잔 내리고) 왜 그래….
혜정	아직 아무 말도 안 했거든요?
정인	(바로) 지호 씨가 뭐요?
지호	(아, 진짜…. 미리 고개 숙인다)
혜정	여자가 싫어하는 짓 하는 거 전문이에요.
지호	(혜정을 찌릿!)
혜정	(정인과 영주 보며 열변) 아니, 돈을 빌려주는 것까지는 좋다 이거야. 인간관계라는 게 있으니까 이해한다고. 문제는! 받을 생각을 안 해.
영주	어후! (지호를 쨰려보며) 완전 아니다.
지호	영주 씨, 그게 아니라…. (정인을 본다)
정인	(이미 못마땅하게 보고 있다. 혜정 보며) 또요?
혜정	선배, 후배, 동기, 농기 친구… 만나기만 하면 무조건 지가 돈을 내.
지호	(억울) 무조건은 아니지.

정인	조용히 좀 해요.
지호	(깨갱)
혜정	심지어 여자들한테는 산타클로스야.
지호	…! 내가 언제?!
혜정	너 애들이 생일이다, 크리스마스다, 선물 사달라면 다 사주잖아!
영주	끝이다, 끝! (마신다)
정인	(지호를 누르듯 보며 입만 웃는다)
지호	(흠칫!) 아니야. 누나가 취해서 오바하는 거예요.
혜정	(휴대폰 집어 들고 뒤적이며) 애들 불러볼까?
지호	…! (혜정의 손 내리며 나지막이) 이게 도와주는 거냐고….
혜정	(손을 뿌리치고) 정인 씨, 내가 무슨 말하는 건지 알죠?
정인	알죠. 걱정 마세요. 유지호쯤은 식은 죽 먹기예요.
지호	(허!)

정인, 혜정, 영주만 건배를 하고 마신다. 지호, '괜히 만났어…' 인상 쓰며 혼자 마신다.

56. 태학의 집 _ 거실

형선, 정인의 방에서 캘리 재료들 안고 나와 소파로 가려 한다. 태학, 겉옷을 들고 침실에서 나온다.

형선(F)	어디 가?
태학	(지나치며) 바람 좀 쐬고 올게.
형선(F)	왜. 저녁 먹은 거 불편해?
태학	(대꾸 않고 현관으로 간다)
형선	(응?) 나도 갈까?

태학(E)	됐어. (현관을 나간다)
형선(F)	(소파로 오다 슬쩍 이상한 듯 다시 돌아본다)

57. 회전초밥집 앞 (밤)

시훈, 생각이 많은 표정으로 걸어온다. 옷 매무새를 한 번 만지고 안으로 들어간다.

58. 초밥집 안

기석과 시훈, 바에 앉아 술을 주거니 받거니 한다. 기석, 잔을 받자마자 마신다. 시훈, 입만 살짝 댄다. 촉이 오고 있다. 기석, 제 잔을 채우려 한다.

시훈	(술병 가져와 채워주며) 천천히 마시자. 정인이하고 결혼 얘기는 좀 하고 있어?
기석	(아직 모르나?) 네, 뭐….
시훈	어째 맨날 뜨뜻미지근 하냐. (초밥 먹는다)
기석	(어색하게 웃고는) 형님, 그… 혹시 얼마나 모자라신 거예요?
시훈	…! (본다)
기석	대출은 심사가 까다로우니까 저라도 되는 대로 좀 보태드릴까 하고….
시훈	(얘 봐라…? 젓가락 놓고 냅킨으로 입을 닦고는) 돈 좀 있나 보다?
기석	아뇨! 그런 건 아니고…. 이래저래 해보면 보탬은 될 것 같아서요….
시훈	(초밥 접시를 가져다 앞에 놓아주며) 좀 먹어.
기석	(응?) 아, 네…. (젓가락을 들고도 시훈의 눈치를 살피기만 한다)
시훈	맛있다, 여기. (접시를 또 꺼내 앞에 놓고 먹는다)

기석   (뭐야…) 제 얘기, 불편하셨어요?

시훈   (손을 살짝 내저으며 씁쓸만 한다)

기석   (… 긴장한다)

시훈   (물 마시고는 컵을 내려놓고 보며) 나 돈 필요 없어. 대출도.

기석   (당혹) 아… 그러시구나…. 어떻게, 다 준비되셨어요?

시훈   와이프가 대출 받으면 이혼하겠대.

기석   (멈칫!)

시훈   결혼하면 와이프 말이 법이야. 그동안 애썼다. (입만 웃으며 잔을 내
       밀면서) 앞으로는 안 괴롭힐게.

기석   (애써 웃으며 건배한다. 마시지도 못하고 당혹스러운 표정이 된다)

59. 맥주집 안

영주와 혜정, 취기 올랐다. 정인, 뚱해 있다. 지호, 영주만 보며 웃고
있다.

영주   더 했던 것도 있어요.

정인   …! 오늘 입 터졌다?

지호   조용히 좀 해요.

정인   (찌릿!)

영주   내가 감기로 열이 사십 도 가까이 올랐는데, 이정인은 눈 하나 깜짝
       안 하고 옆에서 노트북으로 영화 보면서 맥주 마시는 거 있죠.

지호   와. 있을 수가 없는 일이다.

정인   …! (지호를 흘겨본다)

지호   (의식하지 못한다)

혜정   정인 씨가 잔정이 없네.

지호   (여전히 눈치 못 채고, 잔 들며) 맞아. 잔정이 없…. (웃으며 정인 보고는

흠칫!)

정인	(이미 굳어) 그래서. 싫다고?
지호	…! 좋다고. (씨익)
정인	잔정도 없는데?
지호	없어도 되지. 내가 많으니까.

정인과 지호, 서로를 보며 웃는다. 옆사람들의 시선을 느낀다. 혜정과 영주, 짜증난 표정으로 흘겨보고 있다. 정인과 지호, 다시 서로를 보며 쑥스러운 듯 웃는다….

60. 정인의 집 _ 거실

불 꺼진 집 안. 초인종이 울린다. 모니터에만 불이 환하게 들어온다. 태학의 모습이 희미하게 보인다.

61. 정인의 집 _ 현관문 밖

태학, 다시 벨을 누르고 기다린다.

62. 정인의 오피스텔 앞 일각

택시, 멈춰 선다. 정인, 살짝 술기운 있는 얼굴로 먼저 내린다. 지호, 역시 술기운이 있는 얼굴이다. 카드와 지갑을 손에 쥐고 내린 뒤, 문 닫는다. 택시, 이내 떠난다. 지호, 소지품 챙겨 넣는다. 두 사람, 눈만 마주쳐도 웃는다. 이내 오피스텔로 향한다.

63. 오피스텔 _ 로비 엘리베이터 앞

정인과 지호, 엘리베이터 앞에 선다. 정인, 올라가는 버튼 누른다.
서로 보며 또 괜히 미소 짓는다. 문 열린다. 정인, 손 들어 보이고 탄
다. 지호, 보고 있다가 문 닫히려는 순간 버튼 눌러 문을 연다. 정인,
흠칫! 지호, 탄다. 정인, 웃으며 층 버튼을 누른다. 서로를 보며 웃는
다. 문 닫힌다.

64. 오피스텔 _ 복도

정인과 지호, 웃으며 걸어온다. 태학, 맞은편에서 걸어온다. 정인, 기
겁하며 멈춰 선다. 지호, 정인의 표정에 단박에 감이 온다. 순간 긴
장한 표정이 된다. 태학, 멈춰 선 채 정인을 무섭게 바라보고 있다.
정인, 얼어붙은 표정으로 태학을 보다가 지호를 본다. 다시 태학을
돌아본다….

엔딩.

One

Spring

Night

11부

밤

1. 오피스텔 복도

태학, 멈춰 선 채 정인을 무섭게 바라보고 있다. 정인, 얼어붙은 표정으로 태학을 보다가 지호를 본다. 다시 태학을 바라본다. 태학, 지호를 보고 있다. 지호, 인사한다. 정인, 빠르게 태학에게 다가간다. 지호, 긴장한 표정으로 다가간다.

정인	언제 오셨어요? 전화하시지….
태학	(정인을 보다가 정인 너머로 다시 지호를 본다)
정인	… 인사시켜 드릴게요. (지호를 돌아본다)
지호	(좀 떨어져 서 있다, 가까이 다가온다)
정인	아빠예요…. (태학 보며) 전에 말씀드렸던….
태학	(순간 지호를 아래 위로 훑어본다)
지호	처음 뵙겠습니다. 유지호라고 합니다. (정중하게 다시 인사한다)
태학	… 그래요.
지호	…! (시선은 살짝 밑을 향해 있지만, 분위기를 감지해 조금 경직된다)
태학	(현관으로 돌아서며) 들어가자.
정인	…! (태학을 노려보듯 본다)

지호	(찰나에 정인을 보고, 자신도 이대로는 안 되겠다… 싶어진다)
태학	문 열어.
정인	(한 마디 하려는데)
지호	저….
정인	…! (지호를 보지는 못하고 긴장한다)
태학	(빤히…)
지호	오늘은 갑작스러워서 불편하실 것 같고, 다음에 정식으로 인사드릴 기회를 주셨으면 합니다.
태학	(꿈이 크네…. 야릇하게 슬쩍 웃어 보인다)
지호	…! (민망하다…. 살짝 떨어뜨린 시선이 흔들린다)
정인	(어이없어) 아빠.
태학	문 안 열고 뭐 해.
정인	(노려본다)
지호	전 그만 들어가보겠습니다.
정인	(지호를 탁 본다)
지호	(정인에게 들어가라는 듯 눈을 마주쳐준다)
태학	(뚱하게 문만 보고 있다)
지호	(태학을 향해 살짝 목례하고 돌아서 간다)
정인	(지호를 잡지 못하고 보고만 있다)
태학	문 열라니까.
정인	(신경질적으로 번호키를 누르고는 문을 당기는데…)
태학	(확 열어젖히며 들어간다)
정인	(살짝 휘청한다. 지호를 돌아본다)
지호	(코너를 돌아 사라진다)
정인	(열 받은 표정으로 들어간다)

2. 정인의 집 안

태학, 소파로 와서 앉는다. 정인, 열 받은 표정으로 들어와 식탁 의자에 가방을 탁 내려놓고 그대로 선다.

태학   와서 앉아. (대꾸 없자) 앉으라고.
정인   (태학을 본다… 아무래도 지호가 마음에 걸린다) 잠깐만요. (다시 신발 신는다)
태학   …! 야, 정인아!
정인   (밖으로 나간다)
태학   (기가 차다)

3. 엘리베이터 앞

지호, 엘리베이터 앞에 서 있다. 문 열린다. 타서는 1층 버튼을 누른다. 잠시 후… 문 닫힌다. 정인, 코너를 돌아 뛰어온다. 엘리베이터 내려가는 것을 보며 하행 버튼을 누른다.

4. 로비

지호, 엘리베이터에서 내려 출입구로 향한다. 표정도, 걸음도 무겁다.

5. 엘리베이터 안

정인, 조급한 표정으로 내려가는 내내 숫자 표시등을 올려다보고 있다. 1층에 도착한다. 정인, 문에 붙을 듯 선다. 문이 미처 다 열리기도 전에 몸을 틀어 뛰어나간다.

6. 출입구 밖 일각

정인, 뛰어나와 주변을 돌아본다. 어디에도 지호의 모습이 없다…. 미안함이 이내 화로 번진다. 안쪽을 돌아보며 인상을 팍…. 빠르게 되돌아 들어간다.

7. 정인의 집 안

태학, 굳은 표정으로 소파에 앉아 있다. 현관문이 꽝 소리나게 닫힌다. 정인, 들어와 식탁 의자 앞에 선 채 태학을 보지도 않는다.

태학	(으이구…) 그래, 뭐하는 사람인데?
정인	(탁 보며) 정식으로 인사한다잖아. 직접 물어보세요. 언제 만나실래요?
태학	(어이없어) 생각 없이 굴다가 창피당하지 말고 얼른 정리해.
정인	뭘 했다고 정리를 해요? 아직 아무것도 안 했어.
태학	그래서 사방이 알아?! 어떻게 처신을 했길래 벌써부터 소문이 나?
정인	…! 무슨 소문? 누가 뭐라는데? 내가 유부녀야? 남편 있는데 바람이라도 피웠냐고. 뭘 잘못했는데? 나에 대해서 누가 뭘 안다고 떠드는데?!
태학	(성질머리하고는…) 일단 와서 앉아.
정인	…. (식탁 의자에 앉아버린다)
태학	(저게 진짜…!) 그게 예의 없이 뭐하는 태도야?
정인	아빠가 보인 태도는 뭔데. 어른이 무슨 권력이에요? 어리면 감정도

없고 자존심도 없는 줄 알아?! 아빠 자식이 겪는 일이라고 생각해
봐. 기분이 어떨 것 같아요?

태학　　말 같잖은 소리 말아. (시선마저 돌린다)

정인　　… 내가 권영국 이사장님한테 사 년 동안 겪은 일이야.

태학　　…! (놀란 표정으로 본다)

정인　　(입을 꼭 다문 채 뚫어져라 보고 있다)

8. 영국의 집 _ 거실

영국, 소파에 앉아 기석의 퇴근 모습, 집으로 들어가는 모습, 낮에
운동하러 나가는 모습 등이 담긴 사진을 휙휙 넘겨 보고 있다. 기사,
옆에 우직하게 서 있다.

영국　　(사진들을 툭 놓고는) 눈에 거슬릴 것들 알아서 뺀 거 아니지?

기사　　아닙니다. 요 근래에 만나는 사람이 없었습니다.

영국　　… 정인이라는 애도 안 만나고.

기사　　예….

영국　　기석이는 됐고, 걔 좀 지켜봐. 도서관인가 다니는 거 알지?

기사　　알고 있습니다.

영국　　(저만치에 시선을 놓는다…. 눈빛이 매서워진다)

9. 기석의 집 _ 거실

기석, 소파에 앉아 캔맥주 마시며 (미국에 있는) 친형과 통화 중이다.

기석　　맨날 똑같지. 출퇴근하는 사람이 무슨 별일이 있겠어. 형은?

형(F)	미국 생활이라고 다르냐. 회사 가고 애들 케어하고. 그거지 뭐. 니 형수가 얼마 전에 아버지 한번 들어오시라고 전화했는데, 너 결혼 시키고 오신댔대. 드디어 허락하신 거냐?
기석	(피식… 마신다)
형(F)	웬만하면 이제 해라. 놀 만큼 놀았잖아.
기석	형은 어떻게 결혼했지? 아버지가 반대 좀 하셨었잖아.
형(F)	그땐 엄마가 계셨으니까. 엄마 믿고 미국으로 튀었지.
기석	그랬었구나….
형(F)	옆에서 좀 챙겨줘야 되는데, 형이 돼서 미안하다.
기석	무슨 소리야. (마신다)
형(F)	더 끌지 말고 결혼해. 그러다 누가 채가면 어떡하려고 그래.
기석	(흠칫! 캔을 쥔 손으로 입을 닦는다)
형(F)	내 눈에는 질려도 남들 눈에는 예뻐보이는 게 옆에 있는 사람이다.
기석	(생각이 밀려든다)

10. 남수의 집 마당

지호, 마당을 지나온다. 숙희, 의아한 표정으로 마루 끝으로 나와 선다.

숙희	어디서 오는 거야?
지호	근처요. 은우는?
숙희	자려고 그래. 자고 갈 거니?
지호	(올라서며) 봐서요. (안방 보며) 아버지는?
숙희	동네 어디서 또 한잔하고 있지.
지호	들어 갈게요. (은우 방으로 향한다)
숙희	얘.
지호	(무슨 말할지 알 것 같다… 돌아보며) 엄마, 다음에요. (들어간다)

숙희   …! (무슨 일이 있나…)

11. 정인의 집 _ 거실

소파 테이블에 손도 대지 않은 차 한 잔이 놓여 있다. 태학, 생각이
많은 표정이다. 정인, 태학에게서 좀 떨어져 앉아 있다.

정인   아빠가 몰라도 될 얘기인데, 괜히 했다 싶네….

태학   (여전히…)

정인   … 죄송해요. 불편하라고 의도한 말은 아니었어.

태학   좋아, 다 좋다 이거야. 앞으로 기석이하고는 어쩔 셈이야.

정인   …! (뭐야…) 헤어졌다니까?

태학   누구 마음대로.

정인   (황당)

태학   기석이도 그러재? 너 혼자 일방적으로 이러는 거잖아, 지금.

정인   아빠….

태학   기석이는 여전히 니가 좋다는 거 아니야.

정인   그럼 계속 만나야 돼? 좋아하는 척이라도 하면서?

태학   … 그럼 안 되겠냐?

정인   …!

태학   그렇게라도 이어가보면 안 되겠어?

정인   (어이없어) 아니, 아빠….

태학   사람이 만나다보면 좋다가도 싫고, 싫다가도 또 서로 이해를 해주
         고 그러다 보면 더 좋아지기도 하는 거야. 난 그렇게 본다. 더군다나
         그간 쌓인 정이 얼마야. 어떻게 무 자르듯이 자르고 말아. 그럼 못
         쓰지…. 아빠나 엄마, 주변에서 기대는 또 얼마나 컸어. 그걸 어떻게
         다 물거품으로 만들어…. 그리고 이사장님이 그런 건, 널 보기 전이

고. 보시고 나서는 아주 홀딱 반했어. 야, 이사장도 사람이야. 오판할 수가 있지.

정인　(벌떡) 나 아빠 자식이야. 자식이 그런 일을 겪었다는데….

태학　(정인의 손을 덥석)

정인　(흠칫! 잡힌 손을 내려다본다)

태학　정인아…. 아빠를 봐서라도 이번 한 번만 마음 돌려.

정인　(손을 빼려 하는데…)

태학　(아예 두 손으로 꽉) 아빠 아직 할 수 있어!

정인　…! (너무 당혹스럽다) 퇴임 후 때문에 이러시는 거예요?

태학　면목 없다만… 부탁한다. 아빠가 보여줄게. 정말 보여준다니까….

번호키 소리 들린다. 정인, 얼른 손을 빼고 현관으로 향한다. 태학, 못마땅하게 본다. 재인, 들어오다가 신발을 보고 놀란다. 유리 너머로 태학을 본다. 정인과 재인, 눈이 마주친다. 재인, 몸을 뒤로 빼 태학에게 보이지 않게 입 모양으로만 "말했어?" 정인, 살짝 고개 젓는다. 재인, 그제야 신발 벗고 들어온다.

재인　아빠 왔네….

태학　(일어나 정인 보며) 현명하게 할 거 알아. 내가 널 알지. (현관으로 가며 재인을 보지도 않고) 일찍일찍 다녀. (신발 신는다)

정인　…! 나 아직 드릴 말씀….

재인　(정인의 팔을 잡아 뒤로 당기며) 왜 벌써 가세요? (따라 나가며 흘긴다)

정인　(하…)

태학과 재인, 나간다. 문 닫히는 소리 난다. 정인, 그대로 서 있다.

12. 은우의 방

스탠드만 켜져 있다. 침대 옆 바닥에 지호의 겉옷이 놓여 있다. 지호, 은우의 곁에 옆으로 누워 함께 잠들어 있다. 남수, 취기 있는 얼굴로 조심스레 문을 열고 들어온다. 지호의 겉옷을 집어 걸어놓으려다 주머니에서 진동이 오는 것을 느끼고 흠칫하며 휴대폰을 꺼낸다. 정인에게서 온 부재중 전화 3통. 남수, 누군지 제대로 보이지 않으면서도 '왠지…' 하며 지호를 살짝 흔든다. 지호, 얼핏 잠이 깬다.

남수　전화가 계속 온 거 같다.

지호　(은우가 깨지 않게 조심스럽게 일어나서 휴대폰 건네받는다. 정인의 전화인 것을 알고 얼른 밖으로 나간다)

방문 유리 너머로 지호가 통화하는 모습이 보인다. 남수, 지호를 보고는 겉옷을 걸어놓으려다 다시 지호를 돌아보고는 스탠드를 끄고 지호의 겉옷 들고 나간다.

13. 빌라 앞 일각

정인, 나오며 통화 중이다. 지호의 집 불은 꺼져 있고, 영주의 집은 켜져 있다.

정인　(영주의 집 보며 작게) 전화 안 받길래 혹시 삐졌나 하고 계속 했지….

지호(F)　아버님, 아직 안 가셨어요?

정인　가셨는데.

지호(F)　근데 왜 이렇게 작게 말해?

정인　…! 어, 그냥…. (뒤돌아서 빌라를 벗어나기 시작한다)

지호(F) 지금 어디예요?

정인 집 앞에.

지호(F) 집 앞에 왜…? 혹시, 우리 집 앞이에요?

정인 (뚝 멈춰 서서) … 응.

지호(F) 아흐…. 그럼 말을 해야지!

정인 부모님댁에 있대서….

지호(F) 영주 씨는? 집에 없어요?

정인 (흘리듯) 자는 것 같은데…? (찔려서 얼른) 괜찮아요. 금방 택시 불러서….

지호(F) 들어가 있어요. 일사공칠일구.

정인 …! (고개를 돌려 지호의 집을 올려다본다)

14. 지호의 집 현관 앞

정인, 막상 문 앞에 서자 망설여진다…. 그냥 갈까 반쯤 돌아서다가 다시 현관을 본다. 조심스레 도어락을 열고 번호를 누른다. 락이 풀린다. 천천히 연다. 센서등이 켜지자 괜스레 흠칫…. 머뭇거리다 들어간다. 문 닫힌다.

15. 지호의 집 _ 거실

정인, 들어와 불을 켠다. 거실에 미처 다 들어서지도 않은 채 서서 집 안을 둘러본다. 묘한 기분이다. 주방을 잠시 본다. 거실로 조금 더 향하다가 열린 방문 너머로 침대가 보이자 얼른 지나치려 한다. 그러다 멈칫…! 슬쩍슬쩍 옆으로 가서 들여다본다. 에라, 모르겠다. 아예 불을 켜고 안 본다. 피식 웃고 불을 끄려다 뭔가를 보고 침대 옆으로 간다. 지호와 은우의 사진이 든 액자를 들어 본다. 짓던 미소가 흐려진다⋯.

16. 도로 위 _ 택시 안

지호, 마음이 급해 괜스레 휴대폰만 연신 본다. 신호에 걸렸는지 조바심 나는 표정으로 앞을 본다. 톡 온다. 얼른 확인한다. 정인이다. '라면 한 개만 먹어도 되나?' 지호, 얼굴에 함박 웃음이 핀다.

17. 빌라 앞

택시, 선다. 지호, 계산하고 내린다. 급히 들어가려다 흠칫하고 영주의 집을 본다. 불이 여전히 켜져 있다. 지호, 피식한다. 택시, 떠난다. 지호, 뛰어 들어간다.

18. 지호의 집 _ 현관 앞

지호, 계단을 뛰어올라와 도어락을 열려 하다가 멈칫한다⋯. 벨을 누른다.

19. 지호의 집 _ 주방

정인, 식탁에 앉아 냄비에서 라면을 덜어내다가 초인종 소리에 기겁을 한다. 이내 초인종 또 울린다. 정인, 뭐야⋯. 젓가락을 쥔 채 잔뜩 겁을 먹은 표정으로 인터폰 앞으로 간다. 지호가 보인다. 순간 인상…. 현관으로 가려다가 '아니지…' 하고 인터폰 앞에 선다.

정인   (버튼 누르고) 누구세요?

지호   (웃는다)

정인   누구시냐고요.

지호(F)   이정인 씨 남자친군데요.

정인   잘못 찾아왔네. 난 남친 없고 애인만 있는데.

지호   (뚫어져라…)

정인   아이, 또 감동 먹었구나. 유지호, 되게 쉬운 남자였네….

비밀번호 빠르게 누르는 소리 들린다. 정인, 현관 앞으로 간다. 지
호, 문을 확 열고 들어온다. 정인, 웃는다. 지호, 신발도 벗지 않고 들
어와 정인의 얼굴을 향해 손을 뻗는다. 정인, 공격할 듯 젓가락을 탁
들어 보인다.

지호   (웃음기 섞여) 찔러. 죽어도 할 거야.

지호, 정인의 얼굴을 감싸고 키스한다. 정인, 흠칫…! 이내 지호를
꼭 안는다…. 젓가락이 지호의 등에 눌려 손에서 삐죽 튀어나온다.

지호   아! (떨어져) 진짜 찌르냐.

정인   …! 미안. (젓가락을 내던지고 지호의 목을 감고 키스한다)

지호   (정인을 꼭 안은 채 키스한다)

20. 거실

테이블에 라면 냄비와 김치가 놓여 있다. 정인, 소파에 앉아 라면 먹

고 있다. 지호, 베란다에서 빨래 걷느라 정신이 없다. 정인, 피식하며 먹는다. 지호, 빠르게 걷어 안고는 방으로 가서 침대 위에 던져놓고 문 닫고 돌아선다.

정인   아까 다 봤는데.

지호   (민망⋯. 냉장고로 가서 생수를 꺼내고는 문 닫는다)

정인   (웃으며 젓가락을 놓는다)

지호   (힐끗 보고는 더 민망⋯. 컵에 생수를 따른다)

정인   (휴지 뽑아 입 닦는다)

지호   (아! 컵을 가져오며 웃는다⋯. 정인에게 건네며 곁에 앉는다)

정인   (받아들며) 감사합니다. (물 마시는데)

지호   영주 씨 안 자던데.

정인   (풉! 흘긴다⋯)

지호   와서 좋다고.

정인   치. (일어나 책장을 돌아본다⋯. 응? 책 한 권을 꺼낸다) 이거 나도 있는
        데. 산 거예요?

지호   아니. 혜정 누나가 좋다고 나랑 예슬이한테 선물로.

정인   아⋯. (곁에 앉는다) 이 책 좋은 구절들 많은데⋯. (컵을 내려놓고 책 넘
        기다 멈춰) 여기도 좋아. (짚어 건넨다)

지호   (받아들고 본다)

정인   예쁜 목소리로 읽어봐요. (지호의 어깨에 기댄다)

지호   (픽⋯) 사랑에 빠질 때 그것을 이룰 가능성을 미리 헤아려야 하는
        걸까. 이 문제를 그렇게 할 수 있을까. 그래서는 안 되겠지. 어떤 계
        산도 있을 수 없지. 우리는 사랑하기 때문에 사랑하는 거니까. 우리
        가 사랑에 빠졌다면 그냥 사랑에 빠진 것이고 그게 전부 아니겠니.
        그러니 실의에 빠지거나 감정을 억제하거나 불빛을 꺼버리지 말고,
        맑은 머리를 유지하도록 하자. 그리고⋯.

정인   (기댄 채 외운 듯) 신이여, 고맙습니다. 나는 사랑에 빠졌습니다. 하고

말하자.

지호   (고개만 돌려 정인을 본다)

정인   (고개만 돌려 지호를 본다)

정인/지호 (입을 맞추고는 서로를 향해 미소 짓는다)

21. 거리 일각 _ 고궁 박물관 앞 길

한적한 길이 길게 이어져 있다. 정인과 지호, 나란히 걸어온다.

정인   지호 씨 얘기, 제대로 꺼내지도 못했어….

지호   잘했어요.

정인   뭘 잘해.

지호   괜찮다고. 천천히 해요.

정인   계속 그러는 거… 내 생각해서가 아니라, 혹시 무서워서 아니야?

지호   무섭지. 혼자 힘들게 만들까봐.

정인   … 벌써 자신이 없어.

지호   …! (멈춰 선다)

정인   (멈춰 서서) 지호 씨 상처 안 주겠다고 했던 말… 바꿀래.

지호   (뭐든…. 하듯 끄덕인다)

정인   힘들 거예요. 상처도 많이 받을 거고, 날 미워하게 만들 수도 있어.

지호   또.

정인   … 지호 씨를 제일 아프게 하는 게 내가 될지도 몰라요.

지호   (미소마저 담고) 하나라도 나중에 핑계로만 삼지 마.

정인   무슨 핑계?

지호   날 위해서니 어쩌니 하면서 도망갈 이유로 쓰지 말라고.

정인   …! (진심 놀랐다…)

지호   왜, 들켰어?

정인	그래, 들켰다. (움직이려는 찰나)
지호	(손을 탁 잡는다) 또 먼저 가려고.
정인	나에 대해서 너무 많이 알아.

정인과 지호, 손을 잡고 걸어간다.

정인	(지호를 보며) 지호 씨랑 나랑 꽤 잘 맞는 것 같아.
지호	(정인을 보며) 성격이 많이 달라서 그런가?
정인	(여전히 보며) 내가 드럽다 이거지.
지호	(여전히 보며) 그렇다고는 안 했는데.
정인	(여전히 보며) 늦었어. 근데… 우리, 왠지 잘 해낼 것 같지 않아요?
지호	(여전히 보며 미소만)
정인	(잡은 손을 휙 움직이며, 아이 나무라듯) 네! 해야지. 지호야.
지호	(깜짝! 이내 고개를 젖히며 소리내 웃는다)
정인	(보며 환하게 웃는다. 미소 끝이 살짝 흐려진다…)

22. 기석의 회사 _ 로비 엘리베이터 앞 (아침)

출근하는 직원들로 북적이다. 기석과 식원1, 엘리베이터를 기다리고 있다.

직원1	주말에 뭐하셨어요?
기석	뭐 그냥. 이것저것.
직원1	이것저것…. 참 많은 자유가 담긴 말이네요. 부럽습니다.
기석	(픽) 넌 회사 나오는 게 더 좋지?
직원1	차마 제 입으로…. (웃고는) 근데 진짜 결혼 인세 하세요?
현수	(인사하며 다가온다)

직원1	(손 들어 보인다)
기석	(힐끗 보고 만다)
현수	(지레 눈치가 보인다)
직원1	주말에 뭐했냐. 또 농구 했냐?
현수	(웃으며) 그렇죠, 뭐. (앗!)
기석	…! (슬쩍 굳는다…) 왜 얘기 안 했어?
현수	저만 그냥 딴 데 잠깐 껴서 했어요. 원래 하던 애들 말고….

엘리베이터 열린다. 사람들 탄다. 기석, 타기 전까지 현수를 보다가 탄다. 직원1, 슬쩍 눈치 느끼며 탄다. 기석, 문 바로 안쪽에서 현수를 향해 돌아선다. 현수, "전 다음 걸로…" 한다. 문 닫힌다. 현수, 홀리듯 "아이, 진짜…" 하며 인상을 팍 쓴다. 휴대폰 톡 소리 난다. 건성으로 꺼내보다 흠칫! 기석이다. '잠깐 회의실로 와라'

23. 회의실 안

기석, 창 너머를 보며 서 있다. 현수, 문을 조심스레 열고 들어온다. 기석, 돌아선다. 현수, 괜스레 멀찍이 떨어져 선다.

기석	대충 알고 있는 거 같은데, 그렇다고 멋대로 판단하진 마라.
현수	(무슨…)
기석	내 개인적인 문제로 다른 일들 놓치거나 포기할 생각 전혀 없어. 그러니까 알아서 기지 말라고.
현수	아니, 전 그게 아니라….
기석	생각해주느라 그랬겠지. 오히려 기분 나빠. 앞으로 하지 마. 특히 유지호하고 부딪칠 자리 안 피해. 무슨 뜻인지 알지? (누르듯 보고는 지나쳐 나가버린다)

현수   (그대로 선 채, 문 닫히자 작게) 하, 돌겠네. 진짜….

24. 방송국 내 일각

서인, 휴대폰 쥐고 원고를 들척이며 걸어온다. 여자 동료, 직원과 저 만치서 수다 떨고 서 있다가 서인이 지나치는 것을 보고 냉큼 쫓아 온다.

동료   서인!

서인   (돌아본다)

동료   (사람들 눈치를 보고 한쪽으로 조금 끌고 간다)

서인   (왜 이러나…)

동료   나 무슨 얘기 들어서. 자기 혹시… 임신했어?

서인   …! 누가 그래?

동료   오 선배가. 신문사 기자한테 전화가 왔더래. 제보 받았다고. 진짜야?

서인   (하…)

동료   (맞구나!) 사표도 그래서 낸 거야? 임신하고 다니면 어때.

서인   당분간 이 얘기는…. (하겠지…) 나 메이크업 때문에. 수고해. (돌아서 간다)

동료   (웬일이냐. 바로 돌아서 쪼르르 간다)

서인   (멈춰 돌아본다…. 다시 돌아서 가며 각오를 하듯 표정을 단단히 한다)

25. 분장실 안

서인, 들어와 원고 내려놓고 앉는다. 잠시… 휴대폰을 뒤적여 형선 에게 전화 건다.

형선(F)	어, 서인아. 아침부터 웬일이야?
서인	엄마, 내일이나 모레 시간 좀 돼요?
형선(F)	집에서 노는 사람이 언제는 안 돼? 왜?
서인	반찬 좀 해다 줘. 많이는 말고.
형선(F)	죄다 남아서 버린다더니…. 그래, 알았어. 되는 대로 해서 갈게.
서인	고마워요.
형선(F)	고마울 것도 없다. 갈 때 전화할게. 수고해. (끊는다)
서인	(끊고는 마음이 벌써 무거워진다. 휴대폰을 앞에 툭…)

분장 스태프, 메이크업 박스 들고 들어온다. 서인, 돌아보며 인사 대신 미소 짓는다. 스태프, 박스 내려놓으며 "언니 축하해요!" 한다. 서인, 벌써…. 어이없는 웃음이 난다.

26. 수영고 _ 교장실

태학, 결재 서류에 사인한 뒤 덮는다. 돋보기를 내려놓다가 가족 사진에 시선이 닿는다. 곰곰…. 돋보기로 서류를 톡톡…. 이내 내선 전화를 들어 버튼 누르고 귀에 댄다.

태학	어, 이사장님 나오셨나? 어, 알았어. (끊고는 바로 일어나 재킷을 단정히 하며 밖으로 나간다)

27. 수영고 _ 이사장실 안

영국, 소파에 먼저 앉는다. 태학, 앉는다.

영국	이따 점심이나 같이 하면 좋은데, 장학사하고 선약이 있어.
태학	아닙니다. 잠깐 드릴 말씀이 있어서 온 겁니다. 딴 게 아니라 그, 우리 정인이 일은… (웃어가며) 말씀드렸던 대로 그런 일이 없습니다.
영국	딸내미가 그래?
태학	그럼 누가 그러겠습니까? 당사자가 그러지.
영국	전혀 그런 일이 없다…?
태학	(뜨끔…) 그게 그러니까, 이제 전혀라기보다….
영국	뭐야. 이랬다저랬다.
태학	그게 아니라, 그러니까 어쩌다 가끔 여럿이, 아주 여럿이서 어울리는 대학 모임에 더러더러 남자들이 섞일 때도 있겠죠. 그걸 또 혹시나 누가 보고 오해를 했을 수도 있고… 일전에 말씀하신 여러 정황상이란 게 그런 것들에서 나온 게 아니었을까… 조심스런 추측을 해봅니다….
영국	(아휴) 사실무근이란 거 아니야. 알았어. 둘이 알아서 하겠지 뭐.
태학	그렇다고 또 그것만 믿고 있기에는 그렇지 않을까요?
영국	(뭔 소리야 자꾸? 인상마저…)
태학	이번처럼 괜한 오해가 또 생길 수도 있고, 말만 오가면서 서로 간에 피로도만 높이는 것도 그렇고요. 애들도 제풀에 지칠 수 있잖습니까. 그러니까 이제 쇠뿔도 단김에 빼랬다고… 혹시 어떠신지….
영국	(뭔 궁리를 했네…) 나야 뭐. 이 교장 생가온 뭔네?
태학	그냥 날을 잡죠 뭐.

28. 약국 안 (낮)

지호, 가운 단추를 다 풀어놓고 출입문 일각에서 연신 휴대폰으로 시간을 봤다가, 문을 열고 밖을 내다봤다가… 조급한 기색이 역력하다. 다시 밖을 보다가 후다닥 데스크 안으로 들어가 태연한 척하고 있다. 혜정과 예슬, 점심 식사를 끝내고 들어온다.

지호   아, 배고파. (가운을 벗으며 조제실로 얼른 들어간다)

혜정   웬일이야. 배고프다는 소리를 다하고.

예슬   그러니까. 처음 들어요….

혜정/예슬 (데스크 안으로 들어가려는데)

지호   (겉옷을 들고 빠르게 데스크 밖으로 나와) 갔다 올게요. (튀어 나간다)

혜정/예슬 (순식간이라 되레 놀란다)

예슬   (돌아보며) 약속 있으신가…?

혜정   …! (순간 밖을 노려보며) 대놓고 염장 지르기 시작한다….

예슬   뭘요? (다시 밖을 보며) 아, 혹시 그분?!

혜정   앞으로 눈꼴셔서 어떻게 봐주니. (데스크 안으로)

예슬   부러우면 지는 거래요. (데스크 안으로 간다)

혜정   부럽긴 누가! (조제실로 들어간다)

예슬   (픽. 휴대폰과 지갑 등을 책상 앞에 내려놓는다)

29. 샌드위치 매장

정인, 샌드위치와 음료수가 담긴 쟁반을 놓고 앉아 있다. 휴대폰으로 시간을 보고 창밖을 보다가 빙긋 웃는다. 지호, 뛰어 들어와 테이블 짚고 헉헉댄다.

정인   천천히 오라니까. 앉아요. (여전하자) 앉으시라고. (팔을 당겨 앉힌다)

지호   안 돼. 날씨가 너무 좋아.

정인   응?

30. 작은 공원

벤치 몇 개가 놓여 있는 동네의 휴식 공간이다. 간간이 사람들이 지날 뿐 한적하다. 정인과 지호, 벤치에 앉아 샌드위치와 음료수 먹고 있다. 정인, 하늘을 올려다보기도 하고, 주변을 보며 기분 좋은 미소를 띤다. 지호, 미소 담고 생각에 빠진다….

정인 평일 날 쉬면 좋은 건, 낮에 다닐 때 한산해서 좋아.

지호 (여전히…)

정인 (말이 없자, 본다) 무슨 생각해요?

지호 혼자 밥 먹고 들어갈 때 가끔 상상했거든요. 햇볕이 좋은 날, 좋아하는 사람하고 공원 같은 데서 점심 먹으면서 웃고 떠들면 좋겠다…. 나한테도 그런 날이 올까…. 별것 아닌데, 참 해보고 싶었어요.

정인 (아…) 일종에 그런 거, 사소한 로망. 진짜 별것 아닌데, 막상 못했던 것들 은근 많아요. 나는, 비 온 뒤에 축축하게 젖은 오래된 골목길 걸어보고 싶은데, 아직 못해봤어.

지호 그러고 나서 맛있는 커피 마시러 가면 좋겠다. 언제 같이 가요.

정인 하는 거 봐서.

지호 …! 가자고만 해봐. 죽어도 안 가.

정인 버텨보시든가. (음료수 쪽쪽)

지호 깡패야, 깡패. (음료수 마신다)

정인 (씨익. 다시 하늘을 올려다본다. 꺾어질 듯 고개를 젖히고 이내 눈을 감는다)

지호, 순간 정인의 모습이 너무 예뻐 보인다. 휴대폰으로 사진 찍는다. 정인, 깜짝!

지호 (보며) 잘 나왔다. (보내려 하며) 보내줄게요.

정인 (휴대폰을 들고 기다렸다가 바로 확인…. 미소가 저절로 번진다)

지호	자기가 되게 예쁜가 봐.
정인	(찌릿!)
지호	예뻐, 예뻐. (음료수 마신다)
정인	(가만 보다가) 됐어, 싫어, 괜찮아, 하지 말고 무조건 좋아, 라고 해요.
지호	들어보고.
정인	그냥 하라고.
지호	진짜 깡패야. 알았어요. 뭔데.
정인	우리… 은우 데리고 놀러가요.
지호	…! (보기만…)
정인	또 감동 먹었네. 진짜 너무 쉬워.
지호	(정말 감동했다…. 괜스레 고개를 슬쩍 떨구게 된다)
정인	기죽으면 안 만난다고 했을 텐데.
지호	(얼른 몸을 바로 세운다)
정인	(환하게 웃는다)

저만치 떨어진 나무 뒤쪽에서 누군가가 정인과 지호의 모습을 카메라로 찍고 있다.

31. 고시원 앞 일각 (밤)

재인, 커피 하나는 마시고 하나는 들고 고시원을 올려다보고 있다.
영재, 트레이닝복 차림에 운동화 뒤축을 꿰며 나오다 재인을 보고 급히 다가온다.

영재	벌써 왔네….
재인	방금 왔어. (커피 내민다)
영재	(받아들며) 고마워.

재인	이런 데 한 달에 얼마나 해?
영재	왜? 너 집 나오게?
재인	조만간 우리 언니랑 같이 쫓겨날 것 같아서.
영재	…! 집에서 지호 일 아셨어?!
재인	알면 쫓겨 날 것 같지?
영재	(뜨끔!) 나야 잘 모르지…. 니네 부모님이 어떤 분들인지….
재인	유지호 씨네는 어떤데?
영재	지호네? 뭐… 좋으셔. 두 분 다. 동네에서 오랫동안 세탁소 하시고….
재인	…! (영재를 보지만 시선이 떠 있다…)
영재	왜?
재인	아니야, 가자. (먼저 돌아선다. 절로 작은 한숨이 툭…)

32. 놀이터

재인과 영재, 커피를 사이에 놓고 나란히 벤치에 앉아 있다.

영재	정인 씨랑 지호 일, 우리가 너무 미리부터 겁먹는 거 아니야? 처음에는 당연히 놀라시겠지만, 결국 이해해주시지 않을까?
재인	(아이고…. 영재를 보며 의미 없이 씨익 하고는 커피 마신다)
영재	부모님, 까다로우셔?
재인	까다롭지. 아빠가 하는 말은 하나도 이해를 할 수가 없거든.
영재	…! (단박에 알아듣고는) 지호 어떡하냐….
재인	… 언니한테 뭔가 힘이 되어줘야 하는데, 내가 이 모양 이 꼴이라.
영재	니가 뭐. 너도 무슨 계획이 있으니까 한국으로 들어왔을 거 아니야.
재인	괜찮은 남자 만나서 팔자나 펴볼까 하고 왔는데, 걸린 게 박영재야.
영재	(깨갱…. 얼른 커피를 홀짝…)
재인	유지호 씨, 우리 언니 포기 안 하겠지?

영재	…! 그랬으면 좋겠어?
재인	(인상) 그럼 가만두지 말라고!
영재	아. (피식…) 근데 넌 왜 둘이 잘 되길 바라냐?
재인	(앞을 보며) 사랑을 사랑답게 할 것 같아서.

33. 영국의 집 _ 주방 (낮)

영국과 기석, 몇 종류의 김치만 놓고 수제비로 점심을 먹고 있다.

기석	(눈치보다) 그날은 술이 좀 과했어요….
영국	(태연히 먹으며) 너 말고 남자가 또 있는 것 같아?
기석	…! (실수했구나…)
영국	넘어가줄 만한 거면 깔끔하게 털어. 남자 놈이 그런 걸로 여자한테 꼬장거리는 것도 볼썽사나워.
기석	(말이 안 나온다… 억지로 먹으려 한다)
영국	(먹으며) 이 교장이 날 잡자고 하더라.
기석	(놀란 눈으로 탁 본다)
영국	둘이 의논해서 적당한 날로 찾아봐.
기석	(겨우) 네…. (당황한 시선이 허둥지둥한다…)

34. 영국의 집 _ 거실

기석, 선 채로 괜스레 옷매무새를 만지며 영국을 기다리고 있다. 영국, 화장실에서 나와 소파로 온다.

영국	왜 여태 있어? (소파에 앉는다)

기석	(앉는다) 아까 말씀하신 거요…. 정인이, 그런 일 없어요.
영국	(빤히 보다가) 너하고는 실패한 관계라고 하더라.
기석	(하…. 시선을 튼다)
영국	그 소리를 듣고도 잘해봐라 한 건, 보란 듯이 뒤집어보라는 의미였어.
기석	…! (본다)
영국	실패는 미련 없이 손 털 수 있을 때 인정하는 거야. 그 전에는 누구도 장담할 수 없어. 어떤 놈이 이길지. 무슨 말인지 알아들어?
기석	(자존심 상하지만, 맞는 말이다…. 저만치 던진 시선이 단단해진다)
영국	(시선만 보고도 '오기가 생기나보네' 싶어 씨익)

35. 남수의 집 _ 거실

바닥과 테이블에 공룡 책과 장난감들이 흩어져 있다. 지호, 남수의 휴대폰에 은행 어플 까는 중이다. 남수, 돋보기 끼고 곁에서 보고 있다. 지호, 건네며 "비밀번호 정하세요" 한다. 남수, 잠시 곰곰…. 번호 누르고는 다시 건넨다.

지호	(손 놀리며) 잊어버리지 마세요…. 이제 됐어요. (건네며) 해보세요.
남수	(어플을 누르며) 이거 누르고…, 비밀번호…. (입력한다. 계좌를 보고) 내역이 다 나오네. 매번 은행 안 가도 되겠다. (흠칫!) 언제 돈을…?
지호	아, 지난번에 술….
남수	…! 그걸 뭘…. 아무튼 잘 쓸게. 고맙다.

숙희가 옥상 계단을 내려오는 발소리 들린다.

남수	(얼른 팔꿈치로 툭) 다음부터는 미리 얘기해. 안주도 챙겨놓을 테니까.
지호	(멋쩍게 웃으며) 아이, 무슨….

숙희	(다 마른 빨래를 안고 들어오며) 왜 두 부자가 실실 웃고 있어?
지호	(얼른 일어나 빨래 받으며) 아니야…. (소파에 내려놓는다)
은우	(지호의 휴대폰 들고 제 방에서 나오며) 아빠, 전화. 이정인.
지호	…! (얼른 가서 받아 들고 은우의 방으로 들어간다)
은우	(쫓아 들어간다)
남수	(괜스레 얼른 내부계단으로 향한다)
숙희	어디 가?
남수	기계 다 돌아갔나 보러. (얼른 올라간다)
숙희	(왜들 이래…. 은우의 방 쪽을 보고는 바닥에 흩어진 물건들을 치운다. 책을 정리하다가 ○○ 도서관 직인 본다…. 혹시…? 다시 은우의 방을 본다)

36. 은우의 방

은우, 신난 표정으로 침대 위로 올라와 기대앉는다. 지호, 휴대폰을 들고 곁에 기대 앉는다. 문을 한 번 보고는 은우를 향해 "쉿!" 한다. 은우, 똑같이 "쉿!" 한다. 지호, 정인에게 영상 통화를 건다. 정인, 바로 받는다.

은우	(큰 소리로) 선생님!
지호	(기겁하고 은우 입을 막으며 문 쪽을 본다)
정인	(웃으며) 은우야, 잘 있었어?
은우	(지호 손 치우고) 선생님, 우리 집에 놀러와요.
정인	어? 어….
지호	(작게) 그런 말하면 안 돼….
은우	(지호 보며) 왜?
지호	아니….
정인	아빠가 선생님 오지 말래.

은우	(바로 지호를 향해 입을 삐쭉거린다)
지호	(당황) 아니야, 장난친 거야…. (정인 보며) 진짜인 줄 알잖아요….
정인	(웃는다)
은우	(휴대폰을 뺏어 든다) 선생님.
지호	(이런…)
정인	응?
은우	유치원에서요…. 바람개비 만들었어요. 나는 두 개 만들었어요.
지호	(미소 지으며 은우를 바라보고 있다)

37. 정인의 집 _ 거실

정인, 소파에 앉아 영상 통화하고 있다. 재인, "나도 좀" 하며 덤벼든다. 정인, 화면을 보고 미소 지으면서 발로는 재인을 밀어버린다. 재인, 바닥에 엎어진다.

정인	(태연하게) 바람개비 왜 두 개 만들었어?
은우	하나는 내 거고, 하나는….
지호	(화면으로 들어와 은우 보며) 아빠 거지?
정인	선생님 줄 거지?
은우	(지호와 정인을 번갈아보고는) 선생님. (씨익)
지호	유은우 진짜 배신이다.
정인	은우야, 다음에 만날 때 바람개비 꼭 갖고 와서 선생님 줘.
은우	네!
재인	(앞에서 노려보며 씩씩)
정인	(아휴…) 은우야, 선생님 동생 보여줄까?
은우	응! 동생 어딨어요?
재인	(잽싸게 정인의 옆에 붙어 화면에 들어가) 안녕! 너무 귀엽다!!!

은우	(놀란) 와아…. 동생이 되게 크다….
재인	(헉! 좌절. 그대로 옆으로 쓰러진다)
정인	(웃겨 죽는다)
지호	(화면 안에서 못잖게 웃는다)

38. 세탁소 안

남수, 작업으로 분주하다. 숙희, 생각이 많은 표정으로 들어와 일감에 손을 대려다가 의자에 앉는다.

남수	(힐끗…. 손 놀리며) 왜 또.
숙희	나 지금부터 못되게 마음먹을 거야.
남수	(손만 놀린다)
숙희	은우를 위해서인데 뭘 못해. 조금이라도 내 성에 안 차면 지호가 아무리 애원을 해도 결사반대 할 거야.
남수	(어이없는) 아직 사람을 보지도 않았는데 무슨 심보야, 그게.
숙희	미리 각오를 하는 거라고. 어떤 집 여자인지는 몰라도 우리 형편 깔보면 그걸 어떻게 두고만 봐.
남수	그럴 사람 아니야.
숙희	…! 당신이 어떻게 알아?
남수	(당황…) 지호. 지호가 슬쩍 그러더라고. 수수하다고. 응….
숙희	(미심쩍지만…) 부모는 또 모르지. 만약에 그 집 부모가 우리 지호 무시하고 천대하면 나도 똑같이 해줄 거야.
남수	그 참….
숙희	나도 부모인데, 왜. (벌떡 일어나 일감에 손 놀린다)
남수	어이구…. (웃고 만다. 다시 손 놀린다)

39. 서인의 집 _ 주방 (밤)

형선, 걱정 가득한 표정으로 앉아 있다. 시선을 돌리다 식탁 한쪽에 놓인 태교 책들에 더 어두워진다. 서인, 차가 담긴 머그잔 두 개를 들고 와 놓고 마주 앉는다.

서인   (표정을 보고) 나 잘할 수 있다니까?

형선   뭘 잘한다는 거야. 기사 나올 것 같다며. 별거도 소문나면 어떡하니…?

서인   어차피 이혼 소송 시작하면 금방 퍼질 텐데, 뭐.

형선   …! 이혼 할 거야?! 애는 어쩌고.

서인   아이는 내가 키워. 그 사람하고는 상관없어.

형선   (기막혀) 그건 니 생각이지! 혼자가 말이 쉽지, 애를 머리로 키우는 건 줄 알아? 너 똑똑한 거 하나 소용없어.

서인   그 사람까지 있으면 더 못 키워. 내가 못 견뎌.

형선   (아휴…) 서인아. 나도 남 서방 못마땅한 게 얼마나 많은 사람이니. 그래도 일이 이렇게 흘러가는 거 보면, 부부로 살아갈 인연인 거야. 남이 만나 사는데 왜 싫은 게 없겠어. 웬수보다 더할 때가 많지. 그래도 참고 넘기다 보면 십 년, 이십 년이 가더라. 다른 거 다 치우고, 애 하나만 생각하자. 애를 위해서라도 남 서방하고 다시 잘…

서인   나 죽어요.

형선   …!

서인   그 사람하고 다시 한 공간 안에 같이 있으면 나 죽을 거야.

형선   그만큼 니 마음이 떠난 건 알겠는데….

서인   진짜 죽는다고.

형선   (예사롭지 않다) 서인아….

서인   … 나 살아야 돼. 아이를 위해서 꼭 살아야 돼요. (눈가가 젖는다)

형선   (아무래도) 너… 엄마한테 말 안 한 거 있지. (뚫어져라)

40. 서인의 집 _ 서재

금고가 열려 있다. 서인, 테이블에 파일을 놓으며 형선 곁에 앉는다. 서인, 막상 열려니 머뭇거려진다. 형선, 보다 못해 파일을 당겨와 획 넘기다 상처를 찍은 사진에 기겁을 한다. 조심스레 한 장을 더 넘기다가 차마 못 보고 확 덮는다.

형선   (벌써 숨이 차다) 언제부터야…? 언제부터냐고?!

서인   죄송해요…. (이내 눈시울이 젖는다…) 엄마, 미안해….

형선   남시훈이, 이 자식 어디 있어…! (바로 일어나 나가려 한다)

서인   (잡고 매달린다) 엄마, 안 돼….

형선   안 되긴 뭐가 안 돼! 이 꼴을 당하고 그냥 둬?! 넌 안 해도 괜찮아. 난 엄마라 뭐든 해야 엄마인 거야. 놔. (팔을 치우고 가려 한다)

서인   (더 매달린다) 엄마, 하지 마…. 내가 할 거야, 내가…. 그냥 내 옆에만 있어줘요…. (간절히 보며 눈물을 뚝뚝…)

형선   (기가 막힌다. 소파에 털썩 앉는다)

서인   (형선의 무릎에 엎어져 흐느낀다) 미안해. 미안해, 엄마….

형선   (가만히 내려다본다. 눈이 그렁해진다. 몸이 파르르해진다…. 숨이 눌려 쉬어지지 않는다. 답답함에 가슴께를 꽉 움켜쥔다. 쥐고 잡아뜯을 듯하며 숨이 거칠어진다…. 끙끙 앓는 듯) 윽… 으윽….

서인   (눈물 범벅인 얼굴로 올려다본다. 덜컥 겁이 난다…. 형선의 다리를 흔들며) 엄마아….

형선   (토해내듯) 어흐… 어흐! (소리내 울기 시작한다) 어떡해… 어떡해…. (서인의 옷자락을 움켜쥐고 흔들며) 내 새끼 어떻게…, 불쌍해서 이걸 어떡해…. 이거얼…. (몸부림치며 운다)

서인   (형선의 손길에 몸이 흔들리며 얼굴을 다 덮을 듯 눈물을 쏟아낸다)

41. 커피전문점 안 (아침)

출근길에 커피나 음료를 사는 사람들이 드나들고 있다. 영주, 주문
한 커피 두 잔을 가지고 테이블에 앉는다. 정인, 출근 차림으로 들어
와 자리로 온다.

영주   딱 맞춰 왔네. (휴대폰으로 시간 보고) 삼십 분 수다 떨 수 있겠다.

정인   (앉고는) 오면서 생각해봤는데, 아빠하고 마주쳤을 때 다 말할걸 그
        랬어.

영주   그랬으면 넌 지금 직장인이 아니라 병원에 입원한 환자야. (마신다)

정인   그럼 언제 해? 언니도 재인이도 너까지 다 하지 말라기만 하잖아.

영주   진짜 감당할 수 있어? 지호 씨 좋은 사람인 건 충분히 알지. 근데 아
        이는…. 아후, 매번 정리가 안 된다. 난 진짜 모르겠어.

정인   (커피를 마시고 내려놓으며) 난 알겠는데.

영주   (본다)

정인   그냥 알 것 같아. 내가 어떻게 될지.

영주   (설마…) 너, 지호 씨하고 벌써 결혼까지 생각하고 있는 건 아니지?

정인   왜 질문이 그래?

영주   너 자동으로 애엄마 되는 거라니까. 심각하게 고민하고 있는 거냐?

정인   (알 듯 모를 듯한 미소를 건네고는 커피를 마시며 창밖을 본다)

42. 기석의 회사 _ 사무실

기석, 현수, 직원들, 각자의 자리에서 일하고 있다. 기석, 모니터 보
며 서류 넘기는데 휴대폰에 진동 온다. 건성으로 보다가 흠칫! '정인
이 아버님' 얼른 받는다.

기석	네, 아버님…. 아닙니다. 괜찮습니다. 말씀하세요.
현수	(시선은 모니터를 보고 있지만, 슬쩍 촉이 온다)
기석	(밝은) 저야 좋죠, 아버님 뵌 지 오래됐는데…. 예, 어디서 뵐까요?
현수	(기석을 슬쩍 살핀다)
기석	(몸을 좀 틀어 통화 중이다. 얼굴에 화색이 돈다)

43. 도서관 _ 사무실 내 일각

정인, 책장 앞에서 파일을 넘기며 책들을 골라내고 있다. 하린, 정인의 휴대폰 들고 빠르게 온다.

하린	(내밀며 작게) 아까부터 계속 톡이 와서요.
정인	(작게) 고마워. (확인하며 점점 굳어진다. 파일과 책을 하린에게 던지듯 주며 빠르게 회의실로 들어간다)
하린	(얼결에 받아들고 어리둥절…. 뭔 일이래?)

44. 약국 _ 조제실 안

지호, 정인에게 (진동) 전화오는 휴대폰을 들고 들어온다.

지호	(받는다) 응, 정인 씨.
정인(F)	무슨 소리예요? 기석오빠가 우리 아빠 만난다고?
지호	확실하지는 않은데, 현수 말이 느낌에 그런 것 같대요.
정인(F)	아, 진짜….
지호	전하는 게 맞나 고민했는데, 혹시 내 얘기가 나오면….
정인(F)	잘했어요. 지호 씨, 이제 신경 쓰지 마. 내가 알아서 할게요.

지호   (슬쩍 굳어) 언제까지?

정인(F)   응?

지호   난 계속 정인 씨 뒤에 숨어만 있어?

45. 도서관 사무실

영주, 일하다가 자꾸 회의실로 시선이 간다. 회의실 안에서 당황한 듯 이리저리 움직이며 통화하는 정인이 보인다. 하린, 책 몇 권과 파일을 들고 와 자리에 앉는다.

영주   (주변 의식해 작게) 누구였어?

하린   이름은 못 봤는데, 톡 보자마자 표정이 완전 싸해졌어요. (돌아보고는 다시 영주 보며) 무슨 일 있는 거 같죠?

영주   (회의실을 본다) 그러니까. 또 뭔 일이래….

회의실 너머로 정인이 전화를 끊는 모습이 보인다. 영주, 얼른 회의실로 향한다.

46. 회의실 안

정인, 휴대폰을 들고 심각한 표정으로 곰곰…. 영주, 들어온다.

영주   뭔데 또.

정인   아빠하고 기석오빠가 만난대. 심지어 지호 씨가 알려줬어.

영주   …! 열 내?

정인   불편해하네. 지금끼지는 괜찮다, 천천히 하자, 그러더니….

영주	성질도 나겠다. 나도 아직은 아니다, 좀 더 있다 터뜨려라 했지만, 아버님이나 권기석이나 적당히 끝낼 것 같지가 않다. 야.
정인	(그러게) 얘기하는 게 맞다니까.
영주	맞고 틀리고의 문제냐. 너도 너지만, 지호 씨가 당할 일들 상상만 해도 살 떨려서 그러지.
정인	그건 닥쳐서 생각할래.
영주	그게 오늘이 될 수도 있는 거 아니야. 권기석 입이 가만 있겠니? 빨리 뭔 방법을 쓰든 일단 막아.
정인	(그대로…)
영주	(독촉하듯) 응?
정인	(뭔가 단단) 그냥 놔둘래. (휴대폰 진동 온다. 지호다. 얼른 받는다) 응, 지호 씨.

47. 약국 _ 조제실 안

지호, 캐비닛 앞에서 통화하고 있다.

지호	미안해서. 정인 씨한테 책임 전가할 일이 아닌데.
정인(F)	더 미안해지라고 이러는 거야? 또 신경 쓰게 만들어서 죽겠구만…
지호	… 내가 기석선배 만나볼까 봐.
정인(F)	하지 말아요. 또 지호 씨한테 상처되는 말만 해댈 거야.
지호	아버님 만나서 정인 씨 더 곤란해지게 만들까봐 그러지.
정인(F)	차라리 까발렸으면 좋겠어. 어차피 아셔야 되는데 뭐.
지호	난 싫은데.
정인(F)	뭐가?
지호	내 얘기잖아. 내가 하고 싶어서.
정인(F)	….

지호	부모님한테 나 빨리 인사시키라고 독촉하는 말 아니에요. 누가 됐든, 날 보이는 일에 머뭇거리지 않는다는 뜻이야.
정인(F)	씩씩해서 좋네.
지호	(피식…) 내가 이정인 말은 기막히게 잘 듣지.
정인(F)	(웃음기) 기똥차.
지호	(미소가 가시며) 기석선배, 언제까지 두고 볼 생각없어요. 참아주고 넘어가주는 걸로 안 될 것 같아.
정인(F)	내가 한 번 만나든 통화를 하든….
지호	정인 씨가 아니야.
정인(F)	어?
지호	나야. 기석선배의 목적은 유지호야. (싹 굳어진다)

48. 시훈의 병원 안

환자가 없다. 직원1, 2 노닥거리며 앉아 있다. "이전 못해. 월세도 겨우 내는데, 무슨 돈이 있어서 병원을 옮겨", "싸모 있잖아", "둘 사이 별로라니까" 등 수다 떨다가, 문소리 나자 자세 바로한다. 형선, 들어온다. 직원1, 일어서서 "처음 오신 건가요?"

형선	원장님 계세요?
직원1	어떻게 오셨는데요…?
형선	장모예요.
직원1	잠시만요. (데스크를 나가려는데)
형선	안에 있으면 됐어요. 고마워요. (원장실로 향한다)
직원들	(서로 보며 의아해한다)

49. 원장실 안

시훈, 아파트 담보 대출에 관해 검색하고 있다. 노크 소리 난다.

시훈   (모니터만 보며) 네.

형선   (들어온다)

시훈   (힐끗 보다 깜짝 놀라며 일어선다) 장모님…! (책상 밖으로 나온다) 웬일
       이세요, 연락도 없이? 어디 안 좋으세요?

형선   (다가온다)

시훈   치료 받으시게….

형선   (강하게 따귀 때린다!)

시훈   (깜짝! 놀란 눈으로 본다) 장모님?

형선   (더 강하게 또 때린다)

시훈   (뺨을 감싸며 노려보듯 본다)

형선   (휴대폰 꺼내 보이며) 신고해. 내가 해줄까?

시훈   (슬슬 감이 온다) 저기, 우선 제 말씀 좀 들어보시고….

형선   한 번만 더 서인이 털끝이라도 건드리는 날에는 넌 내 손에 죽어.

시훈   (당혹감에 슬쩍 웃어 보이는…)

형선   웃어? (연거푸 따귀며 머리를 후려치고, 가방을 휘두르며 팬다)

시훈   (정신없이 막아댄다)

형선   (때릴 기운조차 없이 숨이 찬다) 너 같은 후레자식한테 내 새끼를 맡긴
       게 부끄러워서 이 정도로 끝내는 줄 알아. (씩씩대며 보다가 나간다)

시훈   (얼이 빠져 있다가 이내 돌아온다. 허…! 헛웃음마저…. 싸늘히 굳는다)

50. 백화점 _ 침구 매장

형선, 직원의 안내를 받으며 침대 시트와 이불을 꼼꼼히 살펴보고

있다. 새하얀 시트와 이불 세트를 선택한다. 직원, 꺼내든다. 형선,
만족하는 표정이다.

51. 서인의 집 _ 주방

식탁에 여러 반찬과 갈비찜 등이 담긴 그릇이 뚜껑이 열린 채 늘어
져 있다. 형선, 밥이 다 된 밥통을 연다. 김이 빠지면 이내 밥을 고루
고루 젓고는 주걱을 탁탁 털어 밥풀을 떨어내고 밥통 닫는다. 주걱
에 붙은 남은 밥풀 몇 개를 떼어 자연스레 입으로 가져간다. 하나둘
떼어 먹으면서 그제야 눌러두었던 속이 올라오기 시작한다. 밥풀을
입에 넣으며 울컥거리는 것을 삼켜보려 애쓰지만 기어이 눈물이 뚝
뚝 떨어진다….

52. 서인의 집 _ 거실 (밤)

깜깜한 거실. 센서등이 켜진다. 서인, 들어와 불을 켠다. 흠칫한다.
소파 테이블 위 꽃병에 한아름의 꽃이 꽂혀 있다. 서인, 단박에 알고
눈시울이 젖어든다….

53. 서인의 집 _ 침실

깜깜한 침실. 서인, 들어오며 불을 켠다. 젖어 있던 눈이 다시 그렁
해진다. 침대가 새하얀 시트로 바뀌어 있고 위에 작은 꽃다발과 함
께 작은 상자가 놓여 있다. 서인, 열어본다. 아이의 배냇저고리와 신
발이 카드와 함께 들어 있다. 눈물이 쏟아져내린다. 앉아 카드 꺼내

본다.

너는 이미 훌륭한 엄마야.
– 이서인의 엄마, 신형선

눈물이 그칠 줄 모르고 줄줄 흘러내린다….

54. 약국

혜정, 예슬의 자리에 앉으며 다리를 툭툭 친다. 지호, 여자(20대 중반)에게 두통약 건넨다.

여자	춥기도 한데, 오늘 아침부터는 약간 열도 나는데…. (카드 건넨다)
지호	(받으며) 해열 작용도 하는 약이에요. 식후에 두 알씩 드시면 돼요. (단말기에 카드를 꽂아 결제하고는 카드와 영수증을 건넨다)
여자	(받아들고) 수고하세요. (나간다)
지호	안녕히 가세요.
혜정	좀 일찍 닫자. 예슬이 쉬는 날인 걸 아나. 아침부터 웬 손님이냐….
지호	돈 많이 벌고 좋지 뭐. (앉는다)
혜정	월급 올려달라는 소리 같다? 왜, 결혼 자금이 모자라?
지호	암튼 앞서가는 데 뭐 있어.
혜정	(씨익…) 아, 맨날 물어본다 해놓고. 정인 씨가 은우 좋아하지?
지호	…! 어떻게 알았어요? 어떨 땐 일부러 이러나, 싶을 정도야….
혜정	애 좋아하는 게 일부러가 되는 거니? 너 같은 사람 만날 땐 우선 애가 예뻐야 돼. 유지호는 좋은데 애는 싫어봐.
지호	그런 사람이면 내가 못 만나지.
혜정	그래서. 넌 평생 은우하고 정인 씨한테 엎드려 절해야 돼.

지호	(픽)
혜정	농담 아니야.

손님, 들어온다. 지호, 일어서며 슬쩍 "납작 엎드린 지가 언젠데. (손님 보며) 어서 오세요"

55. 도서관 _ 회의실

책상에 훼손된 도서들이 가득 놓여 있다. 정인, 훼손 부분에 따라 분류하고, 연필로 낙서된 것들은 하린 앞에 놓는다. 하린, 낙서를 일일이 지우개로 지우고 있다. 정인, 책을 살피다가 자꾸 휴대폰으로 시간을 본다.

하린	(문제집을 넘기다) 이건 아예 문제를 다 풀었네…. (벅벅 지운다)
정인	전에는 책 앞면에 냄비 받침 자국이 떡하니 찍힌 것도 있었어.
영주	(훼손된 동화책 한 아름을 안고 들어오며) 공포의 아동도서다. (내려놓으며) 대충 봤는데, 거의 파기야.
정인	(그림을 절묘하게 오려낸 책 보이며) 애들이 이 정도로 정교할까?
영주	어른의 솜씨지. (자리에 가서 앉으며) 이번에 훼손 도서 전시할 땐 강한 멘트를 붙여야겠어. "상처는 준 만큼 돌려받습니다!" 식으로.
하린	꼭 연애 멘트 같다. 상처 줬는지도 모르다가 나중에 가서 후회들 하잖아.
정인	(책 들척이며) 반대로 상처였는지도 모르다 후회하는 경우도 많아.
하린	(곰곰…) 누가 더 잘못일까요…?
영주	똑같은 거지 뭐. (정인보며 지레) 권기석하고 동급이란 건 아니고.
정인	(손놓고 휴대폰 들며) 고맙다! 미안, 약속 있어서. 먼저 갈게. (나간다)
영주	(응?) 야, 무슨 약속?

56. 약국 앞

현수, 휴대폰 보며 서 있다. 지호, 가운 차림에 휴대폰 들고 나온다.

현수　(뭐야…) 퇴근 안 하냐?

지호　영재도 온대.

현수　근데.

지호　재인 씨랑.

현수　(순간 인상) 아이….

지호　티 내지 마라.

현수　야, 내가 회사에서 보는 눈치도 모자라서…. (지호 너머를 보고 뚝)

지호　(돌아본다)

재인과 영재, 걸어온다. 지호, 살짝 인사한다. 재인, 인사한다. 현수, 어정쩡하게 인사.

재인　와, 완전 다르게 보인다.

지호　(멋쩍게 웃는)

영재　재인이가 여기 와보고 싶다고 해서….

재인　내가 언제. (지호) 우리 둘 다 그지라, 얻어먹으러 왔어요.

영재　(찍)

지호　잘 왔어요. 옷만 갈아입고 나올게요. (돌아서려 하는데)

재인　언니랑 통화했어요?

지호　… 낮에 잠깐. 왜요?

재인　톡도 안 읽고, 전화도 안 받아서. 오늘 약속 있댔어요?

지호　(혹시?) 내가 한 번 해볼게요. (빠르게 들어간다)

재인　(뭔가…)

57. 조제실 안

지호, 겉옷 입고 캐비닛 열어둔 채 톡 보내는데, 전화 온다.

지호   (얼른 받는) 어, 정인 씨. 지금 어디예요?

정인(F)   갑자기 그건 왜? 그런 거 한 번도 안 물어봤잖아.

지호   (찔리는 듯 멋쩍은 웃음기 섞어) 혼자 사고칠까봐.

정인(F)   같이 치자고?

지호   당연히 그래야지.

정인(F)   지호 씨.

지호   응?

정인(F)   나, 보기보다 마음먹으면 잘해. 그러니까 걱정하지 마.

지호   (가방 꺼내고 캐비닛 닫으며) 어딘데요. 어디든 내가 갈게.

정인(F)   아니. 그냥 있어도 돼. 내가 갈 거야, 지호 씨한테.

지호   (의미를 안다…. 입구로 향하며) 다른 여자만 안 만나고 있으면 되죠?

정인(F)   만나. 어차피 내가 끼어들어서 찢어놓을 거니까.

지호   (피식…. 입구 밖을 본다)

유리 너머로 재인, 영재, 현수, 모여 서서 떠들고 있다. 재인, 무심결에 지호를 본다.

지호   (살짝 몸을 돌려) 무슨 일이 있든, 혹시 나 필요하면 전화해요.

정인(F)   유지호 카드는 언제든 꺼내 쓰지.

지호   말로만 그러지 말고….

정인(F)   그렇게 지호 씨를 믿고 있다고. 전화할게요.

지호   (그래도 뭔가 불안하다) 아버님 만나는 자리 가는 거 아니지?

정인(F)   전화한다고….

지호   … 알았어요. 조심하고.

정인(F)   (웃음) 네에… 끊어요. (끊는다)

지호   (끊으며 휴대폰을 내려다보는 표정이 어둡다…. 밖으로 나간다)

58. 일식집 _ 룸 안

태학과 기석, 음식을 놓고 마주 앉아 있다. 기석, 태학에게 술을 따라준다.

태학   (받고, 따라주며) 본다 본다 하면서도 그게 잘 안 돼.

기석   (잔을 든 채) 제가 먼저 연락드렸어야 되는데, 죄송합니다….

태학   그래, 좀 섭섭했어. (웃으며 잔 내민다)

기석   (건배하고 고개 돌려 마시고 내려놓는다)

태학   (음식 집으며) 이사장님하고 같이 올까 하다가 관뒀어. (먹는다)

기석   네에…. 저도 정인이한테 전화할까 하다가 말았습니다.

태학   됐어. 양쪽 집 대표 한 사람씩만 있으면 되지 뭐. (웃는다)

기석   예…. (어색하게 웃어 보인다)

태학   (웃음을 싹 걷고) 정인이가 한눈을 판다며?

기석   (뚝!)

59. 맥주집

지호, 재인, 영재, 현수, 둘러앉아 맥주와 치킨 먹고 있다. 지호, 음료수만 마신다.

현수   근데 넌 왜 술 안 마시냐?

지호   별로 생각이 없어서.

현수	술을 생각으로 마시니?
재인	(눈치 느끼고 얼른) 마시든 말든, 나 오늘 엄청 뜯어먹을 건데, 혹시 언니한테 이르고 그러는 거 아니죠?
지호	아군, 적군은 구별할 줄 알아요.
현수	난 적군할 거야.
지호	(눈치 주듯 본다)
현수	웃자고, 웃자고. (한 소리다. 치킨 먹는다)
재인	난 의리 같은 거 없는데. 마음에 안 들면 등 돌릴 수도 있어요. (마신다)
영재	이재인은 그러고도 남지.
재인	오래 사귄 남친처럼 얘기한다?
영재	…! (얼른 치킨 먹는다)
지호	(웃으며) 팁 좀 줘요. 실수 안 하게.
재인	권기석 씨는 제낀 거 같아요?
현수	(깜짝!)
지호	(단단) 걱정해주는 거면, 안 해도 돼요.
재인	우리 아빠는?
지호	(순간 막힌다…)
재인	아빠 봤다면서요. 눈은 마주쳐줬어요?
지호	(의미를 알고 피식…)
재인	난 자식인데도 눈 밖에 나니까 상대도 안 해줘요. 상상이 되죠? 겁 주려는 게 아니라… 쉽지 않을 거예요. 우리 아빠. (마신다)
현수	(갑자기 목이 다 멘다. 맥주를 벌컥벌컥…)
영재	(… 재인을 보고 있다가, 이내 지호를 본다)
지호	(이미 생각에 빠져 있다…)

60. 일식집 _ 룸 안

태학과 기석, 자리가 이어지고 있다. 기석, 시선을 맞추지 못한 채 긴장한 표정이 역력하다. 태학, 기석을 보고 있지만 내심 초조하게 눈치를 살피는 중이다. 기석, 태학을 본다. 태학, 얼른 시선을 돌려 제 잔을 채운다. 기석, 머뭇거리게 된다.

기석	… 아버님, 혹시 정인이한테 무슨 얘기 들으셨어요?
태학	(놀라는 척) 내가 들을 얘기가 있는 거였어? 그런 거야?!
기석	…! (당혹…)
태학	난 다른 게 아니라, 이사장님이 먼저 말씀을 하시길래. 오히려 기석이가 무슨 얘기를 했나 싶어서…. (잔을 들며 눈치를 쓰윽…)
기석	(아…) 그게, 아버지가 좀 오해를 하신 거예요.
태학	(슬쩍 미소 담긴) 오해? (잔을 놓는다)
기석	예. 제가 술이 과해서 주정을 좀 했는데, 잘못 해석을 하셨나 봐요. 아니라고 다시 말씀드렸는데…. (눈치 살핀다)
태학	(오호…! 돌변) 아니 그럼, 그 얘기까지 하셨어야지. 이사장님도 참. 난 전에 말만 듣고 사실은 대신 사과라도 하려고 만나자고 한 거야.
기석	(… 응?)
태학	둘이 연애가 좀 길었어? 그러다 보니 서로 간에 소원해진 게 있다, 정도면 몰라. 한눈이라니. 언감생심이지. 여기까지 오면서도 이게 긴가민가…. 절대 그럴 리가 없는데. 내 자식을 내가 몰라? 안 그래?
기석	그럼요…. (뭐지…?)
태학	이제 그 건은 더 이상 얘기할 것도 없는 거야. 그치? (따라주려 한다)
기석	(잔 내밀며) 예….
태학	(따라주며) 그럼, 그래야지….
기석	(잔을 내려놓는데…)
태학	(내려놓으며 바로) 이제 날만 잡으면 되겠네.

기석	…! (본다)
태학	맨날 제자리걸음이잖아. 오죽하면 이사장님하고 내가 나서…? 아휴….
기석	(멋쩍은…) 죄송합니다. 더 노력하겠습니다….
태학	노력이고 뭐고, 말 나온 김에 후딱후딱 진행하라고.
기석	… 정인이 생각도 물어봐야죠.
태학	이게 뭐 허락 받을 일이야? 서로 간에 이미 다 정해놓고, 시기만 못 잡은 건데. 좋은 날로 정해봐. 오늘따라 맛이 기가 막히네. (먹는다)
기석	(얼른) 아예 부모님들께서 날을 못박아주시는 게 좋을 것 같습니다.
태학	(섭다가, 뚝!)
기석	저희가 아무래도 어른들보다는 미흡하니까. 아버님 생각은… 어떠세요?
태학	(응? 많이 듣던 멘트다) 뭐…. (잔을 들다) 이사장님을 참 닮았어. 아주 닮았네. (어색하게 웃어 보이고 마시며 잔 너머로 기석을 본다)

61. 영국의 집 _ 전경

주택가에 사람 하나 지나지 않는다. 영국의 집이 더 우뚝 서 있는 듯 보인다. 정인, 저만치서 작은 선물 상자 들고 단단한 표정으로 집을 바라보며 걸어오고 있다.

62. 영국의 집 _ 거실

영국, 소파에 앉아 정인과 지호가 공원에서 만나는 (11부 #.30) 사진들을 넘겨 보고 있다. 지호가 약국에서 일하는 사진들도 이어진다. 초인종 소리 들린다. 도우미, 얼른 주방에서 나와 인터폰 앞으로 가서 화면을 본다. 영국을 돌아보며 "오신 것 같은데요" 한다. 영국, 끄덕인다. 도우미, 대문 열림 버튼을 누르고 나간다. 영국, 사진들을 정리해 테이블 아래쪽에 놓아둔다. 표정은 흔들림이 없다.

63. 영국의 집 _ 마당

정인, 선물 상자를 들고 대문을 들어선다. 잠시 멈춰 집을 바라본다…

엔딩.

One

Spring

Night

| | | 12 | 부 | | |

밤

	12	부	

1. 영국의 집 _ 거실

도우미, 앞서 들어오며 실내화를 가지런히 놓아준다. 정인, 들어오며 신는다. 영국, 소파에서 일어선다. 정인, 선물 상자 든 채 정중히 인사한다.

영국   어서 와요.

정인   (선물 상자) 가볍게 드실 차예요. (도우미에게 건넨다)

영국   고마워요. (도우미 보며) 좀 내오고.

도우미 네. (주방으로 간다)

영국   와요.

정인   (조심스럽게 소파로 간다)

영국   앉아요. (앉는다)

정인   (앉는다) 갑자기 드린 연락인데, 허락해주셔서 감사합니다.

영국   그건 괜찮은데, 집으로 오라고 해서 번거롭게 한 건 아닌가 모르겠네.

정인   아닙니다.

영국   결국 이렇게 올 거 진작에 만날걸, 하는 생각을 또 하고 있었어요.

정인   (슬쩍 미소 띠며) 마음에 두지 마세요. 이미 지난 일인데요.

영국	지난 일이 되는 건가?
정인	제 생각은, 전에 뵀을 때와 달라진 게 없습니다.
영국	…! (멋쩍기까지) 내가 어지간한 일로는 놀라는 사람이 아닌데, 여러 번 당하네. 그럼 오늘 날 보자고 한 이유가 뭐지?
정인	(단단한 시선으로) 절 예전보다 더 반대해주셨으면 합니다.

2. 일식집 앞

태학과 기석, 나온다. 태학, 기분 좋게 취한 모습이다.

기석	(휴대폰 보며) 택시 금방 도착할 것 같습니다.
태학	지금 택시는 중요한 게 아니지. 다른 거 일절 신경 쓰지 말고 오로지 결혼, 그것만 보고 가는 거야. 판이 얼마나 잘 깔렸어. 내가 기석이 좋게 보는 거 이상으로 이사장님도 우리 정인이, 내 딸을 너무 흡족해하셔. 야아…. 끝내준다, 끝내줘. (어깨에 손을 턱) 기석아. 권기석이!
기석	예, 아버님….
태학	넌 처음부터 이태학의 둘째사위였어. 보자마자 단박에 알아봤다니까.
기석	감사합니다….
태학	노노노. 내가 고맙지. 이렇게 훌륭한 재목이 내 사위가 된다는데. 그 무엇도, 어떤 것도 걱정하지 마! 내가 다 치워줄게. (등을 퍽퍽)
기석	(휘청휘청)
태학	(껄껄 웃으며) 짜식!
기석	(어색하게 웃어 보인다)

3. 영국의 집 _ 거실

테이블에 차와 간소한 디저트가 놓여 있다. 정인, 어느 것에도 손을 대지 않았다. 영국, 차를 마시며 생각이 많은 표정이다. 정인, 흔들림 없이 앉아 있다.

영국   (잔을 내려놓는다) 정리하자면, 이 교장을 포기시키기 위해서다?

정인   아버지가 기석오빠에 대해 미련이 많으세요. 자식으로서 가능한 한 부모님 뜻에 따르려고 하지만, 이런 문제에서만큼은 제 자신이 우선 되어야 한다고 생각합니다. 그래서 결례를 무릅쓰고 찾아뵙게 됐습니다.

영국   결례는 뭐. 인간이 원래 이기적인 건데.

정인   …! (슬쩍 민망해진다)

영국   그런 의미에서.

정인   (순간 긴장하며 본다)

영국   남의 자식 위해서 내 새끼 눈에 피눈물 나게 할 수는 없는 거 아닌가?

정인   (당혹…) 오빠와 저, 더 이상 회복은 불가능합니다. 원치도 않고요.

영국   누가 있어서.

정인   (흠칫!)

영국   꼬투리 삼을 생각 없어요. 다만 시간이 지나서 어떤 결론이 날지는 누구도 모르는 거니까, 섣부른 단정은 짓지 말라고 충고하고 싶네.

정인   (또렷이 보고 있지만, 막힌다)

영국   난 작은 것에 연연하지도 않고 기다리는 법도 좀 아는 사람이라, 정인 양을 충분히 이해도 하고, 시간은 그 이상으로도 줄 수 있어.

정인   (아니…) 기석오빠한테 더 이상 마음이 없는 거 아시잖아요.

영국   마음은 확신하는 게 아니야. 언제 바뀔지 몰라. 나도 말은 이렇게 하지만, 또 알아? 정인 양이 말한 예전보다 훨씬 더 못마땅하게 될지. (웃어 보이고는 잔을 들어 차 마신다)

정인   (저 여유가 무섭기까지 하다…)

4. 영국의 집 앞

정인, 대문을 닫으며 나온다. 당혹스러운 표정이다. 잠시 멈춰 깊은
숨을 내뱉는다. 가방을 고쳐 메며 무거운 걸음을 옮긴다.

5. 영국의 집 _ 거실

도우미, 찻잔과 간식을 치워 주방으로 가져간다. 영국, 테이블 아래
두었던 사진을 꺼낸다. 휙휙 넘겨 보다가 멈춘다. 잠시 보다 테이블
에 툭 놓는다. 지호와 은우가 집으로 들어가는 모습이 찍힌 사진들
도 보인다. 영국, 묘한 미소를 띤다….

6. 지호의 집 _ 침실

지호, 불 켜며 들어온다. 가방을 책상 위에 내려놓고 휴대폰을 꺼내
정인에게 연락이 왔는지 확인하고 침대에 놓는다. 겉옷을 벗어 옷
걸이에 걸고 돌아서는데, 휴대폰에 톡 온다. 얼른 집어 본다. 정인이
다. '좀 피곤해서 자야겠어요. 내일 통화해' 지호, 단박에 무슨 일이 있
었구나 싶어진다. 침대에 걸터앉아 휴대폰을 맥없이 내려다본다.

7. 정인의 집 _ 거실

재인, 방금 씻은 모습으로 욕실에서 나온다. 정인, 가방을 힘없이 들
고 방으로 들어가 문 닫는다. 재인, 응? 바로 쪼르르 가다가 방문 앞
에서 슬쩍 보고 뚝 멈춰 선다. 정인의 가방이 침대 앞 바닥에 놓여

있다. 정인, 겉옷을 입은 채로 문과 등을 진 채 옆으로 누워 있는 모습이 보인다….

8. 기석의 빌라 앞 일각 (아침)

영국의 기사, 서류 봉투를 들고 빌라 입구로 향하고 있다. 기석, 운동 가방을 들고 나오다가 마주치며 놀란다.

기석 어…? 웬일이세요? 아버지한테 무슨 일 있어요?

기사 아니. (봉투 건네며) 이것 좀 전해주라고 하셔서.

기석 (받아 들며) 뭔데요, 이게?

기사 (어색하게) 난 잘 모르지. 그럼 갈게. (얼른 돌아서 간다)

기석 네, 가세요….

기석, 가방을 바닥에 내려놓고 봉투에서 사진들을 꺼내 보고는 순간 굳는다. 자신이 라이브 카페를 드나드는 모습부터 시작해서 도서관에 들어가고 나오는 정인의 모습…. 기석, 참고 넘겨 보다가 멈춘다. 정인과 지호가 공원에서 환하게 웃고 있는 사진이다…. 더 넘기다 놀란다. 지호와 은우의 모습…. 기석, 기막혀 사진을 쥔 손이 툭 떨어진다….

9. 영국의 집 _ 마당

영국, 장갑을 끼고 잡초들을 뽑고 있다. 도우미, 안에서 나온다.

도우미 점심, 뭘로 준비 할까요?

영국	(일어서며) 전화 안 왔어?
도우미	울리는 소리 못 들었는데…. 휴대폰 가져올까요?
영국	됐어. 간단한 걸로 해. 점심이니까.
도우미	네. (되돌아 들어간다)
영국	(기석이의 무반응에 웃음을 슬쩍…. 다시 앉아 손 놀린다)

10. 기석의 집 _ 거실

현관, 거칠게 벗어놓은 듯 엉켜 있는 신발이 보인다. 문턱에는 아무렇게나 던져놓은 것처럼 가방이 널브러져 있다. 소파 테이블에 휴대폰과 봉투, 흩어진 사진들이 놓여 있다. 기석, 감정을 조절하는 것마냥 얕은 심호흡을 한다. 휴대폰 집어 들고 뒤적여 통화 버튼 누르고 귀에 댄다.

현수(F)	네, 형.
기석	어, 나 오늘 갑자기 일이 생겨서 못 가겠다. 뭘 애들은 충분해?

11. 지호의 집 안

지호, 세탁기 앞에서 농구화를 고르고 있다. 현수, 식탁 앞에서 통화 중이다.

현수	(지나치게) 아우, 그럼요! 형, 절대 걱정하지 말고 일 보세요. (헤헤)
기석(F)	오늘 지호도 나오냐?
현수	(당황하는 표정으로 돌아보며) 아뇨….
지호	(신발 케이스를 들고 오며 본다)

현수	(괜스레) 진짜 안 나온댔어요. 진짜로….
지호	(식탁에 올려놓는다)
기석(F)	알았다. 회사에서 보자. (끊는다)
현수	(끊고는 휴대폰 보며) 신경 안 쓴다며. 이게 신경 안 쓰는 거야?
지호	누구. 나?
현수	말로는 유지호 따위는 안중에도 없다고 얼마나 강조를 하는데. 유치해서. 야, 형 오늘 안 온다는데, 가자.
지호	나야말로 누가 오든 말든. 오늘 엄마 오신다니까?
현수	아. (케이스 열어보고는, 슬쩍) 나 너 때문에 생고생 하는 거 알지?
지호	(으이구) 가져, 가져.
현수	헤헤. (들고 현관으로 가려다 멈추고) 야, 근데. 정인 씨 무슨 말 없어? 기석이형이 아버지 만난 건 뭐야. 설마 니네 벌써 끝났냐?!
지호	신발 내놔.
현수	(잽싸게 신발 신고 나가며) 다음주에는 나와라.
지호	(피식. 문 닫히자, 돌아서는 표정이 슬쩍 어둡다…. 식탁으로 와 휴대폰 집어 들고 바로 단축키 누르고 귀에 댄다)
정인(F)	응, 지호 씨.
지호	자는데 깨웠어요?
정인(F)	아니.
지호	뭐하고 있어요?
정인(F)	사고칠 궁리.
지호	사고는 어제 쳤잖아.

12. 정인의 침실

정인, 누워서 통화하고 있다가 놀란 표정으로 벌떡 일어나 앉는다.

지호(F)	진짜 쳤구나. 뭐 했어요, 어제?
정인	… 말하기 싫은데.
지호(F)	하지 말아요, 그럼.
정인	숨기려는 게 아니라, 알아서 좋을 게 없어서 하고 싶지 않은 거예요.
지호(F)	알았어요.
정인	이럴 때도 느껴. 지호 씨만 어른 같아. 난 안 그래야지 하면서도 갈수록 조급해져서 안절부절못하는데….
지호(F)	내가 너무 확신을 못 줬나? (잠시…) 우리 부모님 만나볼래요?
정인	(멈칫! 눈이 커진다)
지호(F)	(웃음) 지금 표정 궁금하다.
정인	(순간 눈의 힘을 풀며) 아무렇지도 않은데.
지호(F)	참 그러겠다.
정인	…. 혹시, 나 마음에 안 드신다 그럼 어떡해?
지호(F)	헤어져야지 뭐.
정인	야!
지호(F)	야?
정인	(당황) 아니. 그 야 말고, 야아 (애교) 할 때 야….
지호(F)	(웃음기) 잘 빠져나가.
정인	(웃고는) 진짜 걱정 되는데.
지호(F)	우리 부모님, 좋은 분들이라 정인 씨가 좋은 사람인 거 바로 알아보실 거예요.
정인	… 부럽다, 지호 씨가.

13. 지호의 집 안

지호, 거실 소파에 앉아 통화 중이다.

지호	정인 씨 보면 정인 씨 부모님도 좋은 분들일 거라고 생각해요.
정인(F)	아빠 봤으면서.
지호	자식한테 욕심 없는 부모님이 어디 있어. 전부는 아니지만, 어느 정도는 이해돼.
정인(F)	재인이가 예고해줬다던데.
지호	각오하고 있던 부분이라. 그리고, 난 지금이 너무 행복해서 급하게 쫓아가고 싶지 않아요. 이대로도 충분하지 않나… 그런 생각도 해.
정인(F)	난 아니야. (잠시…) 유지호가 욕심나.
지호	와, 살맛 난다. (기대며 크게 미소…)

14. 정인의 집 안

재인, 식탁 앞에서 커피포트로 티백 넣은 머그잔 두 개에 물을 따르고 있다. 정인, 휴대폰을 귀에 대며 방에서 나와 소파에 앉는다.

정인	어, 엄마 뭐해…? (지레 재인을 보며) 어… 아빠는…?
재인	(입 모양만) 미쳤어…! (다가오며 쉿! 한다)
정인	아빠가 뭐 얘기 안 해…? 아니, 기석오빠 만났거든. 아빠가.
재인	(옆에 와서 바짝 붙어 앉는다)
정인	왜겠어, 내 얘기했겠지…. 몰라, 오빠하고는 연락 안 하니까…. 아니, 혹시 엄마는 무슨 얘기 들었나… 해서. 뭐든…. (어색하게 웃으며) 뭘 머뭇거려….
재인	(불안함에 초긴장 상태로 본다)
정인	저기, 엄마 있잖아….
재인	(덮치듯 하며 입을 막는다)
정인	윽! (옆으로 넘어진다…. 휴대폰이 끊어진다. 확 밀며 일어나) 야!
재인	권기석도 꼴에 의리 지켰나본데, 왜 언니가 불지 못해서 안달이야?

정인	남한테 듣게 하느니.
재인	당장 결혼할 거야? 유지호랑 연애 중인 거잖아. 이것도 선입견이야. 언니가 연애할 때 언제는 누구 허락 받고 했어? 왜 유지호 씨는 다른데?
정인	(하긴…. 멋쩍다) 똑똑하다, 그래.
재인	몰랐냐. (획 일어나 식탁으로 간다)
정인	(괜스레 흘기며) 엄마한테 뭐라고 다시 전화해….
재인	알 게 뭐야!
정인	(아잇…! 애꿎은 휴대폰만 인상 쓰며 내려다본다)

15. 태학의 집 _ 서재

책상 옆에 결혼식 방명록이 들쑥날쑥 놓여 있다. 태학, 돋보기 쓰고 앞에 앉아 방명록 보며 수첩에 이름들을 적고 있다. 형선, 안방 문으로 들어와 화장대 위에 휴대폰 놓다가 본다.

형선	뭐 하는 거야?
태학	(손 놀리며) 서인이 때 누가 왔었나….
형선	(들어와 내려다보며 앞에 앉는다) 그건 왜?
태학	(보며) 정인이 날 잡기로 했다니까. 기석이도 만나서 얘기 끝냈어.
형선	(아휴…) 시대가 어떤 시대인데, 어른들끼리 날 잡아놓고 시집가라고 해.
태학	(침을 묻혀 방명록 넘기며) 이제 정인이 불러다 얘기해야지.
형선	(참 나…. 고개를 외로 튼다)
태학	…! (보며) 왜 결혼을 안 시키려고 그러는 거야?
형선	(보며) 누가 안 시킨대? 알아서 하게 두라고 몇 번을 얘기해.
태학	그래서 하냐? 알아서 못하잖아.

형선	(그게 문제가 아니다) 난 몰라. 나중에 내 탓만 하지 마. (눈치 쓱) 저기, 서인이 말이야…. (선뜻 말이 안 나온다)
태학	(손을 놀리다 말이 없자 본다)
형선	(머뭇) 우리하고 같이 살면 어떨까?
태학	…! 지가 그러재?

초인종 소리 들린다. 형선, 응…? 하며 일어나 나간다. 태학, '쓸데없기는…' 하며 건성으로 넘기고는 다시 손 놀린다.

16. 태학의 집 _ 거실

주방 조리대 위에 커다란 선물 꾸러미 두 개가 놓여 있다. 형선, 싱크대 앞에 경직된 표정으로 서 있다. 시훈, 긴장한 듯 눈치 보며 태학이 어디 있는지 안방 쪽을 본다. 태학, 서재에서 나오며 "아니, 올 거면 미리 얘기를 하지. 와서 앉아" 하며 소파로 간다. 시훈, 아직 모르고 있는 것을 확신하고, 얼른 따라간다. 태학, 앉는다. 시훈, 조심스럽게 앉는다.

태학	서인이는?
시훈	집에….
태학	어. 같이 오지, 왜?
시훈	그게…. (저도 모르게 고개 돌려 형선을 본다)
형선	(여전한 자세다. 시선은 더 떠 있다)
태학	(뭔가…?) 당신은 왜 그러고 있어? 사람이 왔는데…. 뭘 좀 주든가.
형선	(싸늘하게 보며) 뭘 줘. 남 서방, 뭐가 필요해?
시훈	아닙니다.
태학	저 사람이…. (시훈을 보니 어째…?)

시훈, 순간 바닥으로 내려가 무릎을 꿇고 조아린다. 태학, 흠칫…!
형선, 허…!

태학	아니, 남 서방. 왜 이래? 어?
시훈	잘못했습니다. 다 제 잘못입니다.
태학	…! 뭐를? (형선 보며) 여보, 남 서방 왜 이러는 거야?
형선	(날 선 표정으로 소파로 온다)
시훈	(얼른) 서인이하고 절대 이혼 못 합니다.
형선	(뚝 멈춰 선다)
태학	(화들짝) 이혼?!
시훈	나름대로는 서인이 호강시키면서 잘 살아보려고 했는데, 그게 마음 처럼 되지를 못해서, 못난 모습을 많이 보였어요. 병원 이전 문제로 스트레스를 받다보니, 서인이한테 마음도 못 써주고, 괜한 화풀이도 하고요….
형선	(기가 차) 화풀이? 지금 화풀이라 그랬어?!
시훈	(들통날까… 겁을 먹고 보지 않는다)
태학	(형선이 이상하면서도 시훈만 보며) 그래서. 그거 때문에 이혼하재? 서 인이가?
형선	(소파로 오며) 여보, 내 얘기부터 들어. (앉는다)
시훈	(얼른) 잔뜩 취해서 말싸움 하다가 얼결에 한 번… 손찌검을 했습니다.
형선	(탁 본다. 이런…!)
태학	(시훈을 누르듯 보며) 손찌검을 해?
시훈	(납작 더 엎드리며 눈물을 쏟기 시작한다) 정말 해서는 안 될 것인데, 그때 너무 취해서…. 아버님, 어머님, 한 번만 용서해주세요. 이 자 리에서 죽도록 때리신대도 달게 받을 테니까 제발 이혼만 막아주세 요. 저 정말 서인이 없이는 못 삽니다. 평생 반성하면서 서인이 위해 서 착실히 살게요. 한 번만…, 한 번만 저 좀 살려주세요…. 제가 서 인이 없이 어떻게 살아요…. (흐느끼며 운다)

형선	(기가 막혀 헛웃음이 다 나온다)
태학	(가만히 시훈을 보다, 일어선다)
시훈	(발만 보고 지레 더 흐느끼며) 아버님, 용서해주세요…. 잘못했습니다….
태학	일어나. (움직이지 않자…) 일어서, 얼른!
시훈	(눈물범벅인 얼굴로 올려다본다)
태학	앞장서. 집으로 가.
형선	(깜짝!) 뭐 하려고?
태학	(시훈만 보며 버럭) 어디서 이혼이야, 이혼이!
형선	(어머…! 이 사람 무슨 생각인 거야…?)

17. 빌라 앞

영주, 지갑과 휴대폰 들고 나오다 멈춰 서며 흘겨본다. 정인, "왜?!" 하며 다가온다.

영주	재수 없어서.
정인	친구가 쉬는 날 찾아오는데 어떻게 재수없다는 소리가 나오냐.
영주	삼층 오는 건데, 찔려서 나한테 들렀다 가려는 수작인 거 모를까봐?
정인	(헤헤…) 눈치는 빨라가지고. 야, 그래도 가상하지 않냐. 이따 밤에 만나기로 했는데, 니 생각해서 낮에 온 거야. 근데 왜 나왔어?
영주	집에 먹을 거 하나도 없어. 너 올 시간 됐길래 밖에서 먹자고 나왔지.
정인	어, 내가 쏠게.
영주	당연하지.

정인과 영주, 돌이서는데… 은우, "선생님!" 한다. 정인, 깜짜…! 숙희와 은우, 손을 잡고 걸어오고 있다. 숙희는 한 손에 반찬 담은 쇼핑백

들고 있다. 정인, 숙희를 보고 얼어붙는다. 영주, 순간 눈치 채고 정인을 봤다가 숙희를 봤다가 한다…. 은우, 정인 앞으로 뛰어온다.

정인   (우선… 눈높이쯤으로 숙여 밝게) 어, 은우야…. 잘 지냈어?

숙희   (정인을 뜯어보듯 하며 가까이 온다)

정인   (몸을 세우고는 인사한다)

숙희   (고개인사하며 멈춰 선다. 모른 척…) 우리 은우를 어떻게 아세요…?

정인   아…. 처음 뵙겠습니다. 이정인이라고 합니다. (정중히 인사한다)

숙희   예…. (인사한다)

정인   저는… (괜스레 은우를 한 번 보고) 지호 씨하고….

숙희   그, 도서관….

정인   맞습니다. 도서관에서 사서로 근무하고 있습니다.

숙희   네에… 근데…. (저도 모르게 지호의 집을 올려다본다)

정인   (흠칫!)

영주   (얼른) 제가 친구인데 마침 이층에 살아요. 우연히도…. (어색하게 웃는)

은우   (숙희의 손을 잡아끌며) 할머니….

숙희   어, 가자. (정인을 보며) 그래요, 그럼….

정인   (얼른 인사한다)

은우, 숙희를 끌고 가며 정인에게 손 흔든다. 정인, 살짝 손 흔들어 준다. 숙희와 은우, 건물 안으로 들어간다. 정인, 멍하다…. 영주, 정인에게 팔짱을 확 끼고 끌 듯이 간다. 숙희, 다시 현관을 나와 정인을 유심히 바라본다….

18. 지호의 집 안

지호, 숙희가 가져온 쇼핑백을 식탁에 올려놓는다. 은우, 농구공을 들고 소파로 가서 가지고 논다. 숙희, 식탁 의자에 가방을 놓는다.

은우   선생님은 왜 안 와?

지호   …! (난처하다) 갑자기 왜….

숙희   (겉옷 벗으며) 앞에서 만났어.

지호   (흠칫!)

숙희   (의자에 걸치며) 도서관에서 사서로 일한다더라.

지호   (당혹… 은우를 본다) 은우야, 선생님 봤어? 진짜 선생님?

은우   응. (흉내 내며) 은우야, 잘 지냈어…? 그랬어.

지호   (당황하는 표정으로 숙희를 본다)

숙희   (지호 옆으로 오며) 나도 놀랐다. 여기서 볼 줄 누가 알았어.

지호   (지레) 그게, 밑에 층에 친구가….

숙희   (반찬들을 식탁에 꺼내놓으며) 그것도 들었어. 우연이라며.

지호   진짜 우연이야. 나도 처음에 되게 놀랐어요….

숙희   (반찬들을 냉장고에 넣는다)

지호   엄마….

숙희   (넣기만 하며) 누가 뭐래. 왜 나쁜 짓하다 들킨 것처럼 쩔쩔매.

지호   (쩝…)

숙희   (냉장고 닫는다)

지호   기회 봐서 인사시키려고 했는데…. (눈치…) 언제 보았어요?

숙희   얼마나 봤다고. (쇼핑백을 접는다)

지호   그래도….

숙희   잠깐 봐서인지는 몰라도 야물딱져 보이긴 하더라. 예쁘게도 생겼고.

지호   (순간 헤벌쭉)

숙희   (탁 본다)

지호   (웃음 뚝! 얼른 쇼핑백을 뺏어 다용도실로 가며) 치워야지….

숙희   (으이구…)

19. 칼국수집 안

혼자 와서 식사 중인 손님 몇이 있다. 여주인, 주방에서 바쁘게 손을 놀리고 있다. 영주, 정인과 자신 앞에 숟가락과 젓가락을 놓는다. 정인, 거울 보며 인상 쓰고 있다.

정인   오늘 따라 왜 이렇게 칙칙하냐. 화장 좀 하고 올걸.

영주   분칠한다고 빛날 나이는 지났다.

정인   (흘겨본다)

영주   이사를 가든지 해야지, 이정인 일에 자꾸 엮이는 게 불길해.

정인   너 거기 안 살았으면 나 지호 씨 못 만났어. (거울을 파우치에 넣는다)

영주   잘못되면 다 나한테 뒤집어씌우시겠다?

정인   복 받을 거라고. (순간 울상) 지호 씨 어머님이 나 어떻게 보셨을까. 혹시 나 예의 없었어?

영주   (참 나…) 진짜 무슨 생각이냐. 생각을 하기는 하냐, 어?

정인   왜 또.

영주   아까 그 꼬마애. (잠시…) 은우? 너 은우 엄마 될 자신 있어?

정인   (괜스레) 또 시작이다. 누가 당장 된대?

영주   일단 만나만 보는 거야? 나중에 변할 수도 있는 거고?

정인   (순간…) 영주야, 너도 사람 마음은 변할 수밖에 없다고 생각해?

영주   너만 봐도 알지. 권기석이랑 헤어진 이유가 뭔데.
          여주인, 칼국수 두 그릇을 가져와 놓아준다. 영주, "감사합니다" 여주인, "네, 맛있게 드세요" 하고 간다. 정인, 생각에 빠져 있다. 영주, 젓가락을 들다 정인을 본다.

영주	안 변하는 건 인간 자체야. 상황에 따라 슬쩍 달라지는 거지, 타고난
	건 어디 안 가더라. (먹는)
정인	(젓가락 들려는데 옆에 둔 휴대폰에 진동 온다. 집어 들며) 기석오빠.
영주	(절레절레) 봤지. 인간은 안 변해. 참 올곧아.
정인	(받는다) 왜.

20. 기석의 집 _ 거실

기석, 방에서 겉옷 들고 나오며 통화 중이다.

기석	잠깐 봐. 할 얘기 있어…. 도서관이야…? 어디 있는데. 내가 그쪽으
	로 갈게. (현관으로 가다 멈춰) 할 얘기 있다고. 지금 시간 안 되면 집
	앞에서 기다릴 테니까 그런 줄 알아. (끊고 밖으로 나간다)

21. 칼국수집 앞

영주, 나와 있다. 정인, 계산을 하고 지갑에 카드 넣으며 나온다.

정인	가.
영주	권기석은 사 년을 만났으면서 어쩌면 이렇게 널 모르니.
정인	오죽하면 아버님을 찾아갔겠어. 씨알도 안 먹히긴 했지만.
영주	그 아버지에 그 아들인 거지.
정인	가기 전에 좀 알려주지 그랬냐.
영주	말이나 하고 갔어? 어쨌든 지금은 전적으로 니가 불리한 상황이니
	까, 만나서 웬만하면 그래, 그래, 하면서 듣고만 와.
정인	말이 안 통해서 어차피 대화는 안 돼. 전화할게.

영주	고생해라. (가려 하는데…)
정인	지호 씨한테 뭐라 그러지?
영주	잠깐 갔다 올 거 아니야? 지호 씨는 이따 밤에 보기로 했다며.
정인	… 아니야, 얘기하고 갈래.
영주	교활한 이정인은 어디 갔대?
정인	(팔짱 끼며) 사랑의 힘으로 물리쳤지. (끌며 간다)
영주	(가며) 토해도 되냐?
정인	(더 잡아당기며 간다)

22. 서인의 집 안

형선, 식탁 의자에 소파와 등을 지고 앉아 있다. 태학, 굳은 표정으로 소파에 앉아 있다. 서인, 태학에게서 떨어져 앉아 있다. 시훈, 서인의 곁에 앉아 있다.

태학	부부가 살다보면 생각지도 못하는 일들이 생기기 마련이야. 그때마다 사네 못 사네 하면 그게 무슨 부부냐. 참고 이해하려고 노력하면서 성숙해지는 거지, 어떻게 순간순간 일희일비해. 아빠하고 엄마도 지금까지 그런 시간들을 수도 없이 이겨냈으니까 오늘이 있는 거야.
형선	(어이없는 표정으로 뒤를 돌아본다)
태학	(느끼고는 더 외면하며 얼른) 어떻게 해줄까. 아빠가 너 보는 앞에서 저놈 혼꾸멍 내줘? 그럼 용서해줄래?
서인	(하…) 내 인생을 걸고 고민해서 결정한 일이에요. 홧김에 한 말처럼 우습게 생각하지 마세요.
태학	(…!) 누가 우습게 생각을 해. 마음 같아서는 뼈도 못 추리게 패주고 싶지. (괜스레 크게) 아무리 취했어도 그래. 어떻게 그런 실수를 하나, 응?!

시훈	(고개를 푹 숙이며) 죄송합니다….
서인	이 사람이 술 마시고 한 실수라고 했어요?
시훈	(순간 긴장. 내리깔고 있는 시선이 흔들린다)
태학	그럼 실수지, 작정하고 그랬겠냐. 너도 참….
서인	(허…! 벌떡 일어나며) 됐어요. 뭐라고 하셔도 전 이혼해요.
태학	(참 나) 그래, 이혼 흔하지. 근데 니들이 남들하고 똑같아? 특히 넌 그날로 이미지고 뭐고 다 날아가는 거 몰라?! 말을 안 하려 해도…! 한 번 눈 감아주고, 둘이 노력하고 자식도 생기고 하다보면….
서인	있어요. 자식.
형선	(놀라 벌떡 일어나며 돌아본다)
태학	(응?)
시훈	(서인을 올려다본다…. 무슨 소리야?)
서인	(울컥함을 누르며) 뱃속에 아이 있어요. 그래서 더 이혼해야 돼요. 내 아이, 이런 사람 밑에서 절대 키울 수 없어.
시훈	(놀라) 서인아….
서인	(노려보며) 잘 들어. 내 뱃속의 아이는 내 자식이야. 너하고는 상관없어.
시훈	(슬쩍 기쁜 표정마저) 자기야….
태학	이놈아, 그런 일이 있으면 얘길 했어야지! 이런 상황에 이혼이라니. 아이구, 너 어떻게 이렇게 철딱서니가 없냐.
서인	(터진다. 눈물 쏟으며) 자식이 폭행을 당했다고! 어떻게 이래. 아빠 자식인데 아프지 않아요? 부모인데 가슴이 찢어져야 되는 거 아니야?! (악을 쓰며) 어떻게 이렇게 잔인해, 다들! (넘어갈 듯) 내가 뭘 그렇게 잘못하고 살았는데. 얼마나 더 참고 살면 날 이해해 줄 건데!!!
형선	(뛰어와 서인을 끌어안고) 서인아, 안 돼. 이러면 안 돼….
서인	(서러워 엉엉 울어댄다…) 엄마아… 나는… 난….
형선	(끌고 침실로 향하며) 됐어, 됐어…. 서인아… 됐어….

형선, 곧 쓰러질 듯한 서인을 침실로 데려간다. 태학, 당혹스럽기만

하다. 시훈, 한곳에 시선을 놓은 채 바쁘게 생각이 돌아간다. 순간 슬쩍 안도의 미소마저 섞인다….

23. 서인의 집 _ 침실

형선과 서인, 침대에 나란히 걸터앉아 있다. 서인, 좀 가라앉은 듯 눈물 젖은 꼬깃한 티슈로 남은 눈물 자국을 찍어낸다. 형선, 옆에 둔 티슈통에서 티슈 뽑아 건넨다.

서인	엄마한테 제일 미안해….
형선	니 아빠 저러는데 내가 더 부끄럽고, 미안하다. 큰 기대는 안 했지만, 어쩌면 세상에…. 지금까지 저런 사람하고 어떻게 같이 살아왔는지 내 자신이 한심해, 너무 한심해….

노크 소리 난다. 형선과 서인, 문 쪽을 바라본다. 시훈, 조심스레 들어온다. 형선, 날 서게 본다. 서인, 시선도 주지 않는다.

시훈	… 서인이하고 잠깐 얘기 좀….
형선	무슨 얘기. 입이 열 개라도 할 말이 없어야 되는 거 아니야?
서인	엄마, 놔둬요.
형선	(본다)
서인	괜찮아.
형선	(마뜩잖지만… 시훈을 노려보며 나간다)
시훈	(문이 닫히자 서인 앞에 와서 무릎을 꿇는다)
서인	(예상이라도 한 듯 한 치의 표정 변화가 없다)
시훈	잘못했다. 다 내 잘못이고, 진짜 죽을 죄를 졌어. 평생 사죄하는 마음으로 너하고 아이 위해서 살게. 한 번만 용서해주라.

서인	대단한 건수 잡았지. 아이도 있는데 이서인 빼도 박도 못하겠다 싶지.
시훈	(손을 잡으려 하며) 서인아….
서인	(탁 쳐서 내친다) 당장 이혼 소송 시작할 거야. 증거 자료는 충분해.
시훈	(당혹) 나만 곤란해지는 게 아닐 텐데….
서인	널 천하의 개자식으로 밝히는 동시에 난 돈과 명예에 목매느라 인생 허비한 한심하기 짝이 없는 사람이 되겠지.
시훈	한 번이야. 이번 한 번만 넘어가자. 다시는 이런 일 없어. 맹세해. 만약에 눈곱만큼이라도 너한테 상처 주는 행동, 아니 말 한마디라도 하면 그때는 내가 먼저 이혼하자고 할게. 알아서 떨어져줄게.
서인	친권 포기해. 그럼 형사 고소는 안 할게.
시훈	(순간 싸악 굳는다)
서인	평생 전과자로 낙인 찍혀서 살든가.
시훈	말했었지만, 진짜 이렇게까지 해야 되겠냐?
서인	아이가 니 목숨 살려주는 줄이나 알아.
시훈	…. (일어서서 싸늘한 시선으로 내려다본다)
서인	(올려다보는데 슬쩍 공포가 밀려든다…)
시훈	전과자 돼야지 뭐. 어떻게 자식을 포기해. 내가 아빠인데. (씨익…)
서인	(철렁…. 바라보는 눈에 긴장이 가득해진다)

24. 지호의 집 안

문 열린 침실 안. 은우, 침대에서 잠들어 있다. 지호, 이불을 배 정도까지만 덮어주고 살금살금 방을 나와 문을 닫는다. 숙희, 세탁기 문을 닫고는 세제를 넣고 있다.

숙희	벌써 잠들었어?
지호	낮잠 잘 시간 지나서 그런가봐. 그냥 둬요. 나중에 내가 할게.

숙희	바로바로 빨아. 날 따뜻해져서 금방 냄새나. (세제 뚜껑을 닫는다)
지호	(피식…) 엄마, 정인 씨 마음에 들었나 봐…?
숙희	…! 온 집 안에 홀아비 냄새 풍기지 말라는 거지, 왜 엉뚱한 소린 갖다 붙여?
지호	(그래도 피식거린다)

소파 테이블에 놓인 휴대폰에 톡 온다. 지호, 가서 확인하다 흠칫…!
바로 현관으로 향하며 "잠깐 밑에 좀 갔다 올게요" 하고 밖으로 나
산다. 숙희, 웅? 하고 현관을 보다 퍼뜩! 생각난 듯 얼른 베란다로
향한다.

25. 빌라 앞

정인, 서 있다. 지호, 휴대폰 쥐고 급히 나온다.

지호	갑자기 무슨 약속?
정인	어…. 참, 어머님 뵀는데.
지호	(웃으며) 들었어요.
정인	뭐라고 하세요? 나 어떻다는 말씀 없으셨어?
지호	예쁘대.
정인	솔직히.
지호	못 생겼대.
정인	…! (인상 쓴다)
지호	진짜 못 생겨졌다.

정인, 때리려 한다. 지호, 팔을 잡고 막는다. 서로 밀고 당기고 장난
친다. 숙희, 창문으로 살짝 내다보며 어이없어한다…. 정인과 지호,

알지 못한 채 서로만 보며 웃어댄다. 지호, 정인의 손을 잡고 길을 내려간다. 숙희, '어머…!' 흘기듯 보다가 슬쩍 미소를 짓고는 들어간다. 정인과 지호, 손을 잡고 얘기하며 길을 따라 내려간다.

26. 골목 일각

정인과 지호, 나란히 손을 잡고 걸어온다. 정인, 눈치 본다. 지호, 의식하고 있다.

지호   괜찮다니까.

정인   (멈추고는) 어떻게 괜찮을 수가 있어. 기분 나빠야지.

지호   혹시 숨겼거나, 거짓말하고 만나고 왔으면 그랬겠지. 그리고 아버님 만났었는데, 별 얘기가 안 나오는 거 보면 나름대로는 애쓴 것도 같고. 칭찬까지는 아니라도 얘기 정도는 들어줄 수 있죠, 뭐.

정인   기석오빠 다시는 안 봐줄 것처럼 얘기해놓고.

지호   이 정도는 넘어가줄 만해.

정인   조였다, 풀었다…. 인내심이 강한 거야, 너무 자신만만한 거야?

지호   이정인을 믿는 거지.

정인   사람 마음은 변하는 거라던데. 물론 나도 그래봤고.

지호   날 만나서 그런 건 아니잖아요.

정인   (감동이긴 하나…) 이건 자만이다.

지호   이런 자만은 적극 권장해야지. (웃으며 다시 손을 잡고 걷는다)

정인   (딸려가듯 한 걸음 뒤에서 걷는다. 살짝 미소 띤 얼굴로 지호의 모습을 눈에 담는 듯하다)

27. 커피 전문점 일각

기석의 차 세워져 있다. 정인, 걸어오다 기석의 차를 알아본다. 기석, 차에서 내린다.

정인   (가까이 와서는) 왜 안 들어가고?

기석   우선 타. 가면서 얘기할게.

정인   어디 가는데?

기석   가면서 얘기한다니까.

정인   (미심쩍은 시선)

기석   (딴에는 웃음 섞어) 문 열어줘?

정인   (주의 주듯 차갑게 보다가 조수석에 탄다)

기석   (쉽지 않겠다… 심호흡을 한 번 하고 운전석에 오른다)

28. 수영고 _ 기석의 차 안

저녁 노을이 떨어지는 교정이 앞에 펼쳐져 있다. 기석, 차를 몰고 들어온다. 정인, 이미 인상 쓰며 밖을 본다. 기석, 본관 쪽으로 향한다.

정인   여기는 왜 왔어?

기석   같이 온 거 진짜 오랜만이지.

정인   … 혹시 아버님 만나기로 했어? 아니면 우리 아빠?!

기석   그 생각까지는 미처 못했다.

정인   (뭐야, 진짜…)

기석   (본관 앞에 차를 세운다. 시동을 끄고, 벨트 풀며) 일단 내려.

정인   (뭐 하자는 거야…? 벨트 풀고 확 내려서는 문을 탁 닫는다)

기석   (성질하고는…. 내린다)

29. 본관 _ 차 밖 일각

정인, 불편한 기색이 역력한 채로 교정을 향해 서 있다. 기석, 곁으로 온다.

기석 (정인과 같은 방향으로 서서) 우리 여기서 처음 만났어. 기억하지?

정인 …! (뭔가 심상치 않다. 표정에 긴장감이 가득해진다)

기석 아버님하고 같이 있던 널 처음 보고 너무 마음에 들어서 며칠을 고민하다 소개해달라고 졸랐던 게, 벌써 사 년 전이다. (정인을 향해 돌아선다)

정인 (의식하지만 보지 않는다)

기석 너무 오래 걸렸어.

정인 (무슨 소리야… 고개 돌려 본다)

기석 (정인의 한 손을 끌어와 잡으며 반지 케이스를 쥐여준다)

정인 (흠칫! 내려다보고는 바로 놀란 표정으로 기석을 본다)

기석 (미소 담고) 그래, 맞아. 우리, 결혼하자.

정인 (여전히 같은 시선으로 보기만 한다)

기석 이건 아니다 해도 어쩔 수 없어. 널 위한 내 선택이야.

정인 (참 답답해진다… 고개를 돌려 먼 곳만 본다)

30. 지호의 집 _ 베란다

건조대에 빨래가 가지런히 널려 있다. 노을이 빈집 안을 가득 채우고 있다.

31. 수영고 _ 본관 일각

정인과 기석, 마주 보고 서 있다. 정인, 반지 케이스를 내려다보다 다시 건네려 한다. 기석, 정인만 보며 한 걸음 물러선다. 정인, 흠칫 한다….

32. 남수의 집 _ 은우의 방

지호, 침대에 걸터앉아 은우의 겉옷을 벗겨주고 있다. 은우, 벗자마자 밖으로 튀어나간다. 지호, 피식…. 옷을 잘 개서 한쪽에 놓아둔다. 이내 정인의 생각에 휴대폰을 꺼내 화면을 밝혀본다. 아무런 연락이 없다…. 내심 걱정이 되긴 한다.

33. 수영고 _ 본관 일각

정인과 기석, 좀 떨어진 채 서 있다. 기석, 간절한 표정으로 정인을 보고 있다. 정인, 왜 이렇게까지 왔을까…. 서로가 한심하고, 원망스럽다. 슬쩍 눈시울마저 젖는다…. 기석, 역시 회한이 들긴 마찬가지다. 천천히 다가가 정인을 살며시 안는다…. 정인, 몸짓도 표정도 아무런 변화가 없다.

34. 남수의 집 _ 거실 + 주방

남수, 타일 개수대에서 과일 씻고 있다. 은우, 장난감 들고 소파에서 뒹굴뒹굴하고 있다. 숙희, 옷을 갈아입고 안방에서 나와 은우 방을 슬쩍 보고 남수의 곁으로 간다.

숙희	(작게) 지호가 말한 여자 봤다.
남수	…! 어디서?
숙희	빌라 앞에서. 친구가 거기 산대. 근데 둘이 벌써 손잡고 보기만 해도 좋은지 어쩔 줄을 몰라. 내 아들한테 저런 표정도 있었나 했어.
남수	(과일 담은 바구니를 식탁에 옮기며 무심결에) 참하니 예쁘지. (커다란 쟁반에 과일들을 옮겨놓는다)
숙희	(포크 등을 꺼내다 역시 무심결에) 그렇데. (…!) 당신은 어떻게 알아?
남수	(헉!) 젊을 때 안 예쁜 사람이 있나. 고숙희도 최고였어. (얼른 쟁반을 가지고 소파로 가며) 은우야, 과일 먹자. 아빠도 오라고 해.
숙희	(뭔가 있는 거 같은데…)

35. 태학의 집 _ 주방 + 안방 (밤)

형선, 굳은 표정으로 앞서 들어온다. 들어오자마자 정수기 앞으로 가 물을 받아 마신다. 태학, 뒤이어 들어오며 못마땅한 시선이다. 식탁 의자에 가서 앉는다. 형선, 싱크대에 컵을 탁 놓는다. 태학, 흠칫 한다. 형선, 가방 들고 안방으로 향한다.

태학	뭐 때문에 오는 내내 퉁퉁 부어서 그래?
형선	(멈춰) 생판 모르는 남이 서인이 같은 일 당했다는 뉴스만 봐도 부들부들 떨려야 되는 게 정상이야. 오늘 당신이 날 얼마나 실망시켰는 줄 알아? 어떻게 그렇게 야비할 수가 있어?
태학	이 사람이? 그럼 애까지 가졌는데 이혼하라고 부추기는 게 맞냐?!
형선	서인이네 가기 전부터 이혼은 설대 안 된나 할 작정이있잖아! 내 새 끼가 맞았는데. 가정 폭력 피해자가 됐는데도, 행여나 누가 알까 무

서워서 입 틀어막을 생각뿐이었던 거 모를 줄 알아?! 이혼이 뭐가 창피해. 자식보다 남의 시선이 우선인 천박한 부모인 게 부끄러운 거지!

형선, 안방으로 들어간다. 태학, 어이없는 표정으로 열린 문 너머의 형선을 노려본다. 형선, 침대에 가방을 던져놓고, 겉옷을 벗는다.

태학	정인이 결혼 서둘러.
형선	…! (황당한 표정으로 본다)
태학	서인이가 어떻게 될 줄 알아. 혹시나 지 언니가 이혼했다 그럼 어느 집에서 좋아해. 보내려면 그 전에 보내는 게 낫지.
형선	(세상에…) 이태학, 니가 진짜 인간이냐?!
태학	(시선을 식탁 저만치에 두고 꿋꿋한 표정이다…)

36. 정인의 집 _ 침실

재인, 화장대 앞에 앉아 반지 케이스를 열어 보고 있다. 정인, 겉옷 벗어 걸고 있다.

재인	이걸 받아오면 어쩌자는 거야?
정인	갖든 버리든 나보고 하래. 나 주려고 산 거니까.
재인	그런 고전적인 수법에 넘어가냐? 눈 앞에서 던져버렸어야지.
정인	(침대에 걸터앉는) 생각 못했을까봐. 근데 무슨 원수가 졌다고 그렇게까지 모질게 해….
재인	(뭐야…?) 사실은 권기석한테 미련 남은 거 아니야?
정인	(픽) 허탈했어. 어떻게 그새 아무런 감정이 없을 수가 있나 싶어서. 뻑하면 나던 화도 안 나데. (피식) 내 마음이 참 간사하더라….

37. 도서관 _ 사무실 (아침)

직원들, 출근해서 막 자리에 앉거나, 일을 시작하려는 중이다. 하린, 책상 앞에 앉아 있고, 영주, 하린의 어깨를 감싸고 구부정하게 숙인 채 함께 모니터로 기사를 보고 있다. 정인, 출입문을 들어와 출근 체크를 하고 자리로 온다.

정인   뭘 그렇게 봐? (책상에 가방 놓는다)
하린   축하드려요. 이정인 이모님!
정인   …! (얼른 옆으로 가 마우스로 기사들을 쭉쭉 내려 본다)

'이서인 아나운서 전격 퇴사', 'OOO 간판 이서인 아나운서 퇴사. 육아에 전념키로…', '이서인 아나운서, 단독진행 기회 날렸다', '이서인 앵커의 퇴사에 숨겨진 속사정…'
정인, 휴대폰 꺼내 서인의 번호 찾으며 회의실로 들어간다. 영주와 하린, 돌아본다.

하린   모르셨나…?
영주   그럴 리가 없는데. 언니랑 완전 절친이라….
하린   근데 반응이 영 아니잖아요.
영주   (그러게…. 걱정스러운 시선으로 보고 있다)

38. 약국 _ 조제실 안

혜정, 캐비닛 앞에서 가운을 입고 있다. 지호, 출근 차림으로 들어온다.

혜정   (자리를 내주며) 기사 봤어?

지호	(캐비닛 앞으로 가며) 무슨 기사요?
혜정	정인 씨 언니, 이서인 아나운서라며. 임신해서 퇴사했대.
지호	아… 그래요? (겉옷 벗어 건다)
혜정	(단추 채우며) 몰랐구나. 정인 씨까지 결혼하면 집안 겹경사겠다.
지호	(가운 꺼내며 빙긋)
혜정	말만 들어도 좋냐?
지호	좋네. (가운 입는다)
혜정	유지호의 미래가 훤히 보인다. 딱 팔불출. (나간다)
지호	(웃으며 겉옷에서 휴대폰 꺼내는데 톡 온다. 확인하나 싹… 굳어진다)

39. 기석의 회사 _ 휴게실

현수, 주변 눈치 보며 휴대폰 귀에 대고 들어온다.

현수	방금 다른 직원한테 들었다니까. 기석이형이 프러포즈 했대.
지호(F)	확실해?
현수	나도 말이 안 되는 소리라고 생각했지. 근데 권기석 얼굴을 보니까 입이 쭉 찢어져서는. 야, 누가 보면 내일 당장 결혼하는 줄 알겠더라.
지호(F)	하….
현수	정인 씨가 받아들였으니까 자랑질하는 걸 거 아니야. 야, 이거 뭐냐. 유지호 팽당한 거야?
지호(F)	다시 통화하자. (끊어버린다)
현수	(한마디 하려다 쩝…. 끊고는 '대체 뭐가 뭔지' 하는 표정. 사무실로 돌아간다)

40. 조제실 안

지호, 조제기 옆 코너에서 주머니에 손을 꽂은 채 굳은 표정으로 기대서 있다. 예슬, 처방전을 들고 들어와 캐비닛과 기계 쪽을 두리번대다가 슬그머니 코너로 온다.

예슬	(살짝 보며) 약사님….
지호	…! 어. (얼른 몸을 세우고 손 내민다)
예슬	(처방전 건네며) 어디 아프세요…?
지호	아니야. (기계 앞에 가서 선다)
예슬	…. (찜찜한 표정으로 돌아서 나간다)
지호	(이내 표정이 더 어두워진다…)

41. 기석의 회사 _ 사무실

직원들, 각자의 자리에서 일하고 있다. 기석, 자리에서 현수를 옆에 세워두고 보고서를 넘겨 보고 있다. 현수, 괜스레 눈치를 살핀다.

기석	서류 검토 절차에 관한 내용이 중복되더라. (체크하며) 여기랑 여기 정리하고. 전체적으로 길어. 회의시간 다 잡아먹겠다.
현수	수정하겠습니다.
기석	(덮고는 건네려 한다)
현수	(받아들려는데)
기석	(슬쩍 뺀다)
현수	(흠칫!)
기석	유지호한테 꼼꼼하게 잘 보고했냐?
현수	(당혹) 뭘요…?

기석	(픽. 건넨다)
현수	(얼른 받아 자리로 간다)
기석	(손을 놀리며 씨익…)

42. 방송국 _ 아나운서실

서인, (퇴사로) 정리하다 만 책상 앞에서 직원들에게 둘러싸여 있다.
"축하해", "퇴사까지 할 거 뭐 있어", "어쩜 감쪽같이 속였냐…"
서인, 휴대폰 손에 쥐고도 정인에게 걸려오는 전화를 받지 못한 채
어색하게 웃어 보이고만 있다….

43. 도서관 _ 회의실

정인, 서인이 전화를 받지 않아 휴대폰을 귀에서 뗀다. 톡을 보내려
는데 재인에게 전화 온다.

정인	(바로) 언니랑 통화했어?
재인(F)	그거 물어보려고 전화한 거야. 더 문제는, 엄마가 전화를 안 받아.
정인	…! 열 받은 거 아니야?
재인(F)	받았겠지. 이혼한다는 딸이 임신했다는데. 우리만 알고 있었던 거 알면 언니랑 난 죽음이야.
정인	엄마한테 계속 전화 좀 해봐. 집에 가보든가.
재인(F)	내가 동네북이냐?
정인	그거라도 시켜주는 걸 다행으로 알아.
재인(F)	으휴. 근데 언니야. 큰언니, 이혼할 수 있어?
정인	… 더 어려워지겠지.

재인(F)　　남 서방만 노났어. 지금 아주 살판났을 거야.

44. 시훈의 치과 _ 로비

　　　　　직원1, 2, 각자의 휴대폰으로 기사를 보며 떠들어댄다.

직원1　　대박… 싸모가 임신했으면 원장님은 어떻게 되는 거야?
직원2　　그니까. 저번에 장모님이 죽일 거 같았는데, 이건 또 뭐래…?

　　　　　출입문 열린다. 시훈, 함박웃음으로 전화 받으며 들어온다. "야, 쑥
　　　　　스럽게 축하는…" 직원들, 일어나 인사한다. 시훈, 휴대폰 살짝 내
　　　　　리며 "굿모닝" 하고 원장실로 간다. 직원들, 흠칫…! 서로 보며 '뭐
　　　　　야…?' 하는 표정으로 자리에 앉는다.

45. 약국 안

　　　　　혜정, 손님에게 카드와 영수증을 건네고 있다. 지호, 한쪽에 선 채
　　　　　시선이 떠 있다. 손님, "수고하세요" 하고 돌아서 나간다. 혜정과 에
　　　　　슬도 "안녕히 가세요" 한다.

혜정　　(데스크를 정리하며 지호를 힐끗) 왜 그래, 진짜?
지호　　…! 아뇨. (괜스레 데스크의 물건을 만지작댄다)
혜정　　(보다가) 이상한데 뭘 자꾸 아니라고만 해?
예슬　　(조제실에서 소모품 담긴 작은 상자 들고 나온다)
지호　　(휴대폰을 확 꺼내 들며 조제실로 늘어가나)
혜정　　…! (돌아본다)

예슬	(슬쩍) 거봐요. 제 말이 맞죠?
혜정	아픈 거 같지는 않은데.
예슬	마음이 아프신가보죠.
혜정	(어이없다는 시선)
예슬	어흐, 약사님은 너무 메마르셨어. (데스크 밖으로)
혜정	어이구. (막상 슬쩍 걱정스러운 눈으로 조제실을 돌아본다)

46. 기석의 회사 사무실 앞 _ 복도

기석, 서류를 넘겨보며 걸어온다. 진동 오는 휴대폰을 꺼내 건성으로 보다가 뚝 멈춰 선다. 지호다. 기석, 선뜻 받지 못한다. 이름만 내려다볼 뿐이다. 직원, 지나치며 인사한다.

기석	어. (살짝 돌아서며 받는다) 여보세요?
지호(F)	시간 좀 내주세요.
기석	…! (왠지 막힌다…)
지호(F)	늦어도 상관없어요. 선배 편한 곳으로 내가 갈게요.
기석	(기껏) 뭐 때문에 그러는데.
지호(F)	알잖아요.
기석	(순간 굳는)
지호(F)	어떻게 하실래요?
기석	(괜스레) 오늘은 그렇고, 나중에 시간 봐서.
지호(F)	혹시 피하는 건 아니죠?
기석	(당혹…. 표정 싹 굳어진다) 보자, 오늘.

47. 서인의 집 _ 거실

소파 테이블에 물컵이 놓여 있다. 한쪽에 작은 캐리어가 세워져 있다. 형선, 문을 열어주고 앞서 온다. 재인, 따라 들어오며 "몸져누우신 줄 알았더니 큰따님 지키러 오셨구만…" 하다가 캐리어를 본다.

재인	이거 뭐야? 남 서방 다시 들어왔어?!
형선	(소파에 앉으며) 내 거야. (한숨을 툭) 아휴, 지겨워….
재인	설마 큰언니 말릴 생각은 아닌 거지? 언니, 남 서방하고 못 살아.
형선	넌 니 언니가 이혼하는 게 그렇게 좋냐?
재인	(곁에 앉으며) 좋아서야? 사고의 체계가 다른 인간하고 산다는 건, 사는 게 아니라 죽은 거나 마찬가지인 거야.
형선	엄마 이혼할 거야.
재인	(습관처럼 휴대폰 꺼내 뒤적대며) 엄마가 아니고 언니.
형선	니 아빠랑 갈라선다고.
재인	…! 뭐래…? 아빠 바람났어?!
형선	(찌릿!)
재인	것도 아닌데 지금껏 잘 버틴 신 여사께서 왜 그러시냐고.
형선	사고의 체계가 다른 인간하고는 못 사는 거라며. (물 마시는데 거의 없다. 컵 확 내밀며) 가서 물 좀 더 떠와. 얼음 넣어서.
재인	(받아 들고) 이혼이 유행도 아니고….
형선	물!
재인	근데 엄마랑 아빠 이혼하면… 난 누구한테 가지?
형선	(때리려고 팔을 들며) 넌 아무튼 이래서…!
재인	(잽싸게 주방으로 튄다)
형선	(노려보다) 서인이가 이혼을 하든 내가 하든 너랑 정인이 둘 다 당분간 아무 소리 마. (대답 없자) 어?!
재인	(정수기에서 물 받으며) 알았다고.

형선   (속이 터진다…. 한숨이 절로 나온다)

48. 수영고 _ 이사장실

영국, 소파에 앉아 돋보기 끼고 보고서를 천천히 넘겨 보고 있다. 태학, 곁에서 보고서는 뒷전이고 마음만 급해 손을 조물락거리고 있다.

영국   매년 입학생 수가 줄어들기는 하겠지. 빈 교실을 활용한다….

태학   그러니까 이제, 닥쳐올 현실의 대안적 차원에서 의견을 모아봤습니다.

영국   (보고서를 내려놓고 돋보기를 벗어서 툭 내려놓으며) 곧 나갈 사람이 이렇게 열심히 해주면 너무 황송한데. 알았어. 검토할 테니까 가 일봐.

태학   …! (왜 이러시나) 예…. 참, 기석이 만났었는데 들으셨어요?

영국   (참 나…. 빤히 보다) 지들 마음 내킬 때 하라고 하면 어때?

태학   (흠칫!) 왜 갑자기…. 혹시 우리 정인이 어디가 또….

영국   (지나치게 반색) 섭섭한 소리를 해. 내가 한 번 마음 먹은 걸 손바닥 뒤집듯 하는 사람이야? 날 그렇게 알고 있어?

태학   (억지로) 그럴 리가요….

영국   근데 왜 얼토당토않은 소리를 하나. 자식이 원래 그렇잖아. 부모가 이리로 가라면 저리로 가고, 이거 해라 그러면 저거 하고. 옆에서 자꾸 훈수 두면 반대로 할 궁리만 할 것 같아서. 우려가 돼서 그래.

태학   (이걸 믿어, 말아? 어색하게 웃으며) 그렇죠. 자식이 참, 그렇죠….

영국   금방 할아버지 된다며. 우선 그거부터 즐겨.

태학   (억지로 웃어 보인다…)

영국   난 약속이 있어서. (보고서 들고 일어나 책상으로 간다)

태학   (웃음이 싹 가시며 일어선다)

49. 이사장실 앞 _ 복도

영국, 앞서 나온다. 태학, 문을 닫으며 급히 영국의 곁으로 와 걷는다.

태학	… 그, 이사장님. 그래도 이왕에 얘기가 나온 거 순리대로….
영국	강요하는 게 무슨 순리야.
태학	아니…. 그러니까 이제, 내버려두면 한도 끝도 없이 시간만 보낼까 봐….
영국	지들 팔자지 뭐.
태학	…! (막힌다)
영국	아무튼 내 생각은 그러니까, 이 교장도 알아서 판단해. 수고하고. (본관 밖으로 꺾어져 간다)
태학	(멈춰 선 채 당혹스런 표정으로 뒷모습을 본다)
영국	(슬쩍 비웃는 웃음을 지으며 밖으로 향한다)

50. 도서관 _ 사무실 (밤)

퇴근한 직원들의 자리 곳곳이 비어 있다. 정인과 하린 등 몇몇 직원
이 남아 책상 앞에서 일하고 있다. 정인, 모니터에 업무일지를 띄워
놓고 칸을 채우다 문득 생각난 듯 옆에 둔 휴대폰을 툭 건드려본다.
지호에게 종일 연락이 없다. 톡을 보낸다. '많이 바빠요?'

51. 커피전문점 앞 일각

지호, 테이블에 앉아 커피를 앞에 놓고 휴대폰을 확인하고 있다. 기
석, 출입문 쪽으로 오며 창 너머로 지호를 본다. 지호, 톡을 보내려

다 기석을 본다. 휴대폰을 내려놓는다. 기석, 안으로 들어간다. 지호,
기석에게 시선을 떼지 않는다. 기석, 지호를 한 번 보고는 주문대로
향한다. 지호, 돌려놓는 시선이 단단하다.

52. 도서관 _ 사무실

정인, 작업 중이던 행사 일정표 파일을 닫고, 컴퓨터 끈다. 다시 휴
대폰 본다. 지호에게 연락이 없다. 뭐야…? 가방 꺼내 퇴근 준비를
시작한다. 휴대폰에 톡 온다. 재인이다. 확인하다 화들짝 놀란다.
'유지호 씨가 프러포즈 알았음. 박영재 특파원'

53. 도서관 _ 사무실 앞 복도

정인, 급하게 입느라 안으로 접혀 들어간 겉옷의 한쪽 옷깃을 꺼내
며 가방 들고 나와 뛰기 시작한다.

54. 놀이터

영재, 벤치에 앉아 있다. 옆에는 먹다 남은 과자와 음료수 놓여 있
다. 재인, 주변을 서성이며 전화 받고 있다. 영재, 인상 쓰며 재인을
보고 있다.

재인	박영재, 언니한테 일렀다고 골났는데…. (영재에게 다가온다)
영재	(눈치채고 바로 일어나려 한다)
재인	(주저앉히며 휴대폰을 건넨다)

영재	(인상 쓰며 거의 입 모양만으로) 왜 그래…?
재인	(휴대폰 귀에 대고) 박영재가 언니 재수없어서 안 받는…!
영재	…! (얼른 빼앗아 귀에 댄다) 네….
재인	(옆에 앉아서 고개 돌리고 피식)
정인(F)	지호 씨가 통화가 안 돼요. 기석오빠 만난다는 얘기 직접 했어요?
영재	네. 오늘 저녁이나 먹을까 하고 연락했었거든요.
정인(F)	혹시 어디서 만나는지는 못 들었어요?
영재	그것까지는. 근데 정인 씨…. 이런 말 주제넘을 수 있는데 지호, 진짜 독한 놈이에요.
재인	(응? 하는 표정이다)

55. 버스 정류장

정인, 휴대폰 받고 있다.

정인	영재 씨, 미안해요. 정확히 어떤 의미에서 하는 말인지 이해 못했어요.
영재(F)	그동안 지호 보면서 느꼈겠지만…, 그냥 무작정 믿어도 돼요. 절대 실망 안 시킬 기예요. 책임감 하나는 정말 지독하게 강하거든요.
정인	… 무슨 말인지 알겠어요.
영재(F)	(멋쩍은 듯) 뜬금없었죠. 괜히 친구 자랑하고 싶었나 봐요….
정인	(미소 담고) 듣기 좋았어요. 그리고 잘 새겨둘게요….

56. 커피전문점 안

지호와 기석, 각자 커피를 앞에 놓고 마주 앉아 있다. 기석, 태연한 척 커피를 홀짝인다. 지호, 기석이 긴장한 것을 알고 빤히 보고 있다.

기석	(잔 내리며) 최현수의 싸구려 입이 중계방송 잘했을 텐데, 뭐가 더 궁금한데?
지호	얼마나 더 이정인을 괴롭혀야 직성이 풀리겠어요?
기석	(순간 굳는다) 건방 떨래?
지호	더 건방져볼까요? 정인 씨 부모님, 우리 부모님, 주변에 알 만한 사람 모두한테 공개할 생각이에요.
기석	허! 니가 겁대가리가 없구나.
지호	선배는 겁이 너무 많고요.
기석	(발끈) 니가 나에 대해서 뭘 알아?!
지호	한 가지는 알아요. 이정인을 잃는 것보다 유지호한테 밀릴 수 없어서 더 이런다는 거. 선배, 날 이겨서 얻는 게 뭐예요?
기석	(당혹…)
지호	선배 말대로, 내세울 것도 별로 없는 그저 그런 사람인데. 양쪽 집에 날 밝히겠다는 얘기를 선배한테 먼저 하는 것도 그래서예요. 나하고 힘겨루기 했다는 게 알려지면 오히려 부끄럽지 않겠어요?
기석	(어이없어) 정인이네서 널 당연히 받아줄 걸로 믿는 것 같다?
지호	이정인이 받아들였다는 게 더 큰 거 아닌가.
기석	…! (막힌다)
지호	선배, 같잖은 후배 따위가 하는 충고라고 생각하지 않았으면 좋겠어요. 선배도 나도, 갈수록 꼴만 유치해질 것 같아. 그만해요, 이제.
기석	너도 그만하면.
지호	…! (뚫어져라 본다)
기석	(비웃음 섞으며) 너도 못하겠는 걸 왜 나보고만 하래. 어른들한테 공개하겠다고? 해라. 어떤 모욕을 당할지 예상이 되지만… 기대도 된다.
지호	(참자…) 포기할게요.
기석	…! (뭐야. 씨익…) 너무 쉽게 접는 거 아니냐?
지호	선배요.
기석	(무슨…?)

지호	오늘까지 말이 안 통하면 끝이라고 생각하고 나온 자리예요. 그동안 내 나름대로 했던 존중, 앞으로는 없어요. 권기석이란 사람, 이젠 포기할게요.
기석	(기가 차…. 당혹감이 어이없는 웃음과 섞인다)
지호	(담담하게 본다)

57. 영주의 집 안

영주, 소파 테이블에 맥주와 스낵 정도를 놓고 마시며 휴대폰 뒤적대고 있다. 한쪽에 정인의 가방과 먹던 맥주 놓여 있다. 정인, 베란다 창 앞에서 밖을 내다보고 있다.

영주	계단 올라가는 소리 나면 나가라니까. (과자를 우걱우걱)
정인	(자리로 오며) 왜 안 오지…? 이번에는 진짜 치고받는 거 아니야?
영주	좋으시겠어요. 두 남자가 자신을 놓고 피 터져서.
정인	(맥주를 들었다 다시 놓는다. 술도 안 들어가…)
영주	그러게 처음부터 뭐랬어. 들키지 말랬지. (마신다)
정인	그 사촌심 센 사람이 이렇게 나올 줄은 꿈에도 몰랐다.
영주	권기석은 이게 사랑이야. (빈 캔을 가지고 식탁으로 간다)
정인	(보다가, 말을 말자…. 맥주 마신다)
영주	(냉장고에서 맥주 꺼내며) 이런 식이 더 골때리는 건 뭔 줄 알아? 남들이 볼 때는 권기석이 절대 피해자라는 거. 세상 딱한 인간인 거지.
정인	… 그래, 내가 죽일 년이다.
영주	(맥주 들며) 그래도 좋기만 하다는 놈이… (현관 쪽 보며) 왔다!
정인	(웅? 바로 현관을 돌아본다) 맞아?
영주	발소리는 났어. 누군지는 모르지만. (자리로 온다)
정인	가서 뭐라 그러지?

영주	(내려놓으며) 미안하다, 말고는 찍소리도 하지 마.
정인	… 미안한 건 아니지 않나….
영주	권기석 닮았냐? 그 말 좀 하면 죽어?!
정인	…! 내가 지호 씨한테 미안하다는 소리를 얼마나 많이 했는데.
영주	사고를 좀 쳤어야지. 유지호 완전 보살이야. (마시려다) 안 가세요?
정인	간다. (가방 들고 현관으로 가며) 문전박대당하면 재워줘.
영주	여기가 니 전용 모텔이냐!
정인	몰랐냐. (문 열고 나간다)
영주	으휴. (맥주를 벌컥벌컥)

58. 지호의 집 _ 현관 앞

정인, 계단을 올라와 심호흡까지 하고는 벨을 누른다. 대답이 없다. 다시 벨 누른다. 여전히 대답이 없다. 휴대폰 꺼내 전화하려는데, 인터폰 소리 난다. 정인, 얼른 본다.

지호(F)	나 지금 씻는 중인데.
정인	…! (어떡하지…? 눈동자가 왔다 갔다)
지호(F)	뭘 상상해요.
정인	(흠칫! 이내 씨익…) 계속 나체로 얘기할 거예요?
지호(F)	아휴…. 십 초만 있다가 들어와요.
정인	(바로 번호키를 누른다)
지호(F)	아, 이정인 진짜.
정인	(막상 다 누르고는 웃으며 서 있다. 다시 키가 잠긴다)

59. 지호의 집 안

샤워기 물소리가 그친다. 정인의 가방이 소파에 놓여 있다. 정인, 욕실 문 옆 공간에 몸을 바짝 붙이고 서 있다. 지호, 수건으로 젖은 머리를 털며 문을 연다. 수건을 머리에 덮은 채 거실을 보는데 정인이 없자 의아해진다. 수건 내리며 나와서 주방 쪽을 본다. 정인, 뒤에서 지호의 허리를 안는다. 지호, 정말 깜짝 놀란다. "아…"

정인   화 안 내면 놔주고, 화낼 거면 이 상태로 내요.

지호   (피식…) 뭘 잘못했는데.

정인   … 말 안 한 거.

지호   나도 기석선배 만나러 나간 거 말 안 했는데, 뭐….

정인   (얼른 팔을 풀며) 맞아. 나만 잘못한 거 아니네.

지호   (돌아본다)

정인   (지레 주눅…) 숨기려고 한 건 아니고….

지호   (보다, 주방으로 간다)

정인   (흠칫!)

지호   커피 마실래요?

정인   (식탁 앞으로 가며) 맥주 좀 마시다 왔는데. 영주네서.

지호   (냉장고 열고 맥주 한 캔을 꺼내 정인의 앞에 놓아준다)

정인   지호 씨는?

지호   정인 씨 데려다줘야지.

정인   (의자에 앉으며) 자고 갈 건데.

지호   …! (눈이 동그래져서 본다)

정인   (착각했구나!) 왜요, 안 돼…?

지호   안 돼시가 아니라….

정인   아니라, 뭐?

지호   (빤히 보기만…)

정인	(캔 따며) 진짜 잔다고 하면 졸도하시겠네. 영주네서 잘 거예요. (마신다)
지호	(냉장고를 연다)
정인	(맥주 꺼내는군. 씨익…)
지호	(생수를 꺼내 뚜껑 열고 커피포트에 쏟는다)
정인	…! (뭐야…)
지호	(포트의 버튼을 누르고 맞은편에 앉는다) 사과하러 온 거니까 해봐요.
정인	… 미안해요. 이 말부터 했어야 되는데, 일부러 딴소리만 했어… 반지 받았어요. 핑계로 들리겠지만, 갖고 올 수밖에 없었어. 더 솔직히 말하면, 난 그걸 내던지거나 어디다 버릴 자격 없어. 나도 그 연애에 있어서는 일말의 가해자거든….
지호	쉽지 않았을 텐데, 많이 고민했겠네….
정인	지호 씨한테 배운 거야. 내 안에는 훌륭한 인격 같은 거 없어. 전에 은우엄마 얘기해줄 때… 그때 많이 자책했어요. 나만 죽겠다는 앓는 소리가 얼마나 이기적이고, 못된 생각인지…. 평생 모를 뻔했잖아. (괜히 울컥) 이젠, 유지호 닮아가면서 살 거야. (눈가가 젖어든다)
지호	눈물 나게 닮기 싫은 거 같은데?
정인	…! (인상 쓰는데 눈물이 툭 떨어진다)
지호	어휴, 이정인 여전히 바보야.

지호, 몸을 조금 일으켜 식탁 너머로 팔을 뻗어 눈물을 닦아주다 당겨 입을 맞추려는데, 포트의 전원이 탁 꺼진다. 지호, 깜짝 놀라 포트를 본다. 정인, "풉!" 소리 내며 웃는다. 지호, 민망해 식탁에 엎어진다. 정인, 눈물 젖은 눈으로 웃는다.

60. 버스정류장

재인과 영재, 정류장으로 와서 앉는다. 재인, 휴대폰으로 톡을 확인하고 있다.

재인　유지호 씨네 집 어디야?

영재　(멈춰 보며) 왜?

재인　우리 언니 외박한대.

영재　…!

재인　말로는 영주 언니네서라는데, 그럴 리가 없잖아.

영재　그래서. 지호네 가서 끌고 나오게?

재인　미쳤어. 이 좋은 찬스를. 영주 언니네가 아래층이라며. 가서 있나 없나 확인만 하고 꼬투리 잡아서 용돈 뜯어내야지.

영재　(황당) 너무 양아치다.

재인　(어이없어) 꼭 그지들이 품격 따져요.

영재　(찍…. 멋쩍어 다른 데를 본다)

재인　유지호 씨네 집 어디냐고!

영재　(보지도 않고 고개를 절레절레)

재인　(어이구) 그것도 꼴에 의리냐?

영재　(여전히 보지 않으면서 고개를 심하게 *끄덕끄덕*)

재인　(피식. 시선을 돌리며 웃고 만다)

61. 지호의 집 안

불 꺼진 집 안. 창 밖에서 새어 들어오는 달빛과 가로등 빛이 전부다. 식탁 위에 빈 맥주 캔 여러 개가 구겨지거나 말짱한 채 흩어져 있다. 간단한 안주들이 담긴 접시도 놓여 있다. 소파에 정인의 가방 놓여 있고, 그 위에 겉옷이 얹혀져 있다.

꼭 닫힌 침실의 문. TV 뒤편으로 보이는 침실 창문이 방 안 스탠드 불빛으로 은은하게 빛난다. 이내, 스탠드 불이 꺼진다.

62. 지호의 침실

창에서 새어드는 불빛으로 침대 위 두 사람의 형체만 은은하게 보인다… 정인과 지호, 이불 안에서 한 몸처럼 서로를 안고 키스를 나누고 있다. 정인, 이불을 머리끝까지 쑥 올린다.

정인(E)   사진 좀….

지호(E)   (순간 고개가 살짝 올라간다) 아…, 아휴.

이불 밖으로 지호의 팔이 쑥 나오더니 협탁에 놓인 (은우와 찍은 사진) 액자를 돌려놓는다. 이불 속에서 두 사람의 웃음과 입맞춤 소리가 뒤섞인다….

63. 지호의 집 _ 베란다

달빛과 가로등 빛이 섞여 들어온다. 반쯤 열려 있는 창으로 바람도 새어든다. 건조대에 널려 있는 빨래들이 바람에 따라 살짝살짝 흔들리다가, 이따금 펄럭인다.

엔딩.

One

Spring

Night

| | | 13 부 | | |

밤

13 부

1. 지호의 집 _ 거실 (이른 아침)

날이 밝아오는 듯 창문을 통해 희미한 빛이 거실로 들어오고 있다.
지호, 비몽사몽 중에 오만상을 쓴 채 겨우 꿰입은 티셔츠 자락을 내
리며 침실에서 나온다. 거실로 와 소파에 고꾸라지듯 엎어진다.

2. 지호의 침실

침대 한쪽 바닥, 흩어진 정인의 옷가지 위에 베개가 떨어져 있다. 침
대 머리맡 구석에는 지호의 베개가 놓여 있다. 정인, 침대에서 베개
도 없이 이불로 몸통을 휘감은 채 대각선으로 엎어져 잠들어 있다.

3. 정인의 집 _ 침실

이불이 침대 바닥에 기의 흘러내려와 있다. 재인, 침대에 대자로 뻗
어 잠들어 있다.

4. 지호의 집 _ 거실

지호, 소파에서 쿠션을 베고 잠들어 있다. 팔짱을 끼고 쪼그린 채 옆
으로 누워 있다. 정인, 소파 앞 바닥에 앉아 세운 무릎을 감싸고 지
호를 빤히 보고 있다.

지호   (얼핏 잠에서 깨다 정인을 보고 흠칫한다) 아, 깜짝이야….

정인   왜 여기서 자요? 혹시… 나 코 골았어요?

지호   …! 코도 골아?! 아후…. (눈을 꽉 감는다)

정인   (민망해 흘겨본다)

지호   (눈 뜨고는) 침대에서 몇 번이나 떨어질 뻔한 줄 알아요?

정인   …! 그래서 재인이랑도 한 침대에서 안 자. 서로 밀거든….

지호   다시는 여기서 잘 생각하지 마.

정인   내가 자고 싶으면 자는 거지.

지호   절대 안 돼.

정인   (노려본다)

지호   이건 양보 못해. (팔짱을 꽉 낀다)

정인   … 그럼 이렇게 하자.

정인, 지호의 한쪽 팔을 빼내 펼치더니 팔베개를 베고 지호 옆에 몸
을 구겨넣듯 눕는다. 지호, 웃으며 "뭐하는 거야…" 하면서도 정인이
떨어질까 등을 감싼다.

정인   이렇게 꼭 안고 자자는 거지. 내가 꼼짝 못하게.

지호   (꽉 안으며) 알았어, 자자.

정인   아…!

정인과 지호, 좁은 데서 밀고 장난치다 결국 바닥으로 같이 떨어진

다. 그러면서도 눈이 마주치자 누가 먼저랄 것도 없이 입을 맞추고 웃고 서로를 꼭 안는다….

5. 서인의 집 _ 주방 (낮)

조리대 위에 만두를 빚고 난 재료들과 흔적이 남아 있다. 서인, 냉장고와 조리대를 오가며 식탁에 김치와 간장 그릇, 앞접시 들을 놓고 있다. 형선, 가스레인지 위에 놓인 찜통에서 찐 만두를 꺼내 접시에 담고 있다.

형선	생각할수록…. 아무리 자식이지만, 어쩌면 만두 먹고 싶은 것도 닮니?
서인	그러니까. 입덧도 유전인가봐. 좀 졸리고 어지러웠던 거 말고는 없어.
형선	(가져오며) 니 아빠가 그래서 지금까지도 자식 낳은 공을 몰라.
서인	… 진짜 이혼할 건 아니지?
형선	너만으로도 어안이 벙벙할 판에… 어떻게 그 와중에 정인이 결혼 얘기를 꺼내. 자식 덕에 팔자 펴보겠다는 거야? 무슨 몰상식한 소리냐고.
서인	정인이 어차피 말 안 들을 거 아니까 일부러 더 그랬을 거야.
형선	속마음이 뭐든. 심지어 좋아하는 사람이 생겼다는 얘기도 들었…,

초인종 소리 들린다. 서인, 현관으로 가려 한다. 형선, "있어. 이게…" 현관으로 간다. 서인, 웃으며 조리대에서 숟가락과 젓가락을 꺼낸다. 현관문 여는 소리 들린다.

형선	(앞서 들어오며) 만두 빚으러 일찍 오랬지, 누가 먹으러 오랬어?!
재인	(지나쳐 서며 오며) 아빠하고 살끼보다. 언니, 안녕!
서인	(웃으며 본다)

형선	정인이는.
재인	(가방 내려놓으며) 어제 안 들어왔어.
형선	(뚝 멈춰) 어디서 자고?
서인	(숟가락과 젓가락을 식탁으로 가져오며 순간 재인을 눈치 주듯 본다)
재인	(찰나에 눈치) 영주언니네. (만두를 손으로 집어 들다가) 앗, 뜨거.
형선	영주한테 전화 걸어봐.
서인/재인	(동시에 인상 쓰며) 엄마!
형선	…! 아니이…. (되레) 자식이 외박을 했는데 말도 못해?!

6. 영주의 집 안

영주, 식탁 위에 휴대폰을 놓고 생각이 많은 표정으로 앉아 있다. 맞은편에 쓰다 남은 스파게티 면과 소스가 놓여 있다. 번호키 소리 난다. 정인, 이내 휴대폰만 들고 들어온다. 영주, 빤히 본다.

정인	(멋쩍어 휴대폰 놓고 앉는다. 재료 보며) 이 정도면 충분하겠는데 뭐. (눈치) 지호 씨네서 잔 걸로 기분 상한 거야?
영주	(슬쩍 인상)
정인	그러니까…. 왜 쌩하게 그러냐고.
영주	… 권기석 씨가 오신대.
정인	(순간 굳어진다)
영주	컨디션 별로라고 핑계댔더니, 잠깐이면 된다고 온대. 뭔 인간이 이렇게 막무가내니?
정인	(미쳐…) 미안해. 내가 처리할게.
영주	어제 유지호랑 동침했다고 광고하면서 마중이라도 나갈래?
정인	그래도 되고.
영주	지가 갖고 있던 걸 하찮다고 생각하는 놈한테 뺏겼는데 눈도 돌

겠지.

정인   내가 물건이야?

영주   그럼 너무 사랑해서겠냐? 되찾겠다는 거야. 원래 지 소유물이니까.
        내가 진짜 걱정되는 건 뭔 줄 알아? 권기석의 전략이 후지건 말건,
        결국 먹히는 거 아닐까.

정인   …! (슬쩍 인상)

영주   나야 믿지. 세상이 니네를 얼마나 인정하겠냐고.

정인   유지호가 위험한 사람이야?

영주   사람들이 물어뜯기에는 최적이지. 거기다 이정인은 남들 눈에는 꽤
        괜찮은 남친 두고 딴짓한 여자인데.

정인   세상 욕받이가 되든 말든 지호 씨 만난 거, 후회 안 해.

7. 기석의 집 _ 거실

기석, 휴대폰과 차 키 들고 외출복 차림으로 현관으로 가다 휴대폰
진동에 발신자 확인하고 멈칫한다.

기석   (감이 온다… 받는다) 어.

정인(F)   영주, 안 나갈 거야. 그리고 지호 씨 얘기, 집에 해줄게.

기석   (응?) 해줄게?

정인(F)   그거 원하는 거 아니야? 한 사람, 한 사람 만나가면서 내 숨통 조여
           보겠다는 작전, 잘 먹혔어. 아주 죽겠어. 다 까발리고 쫓겨나든 맞아
           죽든 하는 게 낫지, 성질이 뻗쳐서 돌겠어.

기석   하…. 내 인내심도 바닥 직전이야. 지금이라도 멈추면 다 덮어줄게.

정인(F)   갑자기 엄청난 사랑을 깨달은 사람처럼 가식 좀 떨지 마. 천하의 권
           기석이 차인다는 건 있을 수 없는 일이다. 솔직해져, 좀.

기석   (싹 굳어) 그것도 맞고. 내가 이럴 수밖에 없는 이유가 그렇게 많아.

정인(F)	마음대로 해. 나도 내 성질대로 할 테니까. (끊어버린다)
기석	…! (휴대폰 잠시 보다가 그대로 현관을 나간다. 문이 꽝 닫힌다.)

8. 지호의 집 안

지호, 가스레인지 앞에 서 있다. 냄비에 물이 끓자 불을 줄이고 있다. 정인, 현관문을 열고 들어오고 있다.

지호	영주 씨한테 혼났어요? (말이 없자 돌아본다)
정인	재료가 별로 없어서 그냥 왔어. (소파로 가서 휴대폰 놓으며 앉는다)
지호	(가스레인지 불을 끈다. 정인의 곁으로 온다)
정인	다 관둘래.
지호	…? (곁에 앉는다)
정인	유지호 좀 따라해보려고 했더니, 도저히 안 맞아. 더는 못해먹겠어. (휴대폰 뒤적여 단축키 누른다. '엄마')
지호	(보고는 휴대폰 뺏어 끊는다) 갑자기 왜 이래요?
정인	갑자기 신경질 나서. 지호 씨 때문에 성질대로 못했잖아. 왜 참으랬어. 우리가 뭐 죽을죄 지었어? 다 말할 거야. 언제까지 코너로 몰려.
지호	누가 코너로 모는데.
정인	…! (말을 못하겠다)
지호	(감이 온다) 권기석?
정인	(빤히 보기만…)
지호	집에 얘기하면 뭐가 달라져요?
정인	…! 아니, 그래도….
지호	정인 씨만 힘들어지지, 그 사람은 안 바뀐다니까? (정인의 휴대폰 진동 온다…. 보고는 내민다)
정인	(받아들고 머뭇…. 받는다) 어, 엄마…. 어? 그냥 한 건데, 갑자기 뭐 좀

할 게 있어서 끊었어…. (흠칫! 하며 지호를 본다)

지호   (왜…)

정인   영주네서 잤는데….

지호   (풉!)

정인   (지호를 주먹으로 퍽퍽 치며) 술 안 마셨어. 아니야, 그냥 놀다가….

9. 서인의 집 _ 주방

형선, 서인, 재인. 식탁에 만두와 김치 등을 놓고 둘러앉아 먹는 중이다.

형선   (먹으며) 그냥 전화할 애가 아닌데…. (재인 보며) 영주네 있는 거 확실해?

재인   …! 당장 가보든가!

형선   (어머) 왜 열은 내?

재인   (앗!) 나도 사는 게 힘들어서. (우걱우걱)

형선   노는 데 힘드시지. (서인 보며) 넌 정인이한테 그 남자 얘기 들은 거 없어?

서인   … 한 번 봤어.

재인   …! (말할까 싶어 놀란 눈으로 본다)

형선   봤어?! 너한테 보일 만큼 벌써 둘이 깊은 사이야?

서인   우연히 마주쳤어. 인사 정도만 했고.

형선   동갑내기 약사라며. (재인 보며) 그랬잖아.

재인   어…. (서인) 언니도 그렇게만 알잖아.

서인   …! (재인을 보며 대답을 못한다)

형선   (뭔가…. 서인과 재인을 번갈아보다 젓가락을 놓는다)

서인/재인   (동시에 긴장하며 본다)

형선	그 남자, 무슨 문제 있지?
서인	… 정인이가 얘기할 거예요.
재인	(탁 본다)
형선	…! 있긴 있다는 거네?
서인	정인이 일이니까 직접 듣는 게 맞아. 조금만 기다려봐요.
형선	(물을 마시고 잔 내려놓고는) 마음 단단히 먹어야 되는 일이야…?
서인	(가만 보는 것으로 대답을 대신한다)
형선	(쿵…. 서인만 또렷이 볼 뿐)

10. 태학의 집 _ 주방

식탁 위에 휴대폰 놓여 있다. 태학, 냉장고를 열고 보다 닫는다. 싱크대 수납장 여기저기를 열어보고 빈 냄비들을 열어보다가 탁 닫는다.

태학	(식탁으로 와 휴대폰을 거칠게 집어 들고 형선의 단축키 누르려다 멈추고는) 그래, 얼마나 버티나 보자! (툭 던지듯 놓는다. 씩씩거리는 것도 잠시. 휑한 집…. 배는 더 고파진다. 휴대폰 울린다. 얼른 집어 들어 본다. 동료인 '박영석'. 받는다) 어, 웬일이야?
동료(F)	웬일이나마나 왜 안 왔어?
태학	어딜?
동료(F)	이사장네서 점심 초대했잖아. 이 교장만 빠졌길래.
태학	…! (어이없어)
동료(F)	가까이 사는데, 지금이라도 얼른 와.
태학	… 아니야. 지금 집사람하고 어디 볼일 보러 나와 있어.
동료(F)	어…. (자리에다 떠드는) 그거 구하기 힘든 술인데, 어디서 났어?
태학	…! (짜증이) 알았어. 일봐.
동료(F)	뭐라고? 온다고?

태학   (발끈) 볼일 본다니까! (확 끊어버린다. 날 따돌려…? 헛웃음마저 난다)

11. 영국의 집 _ 거실

전/현직 교장들 차를 놓고 주르륵 앉아 있다. 고급술이 담긴 박스를 넘겨가며 "구하기 힘들다", "말만 들었지, 처음 본다" 등 떠들어대고 있다. 영국, 밝은 표정으로 휴대폰을 받으며 들어와 자리로 온다. "나랏일 하는 사람인데 내가 맞춰야지…. 그래. 난 언제든 좋아. 그러자고. 오케이!" 하고 끊는다.

영국   (휴대폰을 테이블에 놓으며 팬스레) 장 의원. 맨날 보자고 성화야.

교장1   막내딸이 교수인가 됐다던데, 자랑하고 싶으신가보네.

영국   그건 벌써 들었지. 그 딸이 우리 애하고 나이대가 맞거든.

교장1   어…! 사돈 맺재요?!

영국   들어야 아나. 척 보면 척이지. (차를 마신다)

다들   (웅성) 잘 됐네…. 오늘은 진야제네! 더 크게 한턱 내셔야겠다.

교장2   (혼자 의아해 있다…. 슬쩍) 그래서 오늘 이 교장 안 부르신 겁니까…?

영국   (지나치게 놀란 척) 이 교장이 안 왔네?! 연락들 안 했어?

다들   (응? 서로 보며 눈치)

영국   난 당연히 같이 올 줄 알았지. (휴대폰 집어 들고는 연락처 뒤적이다) 뒤늦게 연락하면 괜히 빈정만 상할 거 아니야. 에이 참…. (툭 놓으며) 알아서 신경들 좀 쓰지. 내 입장이 뭐가 되나.

다들   (다시 서로 눈치만)

영국   (곤란한 척) 이 교장이 크게 오해를 하겠네…. 이걸 어떻게 해야 되나…. (이것들이 말이 없네) 긴장을 늦춘 내 잘못이지. 내 잘못이야….

교장2   (얼른) 제가 연락을 늦게 했어요. 죄송합니다. 오해 풀겠습니다.

영국   황 교장. 매사에 철두철미하면서 왜 오늘 하필…. 참, 사람이… 에휴.

12. 태학의 집 _ 거실

태학, 생각할수록 기가 차 연신 헛웃음이 터진다. 현관 번호키 소리
난다. 태학, 돌아본다. 형선, 캐리어를 끌고 들어온다. 태학, 빤히 본
다. 형선, 한쪽에 캐리어를 세워놓고 안방으로 향하다 선다.

형선　　마누라까지 당신 속 썩이면 안 되겠다 싶어서 왔어.

태학　　(뜬금없기는) 서인이 어떻게 하겠대?

형선　　뭘 어떻게 해. 이미 안 살기로 마음 먹었는데.

태학　　며칠을 있으면서 자식 마음 하나 돌려놓지 못하고 뭐했어?

형선　　애까지 가져놓고도 결심할 땐 오죽하면 그러겠어. 이번만큼은 의견
　　　　존중해주는 게 부모로서 할 도리야. (안방으로 향한다)

태학　　정인이 말야.

형선　　(아휴…. 또 뭘? 돌아본다)

태학　　… 그, 누구 마음에 두고 있다며. 한번 보자 그래.

형선　　(깜짝!) 갑자기 왜…? 당신이 그 예뻐하는 기석이는 어쩌고?

태학　　(멋쩍은) 음…! 자식 의견 존중하는 게 부모 도리라며. (일어나 물 마
　　　　시러 주방으로 간다)

형선　　(대체 무슨 생각이야…? 태학의 움직임을 시선으로 쫓는다)

13. 정인의 집 _ 현관문 앞

기석, 정인에게 전화하며 계속 벨을 누르고 있다. 전화도 벨도 반응
이 없다. 손을 내리다 혹시…? 하며 휴대폰 뒤적여 이름 찾는다. 유
지호…. 막상 통화 버튼을 누르지 못한다. 움켜쥔 채 빠르게 엘리베
이터로 향한다.

14. 지호의 집 안

정인, 침대에 걸터앉아 휴대폰을 내려다보다 협탁에 엎어놓고 나온다. 지호, 식탁 위의 라면 먹고 난 냄비와 그릇 등을 개수대로 치우던 중에 기석에게 걸려오는 전화를 내려다보고 있다. 정인이 나오자 얼른 주머니에 넣고 그릇을 개수대로 옮긴다. 정인, 슬쩍 눈치를 느끼며 다가온다. 지호, 식탁으로 돌아서 손을 놀리며 태연히 싱긋 웃는다. 정인, 같이 미소 짓고 손을 거들며 지호를 본다. 미심쩍기도….

15. 약국 앞 일각 _ (저녁)

기석, 차를 몰고 약국 옆 골목으로 꺾어져 들어간다.

16. 빌라 앞

기석, 차를 세우고 내린다. 빌라를 올려다본다. 영주의 집은 불이 꺼져 있고, 지호의 집 불이 켜져 있다. 기석, 불안하다…. 다잡듯 표정을 단단히 하고 빌라로 들어간다.

17. 지호의 집 _ 현관 앞

기석, 계단을 올라와 문 앞에 선다. 초인종 누르려다 살짝 멈칫한다. 이내 누른다. 긴장한 표정이 역력하다…. 다시 누르려는데 도어락 풀리는 소리 난다. 순간 슬쩍 떨어져 선다. 현수, 의아한 표정으로 문을 연다. 기석, 흠칫한다.

현수   형, 여기 웬일이에요?

기석   어…. 지호, 없냐? 할 얘기가 좀 있는데 통화가 안 돼서….

영재   (휴지로 손을 닦으며 현수의 뒤쪽으로 와서 슬쩍 인사한다)

기석   …! 어, 너도 있었구나….

현수   지호 지금 없는데.

기석   어디 갔는데…?

현수   몰라요. 영재하고 그냥 왔는데, 없어서 우리끼리 치킨 시켜서 먹고 있는 중이에요.

영재   들어와서 좀 드세요.

기석   …! 아니야, 아니야. 또 보자. (얼른 돌아 빠르게 내려간다)

현수   형, 가요…. (고개를 빼 내려간 것을 확인 후) 뭘 들어오라고 해?

영재   하도 어이가 없어서. (돌아서 간다)

현수   뭐가. (문 닫는다)

18. 지호의 집 안

식탁에 먹던 치킨과 음료수가 너저분하게 놓여 있다. 영재와 현수, 와서 앉는다.

현수   뭐가 어이가 없냐니까?

영재   뭘 할 얘기가 있어. 정인 씨 찾으러 온 거지. (먹는다)

현수   설마.

영재   아니면 여기를 왜 와. 지금 우리한테 걸려서 민망해 미칠 거다.

현수   그런 거야? (퍼뜩!) 그러니까. 정인 씨는 반지를 왜 받았냐고. 기석이 형은 프러포즈 성공한 줄 안다니까?

영재	웃기지 마. 뻔히 안 먹힐 거 알면서 억지로 던진 거잖아. 미련도 정도가 있지. 이런 건 집착이야.
현수	좋게 해석하면, 그 정도로 정인 씨를 사랑한다는 거 아니겠냐.
영재	(픽) 그런 게 사랑이면 짝사랑도 연애 경험이겠다. (먹는다)
현수	그럼 넌 경험이 한 열다섯 번쯤 되겠네?
영재	(던지려 하며) 에이 씨!

19. 도서관 내 휴게장소 (낮)

형선, 생각이 많은 표정으로 앉아 있다. 정인, 휴대폰만 쥐고 빠르게 온다.

정인	나 점심 먹었는데. (곁에 앉으며 휴대폰 옆에 놓는다)
형선	난 집에 가서 먹으면 돼. 바빠?
정인	뭘 불러놓고 바빠야. 왜, 뭐 할 거 있어?
형선	아니…. 니가 말했던 사람있잖아. 아빠가 좀 보재.
정인	…! 왜?
형선	나도 놀랐어. 말로는 니 의견을 존중하겠대.
정인	(뭐야 또…? 퍼뜩!) 혹시 기석오빠한테 뭐 들었대?
형선	그런 건 아닌 거 같던데…. (…?!) 뭘 들어?
정인	(앗! 긴장하며 보기만…)
형선	… 서인이, 재인이가 마음 단단히 먹어야 된다는 눈치 줬어. 말 나온 김에 듣자. 뭐야. 뭔데 이렇게 겁부터 줘?
정인	(보기만 할 뿐 말이 안 나온다)
형선	각오하고 있다니까. 얘기해봐.
정인	사실은… 그… 이이가 있어….
형선	(순간 잘못 들었나) 누가?

정인	그 사람한테… (눈물이 차기 시작한다) 엄마, 미안해….
형선	…! 어머….
정인	엄마….
형선	얘… 저기… (말도 잘 안 나오는) 저기… 정인아, 이거는….
정인	안 그러려고 했어…. 나도 아니라고 생각했었는데…. 근데… 너무 좋아서… 내가 너무 좋아서…. (눈물을 뚝뚝 떨어뜨린다)
형선	(말도 안 나온다)
정인	죄송해요….
형선	죄송하고 뭐고가 아니라…. 아니, 이거… 어머, 나 말도 안 나와….
정인	(흐느끼며 고개 저으며) 이제는 그 사람 없으면 못 살아…. 안 돼요…. (컥컥 숨을 몰아쉬며 바들바들 떨리는 손으로 눈물을 닦아댄다)
형선	(저도 모르게 눈시울이 젖어든다)
정인	(겨우) 미… 안… 미안해…. 엄…마…. 근데… 나 도와줘요…. (형선의 무릎에 엎어져 소리내 운다)
형선	(흐느끼느라 들썩이는 정인의 등을 내려다본다. 눈에 눈물이 가득해진다)

20. 도서관 밖 일각

정인과 형선, 나온다. 정인, 운 기색이 역력하다. 형선, 멍해 보이기
까지 하는 표정이다.

형선	(멈춰) 들어가서 일봐.
정인	(눈도 못 마주친다…)
형선	(잠시 바라보다) 전화하자. (가려는데)
정인	엄마.
형선	(본다)
정인	있잖아…. (바로 눈시울이 젖어든다)

형선	울기는 왜 이렇게 울어.
정인	(눈물 삼키려 애쓰며) 엄마가… 지호 씨 한 번만 만나줘….
형선	…!
정인	좋은 사람이야….
형선	물론 그러니까 마음이 가겠지. 근데 엄마가 왜 만나야 돼…?
정인	(바라보기만)
형선	(덜컥해진다) 너 설마….
정인	(인정하듯 눈을 떼지 않는다)
형선	…! (한숨이 툭 터진다)

21. 약국 _ 조제실 안

혜정, 조제약을 기다리고 있다. 지호, 휴대폰 쥐고 급히 들어온다.

지호	누나.
혜정	…! 뭔데 또 누나야.
지호	저 잠깐만 나갔다 올게요.
혜정	왜?! 은우한테 무슨 일 생겼어?
지호	아니…. (막힌다)
혜정	(바로 약과 처방전을 챙겨 든다)
지호	(눈치만…)
혜정	둘이 혹시 잘못되면 내 탓이라고 할 거 아니야. (지나쳐 나간다)
지호	(피식…) 빨리 들어올게요. (얼른 옷을 갈아입기 시작한다)
혜정	(입구에서 다시 고개만 쑥 들이민다)
지호	…! (돌아본다)
혜정	뭘 다시 들어와. 대신 내일 제일 먼저 출근해. (나간다)
지호	(픽. 빠르게 손을 놀린다)

22. 기석의 회사 _ 휴게실

현수, 믹스 커피를 타고 있다. 기석, 들어온다. 현수, 지레 흠칫한다.

현수 (밀어주며) 커피 드실 거면 이걸로 드세요.

기석 (슬쩍 터치만) 고맙다.

현수 뭘요. (인사하고 나가려 한다)

기석 …! 안 마셔?

현수 괜찮아요. 빨리 써야 되는 보고서도 있고. (다시 나가려 한다)

기석 지호네 갔던 거.

현수 …! (돌아본다)

기석 (멋쩍다) 지호가 아냐?

현수 형이 할 얘기 있다고 해서 전해는 줬는데….

기석 (이런…!) 진짜 잠깐 할 얘기가 있었어.

현수 그래서 그렇게 전했다고요.

기석 그랬다며.

현수 (의미 없이) 예…. (이 어색한 순간을 어떡하지)

기석 뭐, 보고서 써야 된다며.

현수 (바로) 네. (돌아서 빠르게 나간다)

기석, 민망함과 동시에 열 받는다. 현수의 뒷모습을 보며 컵을 들다가 쏟는다. 순간 피하지만 셔츠, 타이 등에 커피가 튀었다. 테이블로 가서 티슈를 마구 뽑아 급히 닦는다. 타이를 거칠게 풀어 빼려는데 머리에서 걸린다. 더 신경질…. 확 잡아당겨 빼서는 둘둘 말아 패대기친다.

23. 수영고 _ 본관 내 복도

태학, 걸어온다. 영국, 반대편에서 코너를 돌아 마주 온다. 서로 슬쩍, 흠칫한다. 태학, 목례하며 다가온다. 영국, 끄덕이며 마주 선다.

영국   어디 가?

태학   행정실에 잠깐.

영국   어. (지레) 저기 말야….

태학   (얼른) 주말에는 죄송했습니다. 집사람하고 바깥 볼일이 생겨서 부득이하게 모임에 참석을 못했어요.

영국   …! (슬쩍 당혹) 어…. 그래, 그렇잖아도 왜 안 왔나 했지….

태학   또 이런 일이 있으면 (강조) 꼭 미리 말씀드리겠습니다. 모임 전에.

영국   (겨우) 어….

태학   그럼. (슬쩍 인사하고 지나쳐 간다)

영국   (허…! 돌아본다)

24. 교장실

태학, 돋보기 쓰고 결재 서류를 넘겨 보고 있다. 내선 전화 울린다. 버튼을 보고 영국임을 안다.

태학   (돋보기 벗으며 받는다) 예, 이사장님.

영국(F)   다른 게 아니라, 저녁이나 하자고. 모임도 못 오고 했으니까.

태학   죄송합니다. 오늘 약속이 있네요.

영국(F)   그래? 그럼 뭐 내일 할까?

태학   아닙니다. 모임 못 간 건 제 불찰인데, 이러시면 제가 더 송구하죠.

영국(F)   … 송구는 무슨. 알았어. 다음에 봐서 하자고.

태학	(건성투) 뭐, 그러시죠.
영국(F)	일봐. (끊는다)
태학	(픽) 누구를 호구로 알아. (수화기를 탁 내려놓는다)

25. 도서관 _ 종합자료실 앞 일각

영주, 파일을 들고 나오다가 시선에 뭔가 걸린 듯 획 돌아본다. 지호, 휴대폰 보며 급히 들어온다. 영주, 정인이 나오고 있나 싶어 뒤를 돌아보고는 지호 앞으로 간다. 지호, 영주를 보고 인사한다.

영주	(다가와) 이 시간에 웬일이에요?
지호	정인 씨 좀 보려고요. 근데 통화가 안 되네요.
영주	그래요? 잠깐만요. (휴대폰 꺼내 톡을 보내려 하며) 뭐하고 있지?
지호	(괜스레 휴대폰을 내려다본다. 연락이 없다. 걱정되는 듯 서성댄다)
하린	(걱정스러운 표정으로 오다 영주를 보고 급히 다가온다)
영주	어, 이정인 사무실에 있어?
하린	아뇨. 근데 정인선배 무슨 일 있었어요?
영주	왜?
지호	(이미 돌아보고 있다)
하린	(지호를 의식 못하고) 막 울던데.
지호	…! (순간 다가가며 하린에게) 정인 씨 어딨어요?
하린	(누구지…? 하면서도 얼결에) 상영실에….
지호	(영주를 본다)
영주	(얼른) 지하 일층….
지호	다음에 봐요. (바로 엘리베이터로 가서 버튼 누르고는 이내 계단으로 뛰어 내려간다)
하린	(지호를 보며) 누구예요? 그 남자?

| 영주 | (같은 시선으로) 아니면 누구겠니. (하린 보며) 근데 정인이는 왜? |
| 하린 | 그러게. (다시 지호가 간 쪽을 보며) 저런 남자 있으면 난 맨날 미친년
처럼 웃고 다니겠구만. |

26. 상영실 안

간접등만 켜진 어둑한 상영실 안. 정인, 좌석 중간 즈음에 앉아 눈물
닦은 꼬깃한 휴지를 조물락거리고 있다. 지호, 조심스레 문을 열고
들어온다. 정인, 소리에 돌아보다가 깜짝 놀란다. 지호, 다가온다.

정인	뭐야…. 그냥 엄마한테 말하다 보니까 눈물이 났다는 거지, 뭘 그걸 로 일도 안 하고 와. 약사님이 나 욕하시겠다.
지호	(앉는다) 우리 잘못되면 자기 탓할 것 같다고 보내주던데?
정인	(픽…)
지호	(정인이 손에 쥔 휴지를 보고… 얼굴을 본다)
정인	(멋쩍은) 가끔 우는 것도 괜찮네. 이 시간에 유지호도 볼 수 있고.
지호	벌써 이러면 어떡해….
정인	혼나서 그런 거 아니야. 그냥 이상하게…. (뚱) 울 수도 있지 뭐.
지호	있지. 있는데…. 앞으로는 볼 수 있으면 나 없는 데서 혼자 울지 말 아요.
정인	(고마운 시선…. 눈시울이 젖어든다. 지레) 지금은 유지호 있잖아!
지호	(참 나…) 울어, 울어.
정인	(웃는다) 엄마가 대답은 안 하고 갔어….
지호	(한 손을 가져와 만지작…) 내가 왜 항상 괜찮다, 천천히, 걱정하지 말 아라… 하냐면, 정인 씨하고 나만이 알고 있는 확신이 있어서예요.
정인	… 지호 씨가 말하는 우리?
지호	응, 우리.

정인	(끄덕인다)
지호	(미소 짓는다…. 이제야 주변을 보며) 여긴 뭐하는 데예요?
정인(E)	몰래 뽀뽀하는 데.
지호	…? (돌아보는데)
정인	(바로 지호의 입에 쪽!)

좌석들이 늘어선 상영실. 저만치 한 곳에 키스하고 있는 정인과 지호의 머리끝만 보인다.

27. 종합자료실 안

정인, 미소를 참는 표정이 역력한 채 북트럭을 밀며 지나간다. 지호, 책상 한 곳에 앉아 펼쳐놓은 책을 건성으로 넘기며 미소 짓고 있다. 이내 정인의 뒷모습을 보다 책을 엎어놓고 쫓아간다.

28. 책장 사이

정인, 기호를 보며 책들을 꽂고 있다. 지호, 책장 사이로 쓰윽 들어와 책을 고르는 척한다. 정인, 보지도 않고 피식…. 손을 계속 놀린다. 기호를 보고는 위쪽에 꽂기 위해 까치발을 하며 애를 쓴다. 지호, 곁으로 온다. 정인, 책을 내밀며 한 손으로는 위치를 가리킨다. 지호, 정인의 허리를 감싸 쑥 들어올린다. 정인, 너무 놀라고 웃겨서 웃음이 터진다. 참으려 입을 막느라 책은 꽂지 못한다. 지호, 역시 웃음도 나오고 힘도 부쳐 정인을 내린다. 정인, 소리도 못 내고 웃으며 때리고 밀고 한다. 지호, 역시 웃으며 막아댄다. 이용객이 통로를 지난다. 정인, 얼른 정숙하며 일하는 척한다. 지호, 더 웃는다….

29. 서인의 집 _ 거실

형선, 서인, 재인 모여 앉아 있다.

형선   (재인 보며) 또.

재인   부모님이 세탁소 하신다까지만 들었어.

형선   (서인 보며) 넌. 이제 와서 감출 게 뭐 있어.

서인   감추기는. 난 잠깐 인사한 게 다야. 반듯해 보였어. 예의도 있고.

형선   (한숨이 툭…) 기가 막혀. 이런 건 남의 일인 줄만 알았는데….

재인   (얼결에) 큰언니는 뭐. (앗!)

서인   맞는 말인데 왜. (형선 보며) 엄마는 어떻게 할 생각이에요?

형선   무슨 생각이 있어. 니 문제 하나도 제대로 손도 못 대는 사람이. 정인이 일은 더 앞이 안 보인다.

재인   엄마, 작은언니는 그냥 엄마 안심시키고 싶은 거야. 자기가 나름 괜찮은 사람 만나고 있으니 한숨만 쉬지 말아라….

형선   정인이한테서 그런 눈을 처음 봤어. (잠시) 결혼 생각하는 것 같아.

재인   …! 벌써? (서인의 생각을 묻듯 본다)

서인   (재인과 눈을 마주치고는… 형선 보며) 만나봐요.

형선   (빤히 본다)

서인   엄마 또 후회하면 안 되잖아. 내 결혼, 직극직으로 말리지 못한 기 평생 한으로 남을 거라며. 정인이한테는 그러지 말아야지.

재인   …! 엄마, 반대할 거야?

형선   (생각만 많아져 시선이 뜬 채)

30. 실내 골프연습장 _ 휴게실 (밤)

시훈, 후배 변호사(남, 30대 중반)와 휴게실에서 땀을 식히며 음료수 마시고 있다.

후배	누군지 모르지만 제대로 걸리겠는데요.
시훈	(음료수를 마시다 흠칫해진다)
후배	요즘은 따귀만 때려도 짤 없는데, 부부 사이라 해도 물리적 강압에 의해서나, 위협이 가해진 성관계는 처벌돼요. 우리 로펌만 해도 부부간의 강간 고소 의뢰 많이 들어와.
시훈	(당혹) 야, 부부 사이인데 무슨….
후배	그렇지가 않다니까. 법적으로 일단 자기 결정권 침해에 해당되거든. 근데 누군데요?
시훈	어, 그냥 건너 건너 통해서 누가 좀 물어봐달래서.
후배	딱 들어보니까, 질 안 좋은 사람인데 가깝게 지내지 마. (휴대폰으로 시간 보며) 얼른 한 게임 더 하고 한잔하러 가요. (일어선다)
시훈	어…. (상기된 표정을 애써 감추며 일어선다)

31. 연습장 내 일각

시훈과 후배, 장갑을 꺼내거나 착용하며 온다. 시훈, 걱정이 가시지 않는다.

시훈	(도저히… 멈춰서) 야, 그럼… 폭행 같은 걸로 친권도 박탈되고 그래?
후배	미성년 학대 경우에. (아무래도) 설마… 이거 선배 케이스인 거야?
시훈	(뜨끔! 등을 퍽 치며 웃음 섞어) 사람을 뭘로 보고.
후배	그렇지. 아니, 하도 자세히 물어보길래. 막말로 선배 일이라 해도 나한테 맡기지 말라고. 이건 승산 없어. 지는 거야. (웃으며 간다)
시훈	(멋쩍게 웃던 표정이 싹 굳어진다)

32. 도서관 주차장 _ 기석의 차 안

기석, 정인에게 톡을 보내려 휴대폰 창을 열며 벨트를 푼다. 시선에 뭔가 걸려 앞을 본다. 유리 너머로 저만치에 정인과 지호가 지호의 차를 향해 걸어오고 있는 것이 보인다. 기석, 표정이 싸늘해지며 휴대폰 쥔 손이 스르륵 내려간다.

33. 주차장 _ 지호의 차

지호, 조수석에 정인이 오르면 휴대폰 보이며 '잠깐 통화…' 한다. 정인, 끄덕인다. 지호, 조수석의 문을 닫고 차의 뒤쪽으로 간다. 휴대폰 뒤적여 통화 버튼 누르고 귀에 대며 기석의 차를 본다. 기석의 차 안이 휴대폰 불빛으로 환해진다. 기석이 휴대폰을 내려다보고 이내 지호를 바라보는 모습이 보인다. 지호, 보고만 있다. 전화를 받지 않자 끊어버리고는 운전석으로 가서 탄다. 이내 기석의 차 안이 어두워진다. 지호의 차, 후미등에 불이 들어온다.

34. 도로 위 _ 지호의 차 안

정인, 조수석에 앉아 휴대폰 뒤적이며 "뭐 시켜 먹지? 뭐 먹고 싶어요?" 지호, 운전하며 "많이 먹는 사람이 골라야지" 한다. 정인, 흘긴다. 지호, 웃어 보인다. 정인, 다시 휴대폰 뒤적인다. 지호, 순간 날카로운 시선으로 룸미러 통해 뒤를 본다. 기석의 차가 따라오고 있다. 지호, 앞을 보며 생각이 많아진다.

35. 도로 위

지호의 차와 기석의 차가 간격을 두고 이어져 가고 있다.

36. 빌라 앞 _ 지호의 차 안

지호, 빌라 출입문 가까이에 차를 세운다. 바로 룸미러를 본다. 기석의 차, 저만치에 멈춰서 라이트를 끈다. 정인, 벨트를 푼다.

지호   먼저 올라가요. 주차하고 갈게.

정인   (찰나에 응? 하지만 끄덕이고 내린다)

정인, 빌라 안으로 들어간다. 지호, 유리 너머로 자신의 집을 본다. 이내 룸미러 본다. 기석이 차에서 내리는 것이 보인다. 지호, 바로 내려 집을 올려다본다. 자신의 집, 창에 불이 켜진다. 기석, 몇 걸음 걷다가 지호의 시선을 따라 집을 보고는 순간 멈춘다.

지호   (돌아서 다가간다) 더 설명이 필요해요?

기석   (태연한 척) 말했지. 난 니가 아니라니까. 이 정도 쯤이야.

지호   (허…! 다시 보며) 이정인 다시 만나요.

기석   …! (빤히…)

지호   우리가 헤어진 다음에.

기석   (허!) 야.

지호   그게 지금으로선 가장 후져지지 않으면서도 그나마 가능성 있는 방법이라 알려주는 거예요. 조금 있으면 창문 열 거예요.

기석   누가 겁나?

지호   난 겁나요. 한때 만난 사람의 실체를 정인 씨가 자꾸 알게 되는 게.

기석	(당혹…) 같잖은 잘난 척 말고, 올라가서 정인이나 내려오라고 해.
지호	(답이 없구나) 재주 있으면 데리고 가봐.
기석	…! 얻다대고 맞먹어?
지호	(버럭) 대접 받고 싶으면 먼저 똑바로 하든가! (확 돌아서다 뚝!)

정인, 출입구를 나오고 있다. 지호, 집을 올려다본다. 창문이 어느새 열려 있다. 하…. 정인을 향해 간다. 정인, 빠르게 다가오다가 지호를 스쳐 기석의 앞으로 간다. 지호, 멈칫하며 선다. 기석, 긴장하며 보고 있다. 정인, 기석의 앞에 선다. 지호, 돌아본다.

정인	알았어. 앞으로 하고 싶은 대로 해. 하게 해줄게.
기석	(무슨…?)
정인	우리 가족, 친구, 내 주변 누구든 만나. 나한테 밤낮없이 전화를 해도 좋고, 만나자고 하든, 찾아오든 다 해. 얼마든 상대해줄게.
기석	(당혹) 뭐하자는 거야?
정인	나 괴롭히라고. (눈시울이 젖기 시작한다) 오빠한테 상처 준 대가라고 생각할 테니까, 풀릴 때까지 해. 원망도 안 하고 짜증도 안 낼게. 지겨워질 때까지 하고 싶은 대로 해.
지호	(곁으로 와) 정인 씨, 들어가요.
정인	대신, 유지호는 안 돼.
지호	…! (정인을 본다)
기석	(정인을 뚫어져라)
정인	(그렁그렁) 나한테 해. 이 사람 힘들게 하면 무슨 짓이든 할 거야. 그게 누구든 상관없이. (매섭게 보는 눈에서 눈물이 떨어진다)

정인은 기석을, 기석은 지호를, 지호는 정인만 보고 있다.

37. 서인의 집 안

서인, 현관을 열어주고 앞서 온다. 시훈, 따라서 들어오다 흠칫한다. 재인, 소파에 앉아 휴대폰 뒤적이다 고개만 돌려 "오랜만이에요" 하고는 다시 휴대폰 본다. 시훈, 서인을 못마땅하게 본다. 서인, 빤히 본다.

시훈 처제, 우리는 조금 이따. (서인 보며) 잠깐 들어와. (침실로 향한다)
서인 (따라가며) 여기서 얘기해. (시훈의 서재로 들어간다)
시훈 (휙 돌아본다. 저게…)
재인 (시훈을 빤히 보고 있다)
시훈 (얼른 표정 바꾸며 서재로 들어간다)
재인 (못마땅하다는 듯 서재를 바라본다)

38. 시훈의 서재

서인, 의자에 앉아 있다. 시훈, 책상 앞으로 와서 앉는다.

시훈 (책상에 팔 괴며 가까이 와 작게) 동생 미리 불러다놓고 뭐하자는 거야.
서인 왜 갑자기 순진한 척이야. 이 정도는 충분히 예상할 사람이면서.
시훈 하…. 이혼 못한다고 했지.
서인 같은 얘기 반복할 거면 가. (벌떡 일어서는데…)
시훈 (얼결에 팔을 잡아 확 앉힌다)
서인 (놀라 본다)
시훈 (자신도 놀라 몸을 반쯤 일으켜 칸막이 너머로 재인을 본다)
재인 (거실에 앉아 휴대폰을 건성으로 뒤적이고 있다)
시훈 (휴…) 야, 친권 포기라니. 그건 인간이길 접으라는 소리랑 같은 거야.

서인	날 짓밟을 때 이미 짐승이었어.
시훈	(욱하려다) 지나간 거잖아. 잘못했다잖아.
서인	그럼 없던 일이 돼? 소송 준비나 해. (일어선다)
시훈	(벌떡) 애 태어나면 뭐라고 할래? 원래 아빠 없다고 할래?!
서인	멀쩡하게 살아 있는 사람을 왜. 교도소에 있다고 해야지.
시훈	(순간 손이 올라간다)
서인	(반사적으로 몸을 굽히며 양손을 올려 귀를 막는다)
재인	(놀란 눈으로 문을 확 연다)
시훈	(얼른 손을 내린다)
서인	(놀라 재인을 향해 가며 지레) 아니야, 재인아….
재인	(들어와 시훈만 보며 뿌리친다) 뭐하는 거야. 지금 때리려고 했어?! (서인 보며) 혹시 맞고 살았니? (대답이 없자) 이서인!
서인	재인아, 나중에….
재인	이 등신…. (시훈의 앞으로 와서) 너 뭐야. 니가 뭔데 우리 언니 때려?! (분노로 눈이 젖어든다. 한 손으로 가슴팍 퍽퍽) 뭔데, 뭔데 니가?!
시훈	(툭툭 뒤로 밀려간다)
서인	(재인의 팔을 당기며) 됐어, 재인아….
재인	놔아! (눈물이 뚝뚝) 나도 때려봐. (다가가며) 때려보라고!
시훈	왜 이래, 처제….
재인	왜 못 때려. 왜 못 때려! (양손으로 가슴팍을 확 밀며) 이 개자식아!!!

시훈, 확 떠밀려 의자에 걸치는가 싶더니 아예 미끄러져 책상 아래로 처박히듯 주저앉는다. 재인, "나와!" 머리채를 잡는다. 시훈, 악을 쓰듯 "아!!!" 서인, "재인아, 이러지 마" 손을 억지로 떼어내고는 뒤로 민다. 재인, 눈물 흘리며 "비켜. 죽여버릴 거야!" 시훈, 틈을 보다 재빠르게 밖으로 도망친다. 재인, "야, 남시훈!!!" 서인, 온 힘을 다해 몸부림치는 재인을 붙든다…. 재인, "언니, 너 뭐야. 난 척은 다 하고 살더니 이게 뭐냐고!!!" 털썩 앉아 운다…. 서인, 재인을 안고 그렁

해져 "미안해… 언니가 미안해…"

39. 영국의 집 _ 거실

영국, 방에서 나와 소파로 오다 슬쩍 흠칫해진다. 기석, 잔뜩 웅크린 채 소파에 앉아 있다. 영국, 심상치 않은 것을 느끼며 온다.

영국	(앉으며) 골나서 발길 끊은 줄 알았더니.
기석	(벌건 얼굴로 몸을 일으킨다)
영국	?! (어이없어) 주정하러 왔어?
기석	하면 받아주실 거예요? (픽) 다시 음악한다고 할까봐 불안하시죠.
영국	(어쭈) 음악 아니라 더한 것도 하겠더라. 사진 몇 장에 아주 스토리가 흥미진진해.
기석	(하…) 그거 별거 아니에요. 사진에 나온 애, 내 후배예요.
영국	(이건 또 뭔…?) 아는 사람이라는 말이야?
기석	후배라니까요. 내 소개로 좀 친하게 지내는 거지, 다른 거 없어요.
영국	(허!) 마음이 태평양같이 넓은 선배네.
기석	정인이 아버님, 퇴임 후에 무슨 자리 주실 거예요?
영국	…!
기석	시원하게 한자리 내주세요.
영국	(픽) 왜, 니 능력으로는 여자를 못 잡겠어?
기석	좀 부정한 방법을 써서라도 이기기만 하면 되죠. 아버지 특기잖아요.
영국	(순간 욱…! 매섭게 노려본다)
기석	만나보고 인정하셨죠. 네, 정인이 쉽게 잡히는 애 아니에요. 이정인이라 이런 꼴 보이게 된 거지, 제가 남들에 비해서 딸리는 게 아니에요. 그래서 더 못 놓겠어요. 억울하게 모자란 놈 될 수는 없잖아요.
영국	내가 부정한 방법으로 세상을 살았다고 생각하냐?

기석	엄마 닮아서 싫으셨죠. 이제부터 아버지처럼 살게요. 정인이 아버
	님, 밀어주세요. 나머지는 제가 해요. (날 선 눈으로 본다)
영국	(황당해 헛웃음마저 나온다)

40. 정인의 집 침실

스탠드만 켜진 침실. 재인, 문과 등을 지고 침대에 잠든 듯 누워 있다. 정인, 화장대에 선 채 화장품 뚜껑을 조심스럽게 닫고는 헤어밴드를 풀어놓는다. 놓아둔 휴대폰 들고 스탠드를 끄고 바닥에 깔린 이불로 들어가 눕는다. 재인, 갑자기 내려와 정인의 뒤에 누워 안는다. 정인, 흠칫한다.

재인	유지호 씨랑 헤어지지 마.
정인	(응…? 몸을 돌려 재인을 보려 한다)
재인	(더 안으며) 언니는 꼭 사랑하는 사람하고 오래오래 만나라고.
정인	(이상하지만… 이내 피식…. 재인을 팔을 꼭 잡고 눈을 감는다)

41. 오피스텔 인근 휴게 공간 (낮)

재인과 영재, 커피 마시며 앉아 있다. 재인의 옆에 작은 캐리어가 세워져 있다.

영재	큰언니네서 지내는데 왜 못 나와?
재인	큰언니가 좋아서. (마신다)
영재	(건성) 성인 씨를 더 좋아하는 줄 알았는데. (마신다)
재인	유지호 씨, 옛날 여자. 왜 도망갔어?

영재	… 정확한 이유는 지호도 모를걸. 그때 걔가 되게 어렸어.
재인	어리다고 다 도망가냐. 유지호 씨 혹시 여자한테….
영재	여자한테 뭐?
재인	아니, 그냥 혹시나. 사람 겉으로 봐서는 모르는 거니까. 쓰레기야?
영재	…! 쓰레기?
재인	뭐 그런 거…. 여자한테 함부로 하는…. 뉴스에 많이 나오잖아.
영재	(어이없어 하며 본다)
재인	혹시나라고 했지.
영재	지호가 이런 식의 오해 때문에 지금까지 더 몸 사리고 산 거야. 어떻게 했길래 여자가 그러냐… 다 지호 탓으로만 봐서. 그래, 겉만 보고는 모르는 거지. 그래도…. 왜, 정인 씨가 그런 의심해?
재인	…! 뭐래니.
영재	근데 왜 그런 말을 하냐고.
재인	언니가 좋아 죽겠대서. 진짜 좋아 죽어도 될 사람인가 궁금해서 물어봤다. 됐냐. (바로 어두워진다)
영재	(아무래도) 무슨 일 있지…?
재인	유지호 씨한테 하나만 전해줘. 누가 뭐래도 언니 옆에 있으라고. 데리고 도망을 가서라도 언니 놓지 말라고. (순간 울컥)
영재	…! 재인아….
재인	(벌떡) 가자. 큰언니 기다려. (커피를 들고 캐리어 끌고 간다)
영재	(커피 들고 쫓아가면서도 걱정하는 시선이다)

42. 도서관 _ 회의실 안

정인, 책과 서류들을 늘어놓은 책상 앞에 앉아 통화 중이다.

정인	미안해서 그러지. 재인이한테만 맡겨놓고 신경도 못 써줘서….

서인(F)	누가 누구를 걱정해. 엄마한테 들었어. 결혼 생각하는 거 아닌가 하셔서, 그럴 거라고 했는데…. 틀렸어?
정인	… 언니가 나에 대해서 틀리는 것도 있어?
서인(F)	아닌 거 같으면 나한테 못한 것까지 합쳐서 뜯어말리라고도 했어.
정인	(피식…) 잘했어.
서인(F)	동생이지만, 존경스럽다.
하린	(파일들을 안고 들어온다)
정인	웬 존경. 이상한 소리하지 마.
하린	(잘은 모르지만 웃으며 마주 앉는다)
서인(F)	진심이야. 두 사람 마음이 샘나게 부럽기도 하고.
정인	민망해서 더 못 들어주겠네.
서인(F)	끝까지 믿어줄게.
정인	고마워, 언니. 며칠 안에 갈게.
서인(F)	응, 수고해. (끊는다)
정인	(끊고 잠시 휴대폰을 내려다본다…)
하린	같은 건지는 모르겠는데, 저도 민망할 얘기 하나 해도 돼요?
정인	넌 또 뭐야.
하린	음…. 내 생각은 정리가 안 되고, 어디서 읽은 걸 인용하자면… 인간은 본능적으로 자신을 우선시하는 이기심이 있어서 연애에서는 상대를 먼저 생각하는 순간, 그 짧은 잠깐만 사랑인 거래요.
정인	… 사랑이라고 말한 시간들이 전부 사랑은 아니다…. 일리 있네. 근데 그게 왜 내가 민망할 얘기야?
하린	요즘 선배를 보면 그 반대인 것 같아서요.
정인	…! 오늘 왜들 이래. 혹시 나 생일이야? (웃으며 일에 손을 댄다)

43. 약국 안

영재, 대기석에 앉아 있다. 혜정, 겉옷을 입으며 조제실에서 나온다.
예슬, 지갑과 휴대폰 챙겨 일어선다.

혜정　　먼저 점심 먹고 와도 되는데.

영재　　아니에요. 학원 수업 오후라 시간 괜찮아요.

혜정　　이번에는 꼭 붙었으면 좋겠다. 그럼 우리 예슬이도 더 용기 낼 텐데.

영재　　(응?)

예슬　　고민 중이에요. 공시에 도전해볼까. 아무튼 꼭 합격하세요.

영재　　아… 네에…. (민망)

지호　　(조제실에서 나와 바로 영양제 박스 하나를 꺼내 데스크로 온다)

영재　　(지레) 영양제 달라고 온 거 아니야….

혜정　　지금은 체면도 사치지. (나간다)

예슬　　(웃으며, 지호 보고) 다녀오겠습니다. (따라 나간다)

영재　　(민망) 진짜 얘기하러 온 거야….

지호　　해. 아까 톡 뭐야. 도망가랬다고? (쇼핑백 꺼낸다)

영재　　재인이가 니네 커플 엄청 지지하니까 농담으로….

지호　　(영양제 담으며) 농담 아닌 거 같은데. 잘 참고하겠다고 해.

영재　　참고 좋아한다. 니가 도망을 가? 그 바른 성격에?

지호　　한 번 삐뚤어져보지 뭐. (입만 웃으며 본다)

44. 수영고 _ 교장실

태학, 창가에 서서 생각이 많은 표정으로 밖을 보고 있다가 영국을
보고는 얼른 책상으로 돌아간다.

45. 수영고 _ 건물 밖 일각

영국, 파일을 펼쳐 든 행정 직원의 얘기를 들으며 걸어오다 창을 보고 멈춰 섰다. 행정 직원, 시선을 따라 간다. 영국, 바로 태학의 심기를 눈치챘다. 다시 걷는다. 행정 직원, 다시 주절주절 떠든다. 영국, 듣는 둥 마는 둥 생각만 많아진다.

46. 수영고 _ 이사장실 안

영국, 의자에 깊숙이 앉아 생각에 빠져 있다. 책상 위에 펼쳐진 파일. 재단 조직도다.

47. 기석의 집 _ 거실 (밤)

기석, 방에서 사진이 든 서류 봉투와 새 서류 봉투를 들고 나와 소파에 앉는다. 안에서 사진들을 꺼낸다. 자신의 사진과 정인, 지호의 사진을 양쪽으로 나눠 놓는다. 정인과 지호의 사진을 추려 새 봉투에 넣고는 입구를 밀봉한다.

48. 남수의 집 앞 일각 (아침)

세탁소, 닫혀 있다. 남수, 주차된 지호의 차 뒷자리 카시트에 은우를 앉히고 벨트를 채우고 있다. 은우, 바람개비 두 개를 손에 쥐고 있다.

남수   (카시트 머리 받침 높이를 맞춰준다) 편해?

은우	(바람개비 흔들대며) 응.
남수	아빠하고 재미있게 놀다 와….
은우	선생님도.
남수	어, 그래. 그래….
지호	(은우 물건이 든 가방을 들고 나온다)
숙희	(뒤따라 나오며) 찬 거 사 먹이지 말고, 그 안에 보리차….
지호	(차로 가며) 처음 데리고 나가는 것도 아닌데 왜….
남수	(뒷좌석에서 몸을 일으키고는) 따라가고 싶은 모양이다.
지호	(픽. 은우 옆에 가방 놓으며) 이제 가자. (문 닫고) 안 늦게 올게요.
숙희	혹시 은우 칭얼거리면 바로 되돌아서….
남수	(숙희를 대문 쪽으로 밀며) 이러다 내일도 출발 못하겠다. 가, 얼른.
지호	(웃으며) 들어가세요. (운전석으로 가서 탄다)

남수와 숙희, 보고 있다. 이내 차에 시동이 걸린다. 지호, 은우 쪽 창을 열어준다. 남수와 숙희, 손 흔든다. 은우, 바람개비를 쥐고 흔든다. 지호, 차를 출발시킨다.

숙희	(멀어지는 차를 보며) 애는 두고 가라고 할걸 그랬나 봐….
남수	(황당한) 은우 데리고 놀러가자고 했잖아.
숙희	말만 그런 거지, 만나서 괜히 눈치 주고 그러면 어떡해….
남수	생각을 해도. 자꾸 그러면 말처럼 되는 거야. (앞서 대문으로 향한다)
숙희	(남수를 슬쩍 흘기고는… 괜스레 차가 간 방향을 본다)

49. 정인의 오피스텔 앞 일각 _ 지호의 차 안

지호와 은우, 조수석과 뒤쪽 창을 열어놓고 정인을 기다리고 있다.
정인, 나오다가 차를 보고 환하게 웃으며 빠르게 다가온다. 지호, 웃으며 눈 마주치려는데… 정인, 쌩하게 뒷좌석 쪽으로 간다. 지호, 웃음이 뚝.

정인	(뒷좌석 앞으로 가서) 은우야, 안녕!
은우	(바람개비 하나를 건넨다)
정인	안 잊어버리고 가져왔네. 고마워! (얼굴을 쓰담쓰담…)
지호	(앞만 보고 있다)
정인	(조수석에 탄다. 지호를 보며) 아는 척 안 해요?
지호	(힐끗, 기껏) 왔어요.
정인	왜 삐졌어?
지호	뭘. (벨트 채우며) 벨트나 매요.
정인	(채우며) 은우야, 아빠가 괜히 혼자 삐지셨다?
은우	바보.
지호	…! (룸미러로 은우를 슬쩍 흘긴다)
정인	(웃음을 꾹 참으며 앞만 보고 있다)
지호	(정인도 얄밉다)
정인	(바람개비로 가리며) 얼굴 뚫어지겠네.
은우	얼굴 뚫어지겠네.
정인	풉! (바람개비 사이로 지호를 본다)
지호	오늘 하루가 벌써 두렵다. (웃으며 시동 건다)

50. 태학의 아파트 1층 (낮)

퀵서비스 직원, 헬멧을 쓴 채 서류 봉투 하나를 들고 입구로 들어와 우편함 앞으로 간다. 호수를 살펴보다가 태학의 집 우편함에 봉투를 끼워 넣고는 되돌아 나간다. 엘리베이터 열린다. 태학, 휴대폰을 받으며 부지런히 나온다. "결혼식은 좀 늦어도 돼…. 지금 나왔다니

까" 하다가 우편함을 본다. "알았어, 이따 봐" 끊고는 우편함으로 가
봉투를 꺼내 앞뒤를 살펴보는데 아무것도 적혀 있지 않다. 뭐야…?
뜯으려다가 휴대폰으로 시간을 보고는 '나중에 보자…' 하고 다시
구겨 넣고는 입구로 나간다.

51. 놀이공원 내 (1)

은우, 모형물들이 신기해 이리저리 뛰어다니며 구경하고 있다. 정
인과 지호, 웃으며 따라가고 있다. 정인, 한 모형물을 보고는 뛰어가
은우를 데려와 같이 서며 휴대폰 꺼내든다. 지호, 얼른 가서 함께 서
려 한다. 정인, 지호에게 휴대폰 건네며 고갯짓한다. 지호, 순간 인
상. 정인, 누르듯 본다. 지호, 터덜터덜 되돌아가서 사진 찍으려 한
다. 정인과 은우, 모형물을 사이에 두고 자세를 잡고는 환하게 웃는
다. 지호, 어느새 두 사람보다 더 밝게 미소 짓고 있다.

52. 놀이공원 내 (2)

공연이 한창 진행 중이다. 아이들과 어른들이 가득 모여 있다. 정인,
앞서 뛰어온다. 지호, 은우의 손을 잡고 따라온다. 사람들이 많아 잘
보이지 않는다. 지호, 은우를 안아 올려 보여준다. 정인, 휴대폰으로
두 사람의 모습을 담는다. 앞에 사람 몇몇이 빠져 나간다. 바로 사람
들이 채워진다. 지호, 얼른 은우를 내려 앞에 세워 보게 한다. 정인,
보려고 지호의 한쪽 어깨를 짚고 폴짝폴짝 뛰다가 지호를 돌려 세
워 어깨에 양팔을 척 얹는다. 지호, 황당해한다. 정인, 태연하다. 지
호, 참 나… 웃으며 정인을 안아 올린다. 정인, 힘껏 뛰어올라 안긴
다. 지호, 휘청하지만 이내 웃으며 올려다본다. 정인, 아이처럼 웃으

며 공연을 본다.

53. 놀이공원 내 산책길

나무들이 우거진 길이 길게 이어져 있다. 정인과 지호, 은우를 사이에 두고 행인에게 부탁해 사진 찍고 있다. 지호, 인사하고 휴대폰 받아든다. 지호, 은우의 손을 잡는다. 정인, 옆으로 가서 선다. 정인과 은우, 자연스럽게 손을 잡는다. 세 사람, 서로의 손을 이어 잡고 천천히 길을 따라간다….

54. 산책로 내 벤치

은우, 저만치 떨어져서 지호의 휴대폰 들고 여기저기를 마구 찍어대고 있다. 정인과 지호, 은우를 보며 벤치에 앉아 있다.

지호   힘들죠?
정인   나까지 안아주느라 지호 씨가 힘들지. 아빠한테도 못 받아본 거야.
지호   기억을 못하는 거겠지.
정인   그런가. (은우 보며) 은우는 오늘을 기억할까요?
지호   (은우를 아련히 보며…) 할 거예요. 분명히.
정인   (그런 지호를 잠시…. 휴대폰 꺼내 카메라로 바꾸며 은우에게 간다) 은우야, 이제 이걸로 찍어. (휴대폰을 바꾸고는 지호의 휴대폰 속 사진을 뒤적이며 다시 와서 앉는다. 한 사진에서 멈추고는 내민다)
지호   (받아들고 내려다본다. 좀 전에 세 사람이 찍은 사진이다)
정인   침대에 있는 사진, 그걸로 바꿔줘요.
지호   …! (본다…. 이내 다시 사진을 내려다본다)

243

정인	(뭐야…) 일차 실패. (벌떡 일어나 은우에게 간다)
지호	(응…? 눈으로 정인의 모습만 좇는다)

정인, 은우 옆에 앉아 귀에 대고 뭔가를 얘기한다. 은우, 웃으며 "좋아요" 말한다. 정인, 환하게 웃으며 은우와 하이파이브 한다. 은우, 지호에게 뛰어온다.

은우	아빠.
지호	응?
은우	선생님이, 은우엄마 되고 싶은데 어때? 그랬어.
지호	…! (정인을 본다)
정인	(미소 지으며 딴청 피우고 서 있다)
지호	(은우를 다시 보는데 눈시울이 젖어들기 시작한다) 그래서… 뭐라고 대답했어…?
은우	좋아요!
지호	(그렁해진다…)
은우	(놀라 울먹이려 한다)
지호	(그렁한 채 쓰담쓰담… 겨우) 잘해서. 잘했다고…. (은우를 벤치에 앉혀주며) 잠깐 있어. (정인에게 다가간다)
은우	(찍은 사진들을 넘겨보며 이내 생글생글)
지호	(정인의 앞에 선다)
정인	(힐끗) 그래요. 나 자존심 없어. 프러포즈 일차 실패한 것쯤이야 뭐.
지호	(진짜…) 이정인….
정인	나 못된 건 이미 알죠? 아, 잠자리 험한 것도 알고, 또 뭐 있지….
지호	진짜… 정말… 우리한테 오는 거예요…?
정인	응. 할머니 될 때까지 내가 못 기다리겠어. (미소 짓는다)
지호	(당겨 안는다)
정인	(잠시…. 고개만 들고) 미리 말하는데, 나 악처될 거야.

| 지호 | (웃음 섞여) 알고 있어. (다시 꼭 안는다) |
| 정인 | (안긴 채 미소 짓는다) |

55. 지방 국도 _ 지호의 차 안 (초저녁)

정인과 지호, 은우가 탄 차가 달리고 있다.

56. 국도 변 _ 강가 일각

강 위로 노을이 떨어지고 있다. 지호의 차, 뒷자리 창을 반쯤 열어놓은 채 세워져 있다. 은우, 잠들어 있다. 차 보닛 위에 마시던 커피 두잔이 놓여 있다. 차 바로 옆 일각. 지호, 정인의 어깨를 감싸고 정인, 지호의 허리를 두르고 나란히 서서 강을 바라보고 있다. 지호, 정인을 본다…. 정인, 지호를 본다…. 입을 맞추고는 서로에게 미소를 건넨다. 다시 강을 바라본다. 정인, 지호의 어깨에 머리를 기댄다. 두 사람, 노을이 지는 하늘과 강을 바라보며 서 있다.

57. 태학의 아파트 1층

태학, 엘리베이터로 향하다가 우편함을 보고는 다가가 서류 봉투를 꺼낸다. 역시 이상하다는 생각이 든다. 앞뒤를 살펴보며 엘리베이터 앞으로 간다. 올라가는 버튼을 누른다. 봉투 입구를 찢는다. 안의 사진들을 꺼낸다. 넘겨 보며 표정이 점점 경직된다. 지호와 은우의 사진에서 멈춘다. 엘리베이터 문 열린다. 대학, 타지도 않고 사진만 뚫어져라 내려다본다.

58. 남수의 집 마당

남수, 소파에 앉아 돋보기 쓰고 영수증들을 정리하고 있다. 숙희, 걱정
스러운 표정으로 휴대폰 쥐고 대문 앞 계단에서 내려와 거실로 온다.

숙희   (마루로 올라서며) 이번에는 당신이 전화 좀 해봐.

남수   아까 저녁 먹고 출발한댔다며.

숙희   (앉으며) 근데 왜 여태 안 오냐고.

남수   지 애비가 데리고 있는데 뭐가 걱정이야. (다시 손 놀린다)

숙희   둘만 있는 게 아니잖아.

남수   더 좋지. 은우랑 가까워지고.

숙희   … 결혼, 할까?

남수   그럼 더 바랄 게 없지.

숙희   어떤 여자인 줄 알고. (퍼뜩!) 이따 여기 같이 오려나? 그럼 슬쩍 들
        어와보라고 할까?

남수   …! (돋보기 벗고 보며) 너무 갑작스럽지 않겠어?

숙희   당신도 궁금하긴 하네.

남수   궁금이야 하지. 이렇게 가깝게 지낸 여자가 없었으니까.

숙희   그래서 더 걱정이라고. 실컷 마음 줬다 옛날처럼 잘못되기라도 하
        면 그 상처를 어떡할 거야. 더구나 이번에는 은우까지 겪게 되는 건
        데. 아침에 보낼 때도 내가 왜 그랬게. 다 그런 속이 있어서야.

남수   (표정이 슬쩍 어두워진다)

59. 태학의 집 안

테이블에 입구가 찢긴 서류 봉투 놓여 있다. 형선, 소파에 앉아 놀란 눈
으로 사진들 보고 있다. 태학, 흥분한 표정으로 앉아 형선을 보고 있다.

태학	당신 진짜 뭔지 몰라?
형선	모르지…. 내가 어떻게 알아….
태학	(휴대폰 꺼내 전화하려는데 흥분해 조작이 빨리 안 된다) 아잇!
형선	(얼른 뺏어 내려놓으며) 내가 할게.
태학	지금 당장 오라고 해.
형선	알았어. (얼른 일어나 안방으로 향한다)
태학	(버럭) 안 오면 가만 안 둔다고 해!

60. 도로 위 _ 지호의 차 안 (밤)

은우, 뒷자리에서 조수석 거치대에 끼워진 휴대폰으로 애니메이션 보고 있다. 지호, 운전하고 있다. 정인, 조수석에서 지호 쪽으로 몸을 조금 틀어 앉아 있다.

정인	은우가 타고 있어서 운전 교대를 못 했어.
지호	내가 지금 피곤하겠어요? 잠도 안 올 것 같은데.
정인	잠은 내가 안 오지. 일차 프러포즈를 거절당했는데.
지호	…! 그건, 감은 왔었다니까….
정인	됐어. 은우 아니었으면 시집도 못 갈 뻔했어.
지호	(룸미러 보며) 내 아들 장하다.
정인	(웃는데… 휴대폰 진동온다. '엄마'다. 흠칫…! 지호의 반대편으로 고개를 돌리며 받는다) 어….
형선(F)	(다급) 아빠가 알았어. 너 어디든 도망가!
정인	(기겁하며 자동으로 지호를 탁 본다)

엔딩.

One

Spring

Night

14부

밤

1. 도로 위 _ 지호의 차 안 (밤)

은우, 뒷자리에서 조수석 거치대에 끼워진 휴대폰으로 애니메이션
보고 있다. 지호, 운전하고 있다. 정인, 조수석에서 지호 쪽으로 몸
을 조금 틀어 앉아 있다.

정인   (웃는데… 휴대폰 진동온다. '엄마'다. 흠칫…! 지호의 반대편으로 고개를
          돌리며 받는다) 어….
형선(F)   (다급) 아빠가 알았어. 너 어디든 도망가!
정인   (기겁하며 자동으로 지호를 탁 본다)
지호   (힐끗 보다 흠칫한다)
정인   (형선의 말이 들리질 않는다. 긴장한 듯) 다시 전화할게. (얼른 끊고는, 순
          간 정신이 없다…. 어떡해야 돼)
지호   (아무래도…. 주변을 살피고는 방향등을 켜고 차를 세우려 한다)
정인   (의식 못하고 여전히…)

2. 상가 주변 일각

지호의 차, 비상등을 켜고 세워져 있다.

3. 상가 주변 _ 지호의 차 안

지호, 걱정스러운 표정으로 정인을 보고 있다. 정인, 생각이 많아 시선도 못 주고 있다.

지호   우선 집에 가서 은우부터….
정인   아니, 내가 여기서 내릴게.
지호   진짜 혼자 도망이라도 가게?
정인   (보며) 나부터 살고 봐야지. 잘 쫓아와요. 한눈팔다 놓치지 말고. (미소를 건넨다)
지호   (웃지 못한다. 걱정 어린 시선만…)

4. 남수의 집 안

지호, 잠든 은우를 안고 가방을 쥐고 마당을 지나온다. 남수, 맨발로 내려서 은우를 받아 안는다. 숙희, 안방에서 나온다. 지호, 마루에 가방을 내려놓는다. 남수, 은우의 방으로 향한다. 숙희, 단박에 지호의 어두운 표정을 알아채고는 살핀다. 지호, 남수가 방으로 들어가는 것만 보고 있다. 남수, 방으로 들어간다.

지호   (바로) 가봐야 돼요. 전화할게요. (바로 돌아 대문으로 향한다)
숙희   …! (내려와 신발을 신고 돌아보는데, 이미 나갔다. 어리둥절…)

5. 남수의 집 앞 일각

지호의 차에 후미등 들어온다. 지호, 차를 몰고 빠르게 출발한다. 숙희, 대문을 나와 막 출발한 차의 뒷모습을 바라본다. 계단을 내려와 멀어지는 차를 보며 걱정이 어린다….

6. 태학의 아파트 앞 일각

택시, 멈춰 선다. 정인, 계산하고 내린다. 택시, 떠난다. 정인, 아파트를 올려다본다. 두렵다. 두 걸음쯤 내딛다 멈춘다. 다시 올려다본다.

7. 태학의 아파트 1층 _ 엘리베이터

정인, 각오를 다진 표정으로 엘리베이터에 타고 있다. 문이 닫힌다.

8. 시인의 아파트 _ 단지 내 휴게 장소

재인과 영재, 아이스크림 빨며 앉아 있다.

영재   (아파트를 바라보며) 어떻게 하면 이런 데서 살 수 있을까?

재인   공시 합격해서 아나운서랑 결혼해.

영재   …! (슬쩍 흘기듯…. 휴대폰 진동 온다. 확인하고 바로 받는다) 어.

지호(F)   (다급) 재인 씨 전화번호 뭐야.

영재   ?! (재인을 보며) 재인이? 지금 나랑 같이 있는데.

지호(F)   바꿔봐.

영재	어. (건네며) 지호.
재인	(응? 귀에 댄다) 여보세요?
지호(F)	부모님댁이 몇 동 몇 호예요?
재인	…! 왜요? 언니한테 무슨 일 있어요?

9. 태학의 집 안

정인, 들어온다. 형선, 정인의 방에서 놀란 표정으로 나온다.

형선	(작게) 너 어쩌려고…. (지레 안방 쪽을 본다)
정인	사진은 뭐야.
형선	내가 알아? 누가 보냈는지도 안 적혀 있다니까.
정인	(도대체…. 우선) 아빠는?
형선	(떠밀며) 됐어. 빨리 가. 초상 치르기 싫으면 빨리 가라고.
정인	(팔을 치우며) 죽을 각오는 이미 했어. (지나쳐 안방으로 향한다)
형선	(어떡해…. 쫓아간다)

10. 태학의 서재

태학, 무거운 표정으로 앉아 있다. 정인, 가방을 내려놓고 앞에 무릎을 꿇고 앉는다. 형선, 화장대 앞에서 불안해하며 서 있다. 태학, 탁자 위의 사진들을 던지듯 놓는다. 흩어진 사진들 중 지호와 은우의 사진도 몇 장 보인다. 사진들이 정인의 앞으로 떨어져 내린다. 정인, 내려다본다. 사진 속 지호와 은우가 웃고 있다.

태학	설명해봐.

정인	(태학을 본다)
태학	그 사진에 있는 곡절이 뭔지 설명해보라고!
정인	… 보신 그대로예요. 그 사람한테 아이가 있어요.
태학	허…! 너 도대체…?
정인	결혼할 거예요.
태학	…! (너무 황당해 순간 멍…)
형선	(얼른 들어와 정인의 옆에 앉는다) 정인아, 이런 문제는 이런 식으로….
태학	식이고 나발이고 지금 제정신 갖고 하는 소리야?! 허락해주세요도 아니고, 할 거다? 이게 통보할 얘기야?! 니가 아주 부모 알기를…!
정인	다시 말씀드리면 허락해주실 거예요?
태학	이게 그래도…!
형선	그래, 지금 너무 일방적이야. 엄마 아빠한테도 고민할 시간을 줘야지.
정인	절대 안 된다만 있잖아. 이미 정해놨잖아. 그게 무슨 고민이야.
태학	말 잘했다. 절대 안 된다를 떠올린 것 자체가 얼토당토않은 짓인 걸 너도 안다는 뜻 아니야.
정인	맞아요. 말도 안 돼. 나도 내가 이럴 줄 몰랐어. 어느 땐 멍해지기도 해. 내가 어쩌다, 어떻게 하다가…. 근데 단 한 번도 후회는 안 했어요. 그래서 내가 먼저 결혼하자고 했어요.
형선	(헉!)
태학	(기가 차…. 헛웃음을 툭) 데리고 와봐.
정인	…! 싫어요.
태학	왜 싫어. 결혼하겠다며.
정인	그 사람 불러다 온갖 모욕 줘서 나가떨어지게 하려는 거 다 알아. 저한테 하세요. 맞다 죽는 한이 있어도 그 사람은 못 데려 와.

11. 태학의 아파트 앞 출입구 일각

지호, 긴장한 표정으로 휴대폰만 쥐고 걸어와 선다. 올려다본다. 휴대폰 진동 온다.

지호   (받는) 여보세요?

재인(F)   재인이에요. 엄마가 전화를 안 받아서 어떤 상황인지 모르겠어요.
          일단 지금 내가 가고 있어요.

지호   난 집 앞이에요.

재인(F)   (놀란다) 올라갈 건 아니죠?! 절대 안 돼. 우리 언니 죽어요….

지호   (굳어진다…)

12. 태학의 집 _ 서재

태학, 팔을 벌려 테이블 양끝을 꽉 잡은 채 정인을 노려보고 있다.
정인, 젖은 눈으로 시선을 내린 채 꼿꼿하게 앉아 있다. 형선, 얕은
한숨만 내쉰다.

태학   기석이하고 안 만나도 좋아.

정인   (미동도 없다)

태학   (이런…. 큰 마음 먹은 양) 알았어. 퇴임하고 재단 일도 포기할게.

형선   …! (황당한 표정으로 본다)

태학   (찔리면서도) 왜. (정인 보며) 아빠도 깔끔하게 포기한다고.

정인   죄송해요. 전 포기 못해요.

태학   …! (테이블 잡은 손에 힘이 들어간다)

형선   일방적이라고. 고집만 세우지 마. 너도 시간 두고 더 생각해야 돼.

태학   무슨 생각을 해?! 이건 무조건 안 되는 거야. 가능성 제로. 영!

형선	당신도. 우리는 의견을 줄 수는 있어도 결정은 정인이 몫이야.
태학	부모가 왜 있어. 허수아비처럼 서 있기만 하는 게 부모야?!
형선	마음대로 휘둘러도 되는 것도 아냐.
정인	그만해. 상처 드리는 거, 알아요. 너무 죄송해요…. (눈시울 젖는) 엄마 아빠, 아프게 하고 싶지 않은데… 정말 너무너무 미안한데… 내 마음이… 마음대로 안 돼요….
태학	니가 말만 따따거리지, 속이 여려 빠져서 그래. 지금도 충분히 끊어 낼 법도 한데, 이 사람 저 사람 생각하느라 머뭇대는 거야. 뭐가 어려워. 눈 질끈 감고 (지호의 사진 몇 장 확 집어 찢으려 한다)
정인	(순간) 하지 마! (테이블을 뛰어 넘을 듯 손을 뻗어 사진을 빼앗고는 구겨진 사진을 손바닥으로 문질러 편다. 눈이 그렁그렁해진다)
형선	(세상에…. 정인의 모습에 놀라 본다)
태학	(기막혀…)

13. 회전초밥집

기석과 시훈, 나란히 앉아 술을 마시고 있다. 두 사람, 건배한다. 기석, 마시고는 휴대폰을 눌러 화면을 밝혀 본다. 시훈, 잔 내려놓으며 뭔가…? 하는 감이 온다.

시훈	여기 왔을 때부터 핸드폰을…. 뭐 기다리는 연락 있어?
기석	…! (얼른 잔 채우며) 아뇨.
시훈	(있네…) 오늘따라 유난히 빨리 달리기도 하고…. 뭔 일 있지, 너?
기석	(뜨끔) 일은 형님이 있죠. 얘기 좀 더 해보세요. 아빠되는 기분.
시훈	아, 뭐…. 아직은 실감이 안 나지. 근데 부담되면서도 슬쩍 든든한 건 있어. 세상 무서울 거 없을 것 같은. 다 덤벼라, 뭐 그런.
기석	(순간 지호의 말이…. 굳어져 흘리듯) 아이가 진짜 그런 존재인가….

시훈	알고 싶으면 우선 결혼부터 해. 뭐하냐, 맨날 말로만 그러고. (마신다)
기석	(픽) 형님도 말로만 도와준다고 하시잖아요.
시훈	(순간 당황)
기석	농담이에요. (잔을 채워준다)
시훈	(받으며 빤히…. 웃기네)
기석	(놓으며) 결혼하실 때 솔직히 어떠셨어요?
시훈	…! 솔직히라니?
기석	우리끼리니까.
시훈	뭘.
기석	너무 불꽃 튀면서 하신 건 아니잖아요.
시훈	(순간 굳는다)
기석	(시훈의 한쪽 손을 꾹) 그래서 우리끼리라고요. 동변상련. 정인이도 지금 뾰족하게 구는 거 아시잖아요. 형님한테 정신 교육 좀 받게. 결혼까지는 어떤 각오여야 되나. (빙긋)
시훈	(뭐야, 이거…. 슬쩍 헛웃음 짓는다)
기석	(잔 들고 건배하려 하며) 확 그냥 멀리 데리고 가서 살아버릴까요?
시훈	(황당…. 마지못해 잔을 맞추고) 그러든가.
기석	그것도 괜찮은 것 같아. (웃으며 마신다)
시훈	(미쳤나…. 잔을 든 채 멍하니 본다)

14. 태학의 아파트 출입구 일각

지호, 초조한 표정으로 휴대폰을 꼭 쥐고 서성대고 있다. 재인, 저만 치서 뛰어온다. 영재, 그 뒤에서 빠르게 걸어오고 있다. 지호, 고개 돌리다 두 사람을 본다.

| 재인 | (헉헉…) 언니 연락 왔어요? |

지호	아뇨.
재인	미치겠네…. (집을 올려다본다)
영재	(다가와 지호를 걱정스럽게 본다)
재인	상황 보고 연락할게요. (가려 하는데)
지호	무슨 일이 있든 괜찮아요. 여기 있을 거니까 꼭 연락 줘요.
재인	(… 끄덕이고 빠르게 출입구로 향한다)
지호	(재인의 뒷모습을 뚫어져라…. 순간 흠칫하며 영재를 본다)
영재	(지호의 손에서 휴대폰 뺏어 든다) 손이 터지든, 핸드폰이 박살나든 둘 중 하나 하겠다.
지호	(순간 멋쩍은…. 휴대폰 쥐었던 손을 다른 손으로 주무른다. 이내 아파트를 다시 올려다본다)

15. 태학의 집 _ 거실

재인, 최대한 소리나지 않게 현관문을 닫고 눈치 살피며 들어온다. 정인, 눈물을 닦으며 서재에서 나온다. 재인, 흠칫! 일각에 가방을 던지듯 놓으며 다가간다.

재인	언니….
정인	(재인을 보자 더 그렁해진다)
형선	(쫓아나오다 재인을 보고 슬쩍 놀라지만) 이러고 그냥 가면 어떡해….
정인	더 무슨 말을 해.
형선	아빠 저러는 거 전혀 이해 못할 일 아니야.
정인	나도 알아. 내가 다 잘했댔어? 근데 너무….
태학	(나오며) 너무 뭐?! 너 내가 지금 얼마나 참고 있는 줄 알아?! 이게 무슨 창피야. 내일 당장 이사장 얼굴을 무슨 낯으로 봐?!
형선	…! 사진, 이사장님이 보낸 거야?

태학	딱 보면 몰라? (정인 보며) 너, 내가 전에 뭐랬어. 어떻게 하고 다녔 길래 소문이 파다하냐고 했지. 결국 이사장이 꼬리 밟은 거 아니야!
정인	(허…!)
태학	이제 기석이하고 다시 만날 수도 없어. 알아?!
정인	잘됐네.
태학	이게 그래도…! (앞으로 온다)
형선	(앞을 막아서며) 여보….
태학	(확 밀어내며) 비켜!
재인	(순간 태학과 등을 지며 정인 앞에 서서 작게) 유지호 밑에 있어.
정인	(흠칫!)
재인	(바로 뒤돌아 막아서며) 아빠, 말로 해. 말로….
태학	저리 안 비켜!
정인	(그대로 현관으로 뛰어 나간다)
태학	…! 야!
재인	(기를 쓰며 막는다…)

16. 회전초밥집

기석과 시훈, 여전히 자리를 이어가고 있다. 둘 다 제법 취했다. 기석, 또 휴대폰 창을 툭 쳐서 밝혀본다. 아무런 연락이 없다. 픽 웃음 마저 난다.

시훈	야, 자본주의에서는 돈이 갑이야. 전지전능.
기석	에이…. (마신다)
시훈	에이? 야, 돈으로 안 되는 게 어디 있어. 사람의 마음도 살 수 있는 게 머니야. 머니.
기석	그건 조금 슬프다! (제 잔을 채운다)

시훈	까놓고 말해? 내가 병원 확장을 왜 하려고 했는데. 환자 편의는 무슨. 우리 와이프가 어디 가서 내 남편, 이 정도다. 이게 뭐겠어. 허세? 아니지. 진실은 사랑인 거야. 숨겨진 사랑.
기석	그럼 더 했어야지. 왜 중단하셨어요.
시훈	(병을 휙 가져오며) 에라이. 대출도 처리를 못해준 게. (채운다)
기석	우리 아버지 건물 물려받으면 공짜로 들어오게 해드릴게요.
시훈	…! (병을 놓으며 본다)
기석	너무 편파적인가? 월 백만 원! 단, 우리가 가족이 먼저 돼야지.
시훈	(뭐야…) 참 재미진 얘기다. (잔을 든다)
기석	농담 아닌데.
시훈	(멈칫…. 다시 내려놓는다)
기석	형수님한테 정인이 좀 설득시켜달라고 해주세요. 결혼만 성공하면, 두 분한테 섭섭지 않게 보답할게요.
시훈	(빤히…)
기석	(테이블과 시훈의 의자 등받이에 한 팔씩 얹고 가까이 다가오며 귓속말하듯) 다시 얘기할게요. 진짜 농담 아니에요. (눈빛은 날이 선 채로 씨익)
시훈	(흠칫! 몸을 슬쩍 뒤로 하며… 어색한 웃음) 어, 진담 같아….

17. 아파트 출입구 일각

지호, 먼발치에서 휴대폰과 출입구를 연신 번갈아보며 초조해하고 있다. 영재, 일각에 떨어져 이따금 지호를 돌아보며 통화하고 있다. 지호, 순간 흠칫해지며 출입구로 향한다. 정인, 나오고 있다. 지호, 정인이 혼자인 것을 알고 빠르게 간다. 영재, 통화하다가 돌아본다. 지호, 정인의 앞으로 뛰어가고 있다. 정인, 지호를 보며 씨익 웃어 보인다. 지호, 표정만으로도 아프다. 정인을 품을 듯 꼭 안는다….

18. 태학의 집 안

형선, 주방 식탁 앞에 앉아 팔을 괴고 이마를 짚고 있다. 태학, 소파
에 넋을 놓은 듯 앉아 있다. 재인, 두 사람 사이에 서 있다가 가방을
집어 들고 현관으로 간다. 형선과 태학, 미동도 없다. 현관 센서등이
켜졌다가 곧 꺼질 뿐이다.

19. 정인의 집 현관 앞

정인과 지호, 손을 잡고 나란히 걸어온다. 정인, 현관문 번호키를 누
른다. 지호, 자연스럽게 손잡이를 돌려 문 연다. 정인, 들어간다. 지
호, 들어간다.

20. 태학의 집 _ 주방

형선, 정인의 방에서 나오다 멈춰 선다. 주방만 불이 켜져 있다. 태
학, 식탁 앞에 구부정하게 앉아 있다. 형선, 뒷모습을 가만히 바라본
다…. 태학, 잔에 소주를 채워놓았을 뿐, 마시지 않았다. 잔만 내려
다보고 있다….

21. 정인의 침실

문 닫힌 침실. 정인, 옷을 갈아입었다. 가방에서 사진들을 꺼내 그
중 구겨진 것들을 골라내 화장대 서랍에 넣는데 기석이 준 반지함
이 보인다. 잠시 내려다본다….

노크 소리 난다. 정인, 얼른 사진을 넣고 서랍 닫는다. 나머지 사진들 들고 문을 연다.

지호	와인 어딨…. (사진을 본다)
정인	(내민다)
지호	(받아 쓱쓱 넘겨본다) 잘 나왔네.
정인	…!
지호	어렵게 꺼낼 얘기 대신 해줘서 고맙지 뭐.
정인	(뺏어 화장대에 놓으며) 난 그냥 못 넘어가. (나가려 한다)
지호	(잡는다)
정인	지호 씨가 내 입장이라면 참고 말 거예요?
지호	(팔을 놓는다)
정인	… 고마워. (나간다)
지호	(잠시 그대로…)

22. 정인의 집 _ 거실

소파 테이블에 향초만 켜놓아 어둑한 집 안. 테이블에 마시던 와인과 잔들, 간단한 안주가 담긴 접시 놓여 있다. 정인과 지호, 바닥에 나란히 앉아 있다. 정인, 지호에게 팔짱을 끼고 머리를 기대고 있다.

정인	내가 지호 씨를 만나서 감사한 게 뭔 줄 알아요? 내 자신보다 먼저 생각할 수 있는 사람이 생긴 거. 그리고… 용기.
지호	원래 용감하잖아.
정인	그런 줄 알았는데, 그동안은 용감한 척 위장한 객기였더라고.
지호	반대로, 날 만나서 겪지 않아도 될 일도 겪고 있지….
정인	자기가 말했어. 널 위해 떠나주겠다, 따위의 핑계 댈 생각 말라고.

지호	(픽…) 또 내 무덤 팠네. (잠시) 용기도 좋고, 용감한 것도 좋은데 지금처럼 몸만 말고, 마음도 기대요. 정인 씨한테 그래줄 수 있는 사람 되고 싶어.
정인	(울컥해진다…. 얼른 지호의 등에 얼굴을 기대며) 엄청 기대야지. 나중에 딴소리하기만 해.
지호	집에서 상처 많이 받았죠….
정인	(기댄 채 고개 젓는다)
지호	오히려 내가 상처주는 사람이 됐네…. (고개를 떨군다)
정인	(느낀다…) 힘들어하면 안 돼. 누가 뭐래도 이정인은 유지호인데, 힘들어하면 웃긴 거야. (눈가가 젖어든다)
지호	(이미 젖은 눈…. 젖은 목소리로 겨우) 그러게. 웃기네….
정인	(울먹이는) 웃기다니까.
지호	(정인이 울고 있는 것을 느낀다. 팔짱 낀 정인의 손을 떼어내 보려 한다)
정인	(지호의 팔을 더 당기며 뺨을 등에 붙인다)
지호	… 안아줄게.
정인	지금은 내가 안아줄래…. (다른 팔로 지호의 등을 감싸 꼭 당긴다)
지호	(등을 내어준 채 눈가가 더 젖어든다)

23. 태학의 집 안 (낮)

형선, 식탁에 크기가 다른 쇼핑백 두 개를 놓고 반찬통 뚜껑 닫아 나눠 넣고 있다. 재인, 냉장고 앞에서 컵에 주스를 따라 마시고 있다.

형선	작은 건 정인이 거. 현관에 덜렁 놓고 오지 말고 냉장고에 넣고 와.
재인	신 여사님 속도 좋아. 뭐 예쁘다고 반찬까지 싸줘?
형선	(대꾸 않는다)
재인	(눈치 쓱 보며 식탁에 컵 놓고 집 안을 어슬렁대며) 아빠는 뭐래?

형선	뭐라 해야 알아?
재인	둘이 좋다는데 그냥 하고 싶은 대로 하라 그래.
형선	(으휴…) 넌 부모되지 마.
재인	큰언니가 왜 엄마한테 유지호 씨 만나보랬는 줄 알아?
형선	(의자 당겨내 앉으며) 그 눈치 없었을까봐. 괜찮은 사람이라는 거잖아.
재인	(마주 앉고는) 엄마, 큰언니도 얼마 안 있으면 혼자 아이 키워야 돼. 사람들이 큰언니를 삐딱하게 보면, 엄마 참을 수 있겠어?
형선	(내심 뜨끔) 아휴, 몰라… (팔을 포개고 엎드린다)
재인	…. (가만 보다 자리를 뜬다)
형선	(연거푸 뱉어내는 한숨만…)

피아노 소리 들린다. 형선, 흠칫…! 고개만 돌려 본다. 재인, 피아노
를 연주하고 있다. 형선, 가만히 바라보는 눈이 천천히 젖어든다….

24. 수영고 _ 교장실 안

태학, 책상 앞에 앉아 돋보기 쓰고 하반기 급식 예산 결재 서류를
넘겨 보며 사인하려 하고 있다. 행정직원, 곁에 서 있다. 휴대폰에
진동 온다. 태학, 고개만 돌려본다. '권기석' 흠칫해진다. 얼른 휴대폰
을 주머니에 넣고 서류에 사인하고는 건넨다.

직원	(받아들고) 점심 식사 하셔야죠?
태학	(돋보기 벗어놓으며) 아니야. 난 약속 있어.
직원	아… 예, 그럼. (나간다)
태학	(문이 닫히고 나자 휴대폰을 다시 꺼내본다)

태학, 책상에 툭 던지는데 하필 가족 사진 액자 앞에 놓는다. 돌리려

던 시선이 다시 액자에 머문다. 서인을, 정인을, 재인을 본다. 하나같이… 탁 엎어버린다.

25. 기석의 회사 _ 사무실

기석, 휴대폰을 쥔 채 이리저리 생각하고 있다. 현수, 자료를 들고 온다. 기석, 괜스레 빤히 본다.

현수   (앞에 놓아주며) 내일 오전 PPT….
기석   (건성으로 넘겨 보며) 주말에는 뭐했냐?
현수   … 농구했는데요.
기석   (넘기기만 하며) 누구누구 나왔는데.
현수   뭐 거의 다….
기석   (여전히 자료만 보며, 슬쩍) 지호도?
현수   (또 뭐야…) 요즘 잘 안 나오는데….
기석   (자료를 내려다보던 표정이 순간 굳어진다)
현수   (괜스레) 이번 주말에 나오실래요…?
기석   (대꾸도 않는다)
현수   …! (꾸벅하고 간다)
기석   (자료를 던지듯 앞에 휙…. 왜 반응이 없어?)

26. 약국 _ 조제실 안

혜정, 파일을 보며 약장의 약들을 체크하고 있다. 지호, 점심을 먹고 들어온다.

266

지호	(캐비닛으로 가며) 반품할 거 내가 다 빼놨는데.
혜정	아니, 안 나가는 약들 정리 좀 해보려고.
지호	(겉옷 걸고 가운 꺼내 입는다)
혜정	(힐끗 보고는 다시 파일 넘겨 보며) 지난 주말에 뭐했니?
지호	(지레 뜨끔! 얼른 시선을 피하고 가운 단추 채우며) 별거 안 했는데.
혜정	(다가온다) 누굴 속여.
지호	…! (뒤로 슬쩍 물러서며) 뭘…. 뭐 때문에 이러는데….
혜정	주말이면 칼같이 가운 빨아오더니 처박아 놓으셨길래요.
지호	(아!) 갖고 가는 거 까먹었지. (생각하니…) 별걸 다 시비야.
혜정	발끈하는 거 보니 찔릴 짓을 하기는 했네…. (다시 돌아간다)
지호	뭘 찔려. 계속 정인 씨랑 있었는데. (겉옷에서 휴대폰 꺼내며 나오다가 깜짝 놀란다)
혜정	(바로 앞에 와 있다. 웃으며) 야.
지호	(눈치 챘네 또…. 멋쩍게 웃으며) 비켜요. (지나가려 한다)
혜정	(막아서며) 뭐 사줄래?
지호	뭘 사줘?
혜정	(휴대폰 꺼내며) 어머님한테 일러야지.
지호	아휴, 진짜. (웃으며 나간다)
혜정	(웃으며 휴대폰 넣으려는데 전화 온다. '지호 어머님') 어머! (얼른 돌아서 받는다. 작게) 네, 어머니….
숙희(F)	약사님, 통화 괜찮으세요?
혜정	괜찮아요. 말씀하세요.
숙희(F)	저기, 전화 온 거 지호한테는….
혜정	아. 지금 저 혼자 있어요.
숙희(F)	네…. 내가 약사님 만나서 좀 물어볼 게 있어서요….
혜정	…! (슬쩍 긴장하는 표정이 된다)

27. 도서관 _ 회의실

정인, 책상 앞에 앉아 생각에 빠져 있다. 영주와 하린, 맞은편에 앉아 사진들을 보며 놀라워하고 있다.

하린   진짜 이런 짓을 하는 사람들이 있긴 있구나….

영주   나도 신기해. (정인 보며) 부자들은 이런 방식을 선호하나?

정인   (의미 없이 피식…)

영주   아무튼. 어떻게 할 생각인데? 권기석 안 쫓아가?

정인   오빠일까?

하린   당연한 거 아니에요? 선배님한테 미련 많다면서요.

정인   그 자존심에 뒤꽁무니 따라다니면서 사진 찍을 사람이 아니야….

영주   그래서 지금까지 질척대? 아니다. 못 접는 것도 일종의 자존심이지.

하린   근데 이거 보내면 집에서 난리가 날 거고, 결국 이정인은 나한테 돌아오게 될 것이다… 딱 이 스토리인데.

정인   내가 분명히 알아낼 거고, 그럼 자기 짓인 걸 들킬 텐데?

하린   아! 그것도 그러네. 더 정 떨어지지.

영주   만약에 권기석이 아니야. 그럼 누가 이딴 짓을 해?

정인   … 기석오빠 아버님.

영주   …! 설마.

정인   우리 아빠도 그렇게 짐작하셨어.

28. 기석의 회사 _ 옥상

직원들, 삼삼오오 모여 얘기들 하고 있다. 기석, 한쪽에서 휴대폰을 귀에 대고 있다.

영국(F)	그래.
기석	통화 괜찮으세요?
영국(F)	얘기해.
기석	정인이 아버님 자리, 결정하셨어요?
영국(F)	(발끈) 재단 자리가 어디 아르바이트생 하나 심는 일로 보여?!
기석	(흔들림 없이) 신중한 일인 줄 아니까 부탁드리죠.
영국(F)	이게 어디가 부탁이야, 협박이지!
기석	(슬쩍 인상만 쓸 뿐) 부탁드립니다.
영국(F)	어이가 없다…. 들어나보자. 내가 꼭 그래야 되는 이유는 뭐냐.
기석	…! 정인이 마음에 드신다면서요.

29. 이사장실

영국, 책상에 조직도 파일을 열어놓은 채로 앉아 통화 중이다.

영국	(웃음기 섞어) 둘째며느리 없다고 내 인생에 손해날 거 있어? 그렇잖아. 너한테나 중요한 문제지.
기석(F)	이제 와서 발 빼시려고요?
영국	질 게 뻔한 판에 베팅을 왜 해. (파일을 탁 덮는다)
기석(F)	(발끈) 지긴 누가 져요?
영국	너.
기석(F)	만약에, 정말 만약에 그런 일이 생기면… 아버지 탓이에요.
영국	…! (순간 싹 굳어진다)

30. 기석의 회사 _ 사무실

현수와 직원들, 일하고 있다. 기석, 휴대폰으로 톡을 보내고 내려놓는다. 일에 손을 놀린다. 휴대폰 진동 온다. 정인이다.

기석　　　(받는다) 어.

정인(F)　무슨 일인데.

기석　　　일 없어. 저녁이나 먹자고. 어디서 볼래?

정인(F)　….

기석　　　왜 말을 안 해. 언제든 상대해준다며.

정인(F)　알았어. 봐.

기석　　　어디서 볼까.

정인(F)　아버님댁.

기석　　　…!

정인(F)　아버님 뵐 일이 있어. 오빠도 있으면 더 좋아. 꼭 와.

기석　　　(대충 감이 온다…)

31. 약국 _ 조제실 안 (저녁)

혜정, 캐비닛 앞에서 가운 걸고 겉옷을 입고 있다. 지호, 가운 차림으로 들어온다.

지호　　　잠깐 시간 돼요?

혜정　　　(옷매무새를 만지며) 뭐 사주게? 비싼 거 먹어도 돼?

지호　　　할 얘기 있어. 예슬이 좀 가고 나서. (되돌아 나간다)

혜정　　　(뭐야 또…. 슬쩍 걱정스러운 표정이 된다)

32. 약국 안

예슬, 겉옷 입고 가방과 휴대폰 등을 챙기고 있다. 지호, 조제실에서
나온다.

예슬	(돌아보며) 퇴근 안 하세요?
지호	해야지.
혜정	(가방 들고 나온다) 예슬아, 먼저 가. 유 약사 야단 좀 쳐야 돼.
예슬	…! (지호를 본다)
지호	(어색하게 웃어 보인다)
예슬	… 혹시 저도 오늘 뭐 실수했어요?
혜정	없는 거라도 만들어볼 테니까, 혼나고 싶으면 남든가.
예슬	(바로 나가며) 먼저 들어가겠습니다. (출입구로 빠르게 나간다)
지호	내일 보자. (혜정 보며) 애, 괜히 걱정하게….
혜정	니가 더 걱정돼. (앉으며) 뭔데 또 긴장시켜?
지호	(옆에 앉고는) 정인 씨가 결혼하재.
혜정	(깜짝!) 하재면… 프러포즈를 받았어?! 유지호, 날로 먹네. 뭔 복이야?
지호	그러게요…. 이제 어떻게 해야 되나 싶어.
혜정	뭘? 할까 말까를?
지호	… 부모님.
혜정	(아!) 정인 씨는 뭐라는데. 허락 없이 밀어붙이재?
지호	말이 돼요?
혜정	예의가 아니라 그렇지, 꼭 안 될 건 또 뭐 있냐.
지호	(살짝 인상 쓴다)
혜정	니 속 모를까봐? 혈기로 덤볐다가는 '역시나 이런 놈일 줄 알았다' 내도딩하는 건 유지호 자존심이 용납을 못해. 양가의 축복까지 기다리다가는 이정인이 지칠 것 같아서 불안해. 요점 정리됐지.
지호	(픽. 잠시…) 부모님 찾아뵙고 싶은데 정인 씨가 걱정돼. 최악은, 나

때문에 부모님하고 돌이키기 어렵게 멀어지게 될까봐….

혜정   … '널 생각해서 참았다'보다는 '우리를 위해서 이렇게까지 했다'가
       후회 없지 않겠니?

지호   (그렇지…. 혜정을 보며 대답 대신 미소를 건넨다)

33. 조제실

지호, 가운을 벗어 걸며 통화하고 있다.

정인(F)   진짜 오래 안 걸릴 거예요.

지호   알았다니까.

정인(F)   이해해주는 거 아니었어?

지호   대신 마지막이에요.

정인(F)   뭐가?

지호   (옷을 입으려다 말고 조제실에서 나와 테이블에 기대서며) 우리 일이잖
         아. 앞으로는 혼자 하지 말라고.

정인(F)   알았어요. 마지막으로 한 번.

지호   아무리 생각해도 너무 씩씩한 여자를 만났어.

정인(F)   벌써 슬슬 후회하는 눈치인데? 이러다 나 차이는 거 아니야?

지호   (웃음기 섞여) 도망 갈 궁리하지 말랬지.

34. 도서관 _ 서고

정인, 책장 사이로 걸어오며 통화하고 있다.

정인   내가 도망을 왜 가. 기대라며. 진저리나게 달라붙어 있을 거야.

지호(F)	제발.
정인	나, 지호 씨가 생각하는 거보다 안 힘들어요. 얼마든 견딜 수 있어.
지호(F)	나야말로.
정인	(책장에 기대며) 우리 내기할까? 누가 더 잘 버티나?
지호(F)	내가 이길걸.
정인	(몸을 세우며) 승부욕 확 올라오네. 해요. 이긴 사람 소원 들어주기.
지호(F)	소원 먼저 말해도 되죠?
정인	쳇. 벌써 이긴 것처럼. 뭔데요.
지호(F)	죽을 때까지… 상대방 기억해주기.
정인	…! (순간 멈칫해진다)

35. 서인의 서재 (밤)

서인, 책상 앞에 앉아 주수별 초음파 사진들을 붙이고 감상을 적는 등 임신일기를 적고 있다. 이 순간만큼은 입가에 미소가 가득하다.

36. 작은 기페 앞 일가

지호, 카페 앞을 지나간다. 정인과 지호가 앉았던 자리가 비어 있다.

37. 맥주집 건너편

지호, 지나다가 걸음이 멈춘다. 정인이 서 있던 곳을 본다. 건너가보려다 이내 멈칫하고는 가만 바라본다….

38. 도로 위 _ 택시 안

정인, 휴대폰을 쥐고 뒷자리에 앉아 지호의 말을 생각하고 있다. 무슨 의미일까…. 휴대폰에 톡 온다. 지호다. 열어본다. 정인이 서 있던 자리를 찍은 사진과 함께 '건너편에 정인 씨가 없어서… 참 좋다…' 정인, 미소를 담고 내려다보고 있다.

39. 영국의 집 안

영국, 소파에 앉아 있다. 기석, 현관 앞에 서서 정인을 마중하고 있다. 정인, 시선도 안 주고 들어선다. 기석, 정인의 눈치를 살핀다. 정인, 영국을 향해 인사한다.

영국	와서 앉아요. (기석) 차 좀 내오라고 해.
기석	네.
정인	아뇨, 잠깐이면 됩니다. (소파로 간다)
영국	(보다가, 기석에게 됐다는 눈치 준다)
기석	(소파로 와서) 앉아. (앉는다)
정인	(앉는다)
영국	무슨 얘기기에 기석이한테도 비밀이에요? 전혀 모르는 눈치던데.
기석	(어색하게 웃으며 정인을 본다. 내심 불안하다)
정인	(가방에서 사진이 든 봉투를 꺼내 영국 앞에 밀어놓는다)
기석	(뭐야…?)
영국	(집어 들고 꺼내다 멈칫한다)
기석	(역시나…. 표정이 단단해진다)
정인	뭔지 아시죠?
영국	…. (앞에 내려놓고는) 궁금한 것들이 좀 있어서.

정인	저희 부모님께 보내시기도 했고요.
영국	(단박에 눈치채고 기석을 쓰윽 본다)
기석	(영국을 누르듯 보고 있다)
영국	(흠칫…! 바로 사진을 다시 내려다본다)
정인	아니신가요?
영국	… 그래요. 내가 보냈어요.
기석	(영국을 보던 시선을 돌린다. 막상 편치만은 않다)
영국	미안하게 됐어요.
정인	아뇨. 오히려 감사합니다.
기석	…! (정인을 본다)
정인	부모님께 말씀드릴 엄두가 나질 않았는데, 속이 시원해졌어요.
기석	(싹 굳어진다)
영국	사진이 사실이라는 거네?
정인	… 전부 사실입니다.
기석	(빡) 너 지금 이 얘기하러 여기 온 거야?
정인	아니. (영국 보며) 사진 원본 주세요.
기석	…! 야, 이정인.
정인	(영국만 보며) 부당하게 찍히기도 했고, 갖고 계신 것도 불편합니다. 전부 주세요. (가방에서 명함 꺼내고는 봉투를 가져와 앞에 놓는다) 제 명함입니다. 번거로우시겠지만, 직장 주소로 보내주세요.

40. 영국의 집 _ 대문 앞 일각

정인, 가방을 고쳐 메며 나와 일각에 선다. 기석, 이내 따라 나와 앞에 선다.

정인	(지레) 오빠도 아버님한테 감사해. 내가 언제 들통나나 그렇게 바랬

는데 소원대로 한방에 시원하게 털렸어.

기석   사진 내가 보낸 거야.

정인   …! (믿지 못하는 시선으로)

기석   나만 죽을 순 없잖아.

정인   (여전히 믿지 못하는)

기석   승부는 봐야 될 거 아니야. 죽이 되든 밥이 되든.

정인   이런다고 내가 오빠한테 돌아갈 것 같아?

기석   넌 유지호로 안 돼. 그동안 나 왜 만났어. 너무 사랑해서? 내가 가진 배경이 없었어도 만났을까?

정인   (당혹…. 멎은 듯한 시선)

기석   크게 신경 안 썼어. 너만 그런 것도 아니고, 사람이 원래 없는 것보다는 있는 걸 좋아하는 거니까. 그걸 사랑이 아니라고 할 수도 없고.

정인   …. (눈시울이 젖어든다)

기석   (빤히 본다)

정인   잘못했어.

기석   (멈칫!)

정인   내가 다 잘못했어. 상처준 거, 배신한 거 다 미안해. 용서해달라는 거 아니야. 평생 저주를 퍼붓고 괴롭힌대도 받을게. 얼마든지….

기석   (허…! 버럭) 유지호가 뭔데! 그 새끼가 뭐라고 이딴 식으로 나와. 다 필요없어. 답은 하나야. 다시 제자리로 와.

정인   이제 오빠로는 부족해. 내 욕심이 더 커졌거든.

기석   …! 이정인….

정인   (가방에서 반지케이스를 꺼내 손에 쥐어준다)

기석   (흠칫! 내려다본다)

정인   짐작했었겠지만, 의미를 두지 않아서 갖고 간 거였어. 늦게 돌려줘서 미안해.

기석   (… 반지를 꺼내고는 케이스를 툭 버리듯 떨어뜨린다)

정인   (순간 저도 모르게 왼손을 모아 꽉 쥔다)

기석	(반지를 만지작대다 던져버린다)
정인	…!
기석	받은 사람이 의미 없다는데 쓰레기랑 다를 게 뭐 있어. 다시 말하는데, 유지호는 널 절대 못 채워.
정인	… 갈게. (천천히 걸음을 옮긴다)
기석	(싸늘한 표정으로 정인을 바라본다)

41. 영국의 집 안

영국, 앞에 명함을 놓아둔 채 생각이 많은 표정으로 앉아 있다. 기석, 굳은 표정으로 들어오다 영국을 보고는 슬쩍 긴장하며 와서 앉는다.

기석	곤란하게 해드린 건 죄송하지만, 아버지도 이번 일에는 책임이 있어요.
영국	(그대로…)
기석	그리고 정인이는… 워낙 정이 많아서 동정심에 그러는 거예요. 말로 몇 번 충고했는데 계속 철없이 굴어서 차라리 부모님께 알리는 게….
영국	(시선도 안 주고) 미안하다.
기석	…!
영국	(명함을 집어 들고 일어선다)
기석	(올려다보며, 당혹감에 멋쩍은 웃음마저 섞였다) 아버지….
영국	… 나처럼 살지 마. (방으로 향한다)
기석	…! (입을 꾹 다문 채…)

42. 대로변 일각

빈 택시가 서 있다. 정인, 택시를 지나쳐 걷는다. 지난 시간들에 대
한 회한이 든다. 젖은 눈가, 이따금 뱉어내는 깊은 한숨, 느려지는
발걸음이다….

43. 정인의 오피스텔 건너편 _ 버스 정류장 일각

정인, 버스에서 내린다. 저만치 앞에 있는 횡단보도를 향해 걷다가
건너편을 보고는 멈춰 선다.

44. 오피스텔 앞 일각

지호, 지나는 택시를 살피며 휴대폰을 보기도 한다. 택시가 멈춰 선
다. 지호, 정인인가…? 다른 승객이 내린다. 지호, 다시 휴대폰 보며
택시들을 본다. 휴대폰 톡 온다. 얼른 확인한다. 정인이다. '건너편에
지호 씨가 있어서… 참 좋다…' 지호, 곧바로 건너편을 바라본다. 정인
이 없다. 눈으로 찾는다. 대각선 건너편에서 정인이 횡단보도 쪽으
로 걸어가고 있는 모습이 보인다. 지호, 미소 지으며 같은 방향으로
뛰기 시작한다.

45. 횡단보도

정인과 지호, 횡단보도를 사이에 두고 몇몇 행인들에 섞여 서로를
바라보고 있다. 지호, 휴대폰 울린다. 정인이다. 받고 대답도 없이

정인을 본다.

정인(F) 이번에도 건너오지 말아요.

지호 (휴대폰 귀에 댄 채 바라만 본다)

정인(F) 내가 갈게.

지호 (미소 담고 휴대폰을 내린다)

정인 (지호를 보며 휴대폰을 내린다)

보행신호로 바뀐다. 정인, 행인들을 지나쳐 달려온다. 지호, 슬쩍 놀
란다. 이내 환하게 웃는다. 정인, 지호에게 안긴다. 지호, 휘청하며
정인을 안는다…. 서로를 안은 채 얼굴 보며 미소 짓는다.

46. 도서관 _ 종합자료실 앞 일각 (낮)

형선, 입구 일각에서 정인의 모습을 물끄러미 보고 있다. 정인, 직원
책상 앞에서 모니터 보며 일하다가 방문객이 내민 출력증을 받아
들고 책을 찾아주러 간다. 형선, 정인의 뒷모습을 눈으로 좇는다. 하
린, 책을 인고 오며 형선의 표정을 읽는다….

하린 (다가와) 안녕하세요?

형선 …! 네, 오랜만이에요.

하린 선배님 안에….

형선 아니에요. 지나가다가 그냥. 수고해요, 그럼…. (얼른 간다)

하린 안녕히 가세요…. (뭔가 좀…. 안으로 들어간다)

47. 종합자료실 _ 책장 사이

정인, 파일을 보며 책을 찾아내고 있다. 하린, 책장 사이를 보며 오다 정인에게 다가온다.

하린   (작게) 어머님 뵈었어요.

정인   어, 캘리 수업 있는 날인가보네.

하린   요 앞에서 보고 계시던데.

정인   …! (하린 본다) 뭘?

하린   글쎄요. 근데 표정이 너무… 뭐라고 해야 되지…. 음…. 아련?

정인   (단박에 느껴진다…. 나가보려 한다)

하린   가셨어요. 안 그래도 불러드리려고 했더니 됐다고….

정인   …. 알았어. 고마워.

하린   (슬쩍 의미 없는 미소 보이고는 되돌아간다)

정인   (형선의 마음이 느껴져 울컥 올라온다…. 휴대폰 꺼내 톡 보낸다. '엄마, 미안하고'까지 누르고 눈이 그렁해진다… '또 미안해…'를 누르고 다른 손으로는 떨어지는 눈물을 닦으며 전송한다)

48. 변호사 사무실

서인과 재인, 변호사(여, 40대)와 차를 놓고 소파에 마주 앉아 있다.

변호사   공인이고 소문에, 이미지에 선뜻 움직이기 쉽지 않았겠지. 그래도 어떻게 그동안 진단서 한 장 받아놓지를 않고, 경찰에 신고 한 번을 안 했어? 적어도 나한테라도 말을 했어야지.

서인   나도 잘했다고만 할 수 없다는 생각이 자꾸 들었어….

변호사   피해자들의 전형적인 반응이야. 자신이 더 노력했으면 이런 일까지 생기지 않았을 텐데, 하는 게…. 어리석은 자멸이야. 서인아, 나와야 돼.

서인   조용히 해결할 수는 없겠지…?

변호사   (매섭게) 니 남편은 심각한 범죄를 저지른 가해자야. 처벌 받게 해야지.

서인   (깊은 한숨을 토해낸다…)

변호사   재인이가 같이 있긴 해도 우선 접근금지 가처분 신청부터 하자. 그
         러면 전화나 문자 메시지도 못 보내. 물론 어기고 위협을 가하기도
         해서 아주 안전하다고는 할 수 없지만….

재인   그런 거 안 해도 돼요. 남시훈, 나 혼자서도 상대할 수 있어요.

변호사   (미소 섞어) 법은 괜히 있는 게 아니야.

서인   (생각에 빠져 있다)

재인   잘해야 교도소에서 조금 썩다 나오는 거라면서요.

서인   (여전히…. 표정은 좀 더 굳어 있다)

변호사   어떤 식이 됐든 책임은 물어야지. (서인 보며) 바로 시작할게.

서인   아니, 언니. 상담해준 걸로 충분해요. 내가 알아서 할게.

재인   …! (황당한 표정으로 본다)

49. 변호사 사무실 건물 주차장 _ 서인의 차 안

서인과 재인, 차에 오른다. 서인, 표정이 단단해져 있다.

재인   이제 말해봐. 뭘 알아서 하겠다는 거야? 혹시 남시훈 용서해주게?

서인   그럴 리가. 니 말대로 법으로는 모자라서.

재인   …! 설마 무서운 짓 하려는 건 아니지…?

서인   (본다)

재인   할 거면 내가 할게. 언니는 애기도 있잖아.

서인   그래서 더 내가 해야지. 난 엄마니까.

재인   왜 이래 무섭게…. (휴대폰 진동 온다. '엄마') 깜짝아. (받는다) 어….

형선(F)	그 약국이 어디야?
재인	…! 엄마는 또 갑자기 왜 그래에….
서인	(흠칫!)
형선(F)	정인이한테는 얘기하지 말고.
재인	…! 나 작은언니한테 죽어…. (서인을 본다)

50. 도서관 _ 사무실

하린, 자리에서 모니터 보며 일하고 있다. 정인, 작은 봉투를 들고
들어와 자리에 앉아 내용물을 꺼낸다. 디지털 카메라 메모리 카드
다. 마음이 편치만은 않다….

하린	(힐끗하다가, …!) 결국. 역시….
정인	(멋쩍게 웃는)
영주	(회의실에서 나와 자리로 가다 보고는) 그것이 바로 사랑의 힘이냐?
정인	(픽…. 서랍에 넣고 닫는다)
영주	간만에 영주포차?
하린	전 무조건이죠.
정인	난 무조건 안 된다. 삼층에서 놀기로 했거든.
영주	…! 진짜 이사 갈 거야. (자리로 간다)
정인	(웃는다)

책상 한쪽에 놓인 휴대폰에 톡 온다. 집어들고 바로 굳어진다. 기석
이다. '잠깐 내려와'

51. 도서관 _ 휴게 장소

기석, 등을 진 채 서 있다. 정인, 휴대폰만 들고 다가온다. 기석, 기척에 돌아본다.

기석 (벤치로 가서 앉으며) 외근 나갔다가 잠깐 할 얘기가 있어서.

정인 (많이 떨어져 앉으며) 자리 오래 못 비우는 거 알지.

기석 (떨어진 모습을 잠시) 아버님 퇴임 후 자리, 어떻게 했으면 좋겠어?

정인 …! (황당한 표정으로 본다)

기석 자존심이 바닥을 치는데, 뭐는 못해. 이 정도는 일도 아니지.

정인 … 내가 오빠를 잘 모르고 만났던 거야, 아니면 이렇게 만든 거야?

기석 자책은 나중에 하고. 어떤 선택을 해야 너랑 나뿐만 아니라 너희 집, 우리 집이 평온해지는지 고민부터 해봐.

정인 고민은 무슨. 내가 오빠를 배신하고, 다른 사람 만나는 걸 아셨는데 아버님이 날 반기시겠어? 우리 아빠는 무슨 낯으로 재단 일을 하시고.

기석 핑계대지 말고. 아버님은 우리 재단에 들어오실 거야. 내가 그렇게 만들 거거든.

정인 (슬쩍 미소) 나랑 다시 잘해보고 싶은 거 맞아?

기석 (무슨…?)

정인 난 아빠가 선생님으로 계신 학교도 못 다닌 사람이야. 대답이 됐지. (일어나) 들어가봐야 돼서 배웅은 못해. 조심해서 가. (간다)

기석 (당혹스런 표정으로 뒷모습을 빤히…)

52. 약국 안

손님, 드링크제를 마시고 있다. 지호, 카드와 영수증을 들고 기다린

다. 손님, 빈 병을 재활용함에 버리고는 "수고하세요" 하며 카드와
영수증 받아든다.

예슬   안녕히 가세요.
지호   안녕히 가세요. (하다가 밖을 본다)

형선, 지호와 눈이 마주치자 얼른 사라진다. 손님, 반대 방향으로 간
다. 예슬, 지호의 시선을 느끼고 일어나 "가셨나?" 밖을 기웃거린다.

예슬   밖에 있던 분 보신 거죠. 아까부터 몇 번이나 저랑 눈 마주쳤어요.
지호   (슬쩍 미심쩍은⋯. 다시 밖을 본다)
예슬   왕 약사님 찾아오신 분인가?
지호   그랬으면 연락했겠지. 근데 약사님은 누구 만나러 나가셨어?

53. 커피전문점 안

테이블이 많지 않은 작은 매장이다. 형선, 괜스레 쫓긴 듯 급히 들어
와 주문대로 향한다. 혜정과 숙희, 커피 마시며 마주 앉아 있다. 혜
정 옆에 휴대폰과 지갑만.

숙희   속 모르는 사람들이야 저 엄마는 왜 벌써부터 저러나 하겠지만, 내
        입장이 어디 그래요? 약사님이 더 잘 아시죠.
혜정   (미소 담고) 지호, 은우 일 겪고 많이 성숙해졌어요.
숙희   아는데⋯ 저기, 약사님. 혹시 은우엄마⋯ 소식 좀 아세요⋯?
혜정   아뇨⋯. 근데 이제 와서 굳이 알 필요가 있을까요?
숙희   모르고 살면 서로한테 좋지. 근데⋯ 불쑥 찾아와서 딴소리할까봐.
        지호, 겨우 마음잡고 새 사람도 만나는데, 혹시나 싶어서⋯.

혜정	그럴 애가 아니에요.
숙희	(한숨이 툭) 어떻게 그렇게 모질까….
혜정	죄송한 말씀이지만, 오히려 다행이죠. 은우엄마로 자격 없잖아요. 지금 지호가 만나는 친구는, 결이 달라요. 믿어보세요.
숙희	지호도 단단히 믿는 눈치긴 하던데… 둘만 좋으면 뭐해요. 그 집에서 어떻게 생각하느냐가 문제지….

형선, 아이스커피를 들고와 숙희의 뒤에 앉는다.

숙희	… 은우가 부담되면 내가 키워준다고 하고 싶어요….
혜정	지호도 부모예요. 책임은 다하면서 살아야죠. 그리고 두 사람이 결혼까지 하게 되면, 정인 씨도 책임이 생기는 거고요.

형선, 커피를 마시다 정인의 이름에 흠칫한다. 돌아보지는 못하고 귀를 기울인다.

숙희	믿을 만한 사람이라고는 하더라고요. 집안도 꽤 좋은 거 같던데, 설움만 더 당하면 어떡해…. 난 지호도 걱정이지만, 은우는… 그 어린 게 무슨 죄야. 엄마 얼굴도 모르고 사는 것만 생각해도 어장이 무너지는데….
혜정	… 지호, 설마 더 아픈 일 겪겠어요? 전 그렇게 믿고 있어요.

형선, 저 엄마의 마음을 알겠다…. 괜스레 숙연해진다.

혜정	단정은 못하지만, 정인 씨가 지호 이상으로 단단한 사람 같아요. 그리고 무엇보다 둘이 너무 닮았고, 심지어 하는 짓도 똑같아 보여요.
숙희	(화색) 그래요? 연이 닿을 사이였나보네….

형선, 흠칫! '아휴….' 소리도 못 내고 큰 한숨을 내쉰다….

54. 버스 정류장

숙희, 벤치에 앉아 저만치에 시선을 던져놓고 있다. 형선, 슬그머니
정류장으로 들어선다. 숙희를 힐끔거린다. 숙희, 어느새 눈물이 맺
혔다. 가방에서 손수건 꺼내 눈물 찍어낸다. 형선, 저도 모르게 빤히
보고 있다. 숙희, 시선을 느끼고는 괜스레 민망해 얼른 손수건을 가
방에 넣는다. 형선, 좀 떨어져 앉는다. 숙희, 슬쩍 보고는 다시 손을
놀린다. 형선, 머뭇머뭇…. 숙희, 시선이 느껴져 본다.

형선   저기… 유지호 씨….
숙희   (깜짝!) 네에…. (문득) 혹시….
형선   네, 정인이 엄마예요.

55. 수영고 _ 복도

태학, 생각이 많은 표정으로 걸어오고 있다. 영국, 마주 오다 흠칫하
며 멈춰 선다. 태학, 역시 영국을 보고 슬쩍 멋쩍다. 살짝 목례한다.
영국, 피하듯 손짓만 하고 얼른 지나쳐 간다. 태학, 매서운 시선으로
돌아보고는 허…! 하고 되돌아간다. 영국, 가다 멈춰 돌아본다. 태
학, 가고 있다. 영국, 이러지도저러지도 못하고…. 휙 돌아서 간다.

56. 공원

도심 속 작은 공원이다. 형선과 숙희, 한 벤치에 조금 떨어져 나란히
앉아 있다. 형선도 숙희도 각자 다른 이유로 눈시울이 젖은 채 저만
치에 시선을 놓고 있다. 돌리던 시선에 서로 눈이 마주친다. 누가 먼
저랄 것도 없이 툭 웃음이 터진다. 숙희, 괜스레 고개를 떨군다. 형
선, 숙희를 가만히 보다가… 한 손을 잡아준다. 숙희, 흠칫해서 본
다. 형선, 애써 미소 건네고는 고개 돌려 저만치에 시선을 놓는다….

57. 약국 _ 조제실 안

혜정, 가운 단추 풀고 있다. 지호, 휴대폰 받으며 들어온다. "알았어
요. 지금 나가요…. 네…." 끊는다. 지레 얕은 한숨을 뱉는다.

혜정	… 어머니?
지호	응. 갑자기 오라고 하시네.
혜정	근데 왜 한숨이야.
지호	무슨 말씀하실지 뻔해서. (휴대폰 뒤적이며) 정인 씨 오고 있을 텐데….
혜정	낮에 어머님 뵀어.
지호	…! (혜정 보며 휴대폰 내린다)
혜정	두 사람, 잘 해낼 거라고 말씀드렸어.
지호	(미심쩍은) 그리고요?
혜정	여러가지로 걱정하셨지….
지호	(빤히)
혜정	… 유미. 소식 듣냐고.
지호	…! 하…. (인상 쓰며 테이블에 기댄다)

혜정	그만큼 정인 씨가 마음에 들고 욕심도 나신 거야. 사람이 뭔가 너무 좋은 일 있을 때는 괜히 한편으로는 불안해지잖나. 혹시 잘못되는 거 아닌가. 그리고 원래 엄마들은 괜한 걱정을 사서 해.
지호	(여전히)
혜정	(나무라듯) 다른 사람은 몰라도, 어머님 불안은 이해해 드려야 돼.
지호	(토로하듯) 육 년이야. 언제까지 해요. 엄마가 이럴 때마다 기를 쓰고 잊어버렸던 게 한꺼번에 다 생각나. 말을 안 해서 그렇지 난 걱정 안 되는 줄 알아요? 어떨 때는 무서워 죽겠어. 진짜 뜬금없이 나타나서 (순간 울컥) 은우 내놓으라고 할까봐. 아후…. (고개를 떨군다)
혜정	… 유미, 결혼했어.
지호	(멈칫…! 혜정을 본다)
혜정	얼마 전에 모임 갔다 우연히 들었어. 심지어 벌써 애도 있다더라.
지호	(기가 차다. 헛웃음이 툭…. 눈시울마저 붉어진다)
혜정	(다가와) 지호야….
지호	알아, 누나. 지금까지 그랬던 것처럼 원망 안 해요. 그래도… (울컥…. 참으며) 은우를 낳은 사람이니까…. 미워하면 은우한테 상처주는 거니까 안 해. (눈가가 젖어든다) 안 할 거예요….
혜정	(어느새 눈가가 젖어…. 겨우) 멋있다, 유지호.
지호	(혜정을 빤히 보다가 다시 울컥…. 무릎 짚고 숙인 채 참으려 애쓴다)
혜정	(지호의 등을 쓸어준다)
지호	(바닥만 내려다보는 눈이 그렁해졌다)

58. 남수의 집 _ 거실

숙희, 소파에 앉아 톡을 확인하고는 슬쩍 실망한 표정이 된다. 남수, 욕실문을 열고 씻긴 은우를 내보낸다. 은우, 걷은 팔소매 내리며 제 방으로 쪼르르 들어간다.

숙희	일 있다고 내일이나 온대.
남수	(나와서 걸어 올린 바짓단 내리며) 만났다고 얘기했어?
숙희	걱정부터 하고 올까봐 말 안 했지.
남수	(팔소매 내리며 소파로 오며) 갑자기 급한 일이 생겼나…. (앉는다)
숙희	그쪽 엄마는 벌써 얘기했을 것 같은데. 지호도 뭘 좀 듣지 않았을까?
남수	그랬으면 더 왔겠지. 당신한테도 듣고 싶어서.
숙희	(하긴…)

59. 빌라 일각

정인, 영주, 하린, 편의점에서 산 맥주와 안주 등 담긴 봉투를 하나
씩 들고 온다. 정인, 불 꺼진 지호의 집을 올려다본다.

영주	그렇게 보고 싶냐?
정인	(멋쩍게 웃는)
영주	전화해서 빨리 오라 그래.
정인	부모님댁 갔다니까.
하린	더 보내주시겠지. 아들이 데이트한다는데.
정인	자꾸 얘기하니까 더 보고 싶다. (하린에게 봉투 건네며) 먼저 들어가.
	(빌라 안으로 뛰어 들어간다)
하린	…! 빈 집이라도 보러 가는 거야?
영주	어떻게 미치면 저렇게 미치냐.
정인	(지호의 집으로 올라가고 있다)
영주	(앞서 들어간다)
하린	(웃으며 따라 들어간다)

60. 지호의 집 안

정인, 가방을 한쪽에 놓아두고 이리저리 본다. 베란다 건조대에 빨래가 가지런히 널려 있다. 미소 지으며 침실로 향한다. 문을 밀어 들여다만 보다 응…? 불을 켜고 침대 옆 협탁 앞으로 간다. 은우의 액자 옆에 세 사람이 찍은 사진이 담긴 액자도 놓여 있다. 정인, 집어 들고 미소를 담고 내려다본다.

61. 포장마차 안

빈 테이블에 빈 소주병들이 놓여 있다. 지호, 눈가가 젖어 있다. 몸을 가누기 힘들 만큼 취해서 잔을 넘치도록 채운다. 혜정, 병을 빼앗아놓고는 일어나 휴지를 풀어 테이블을 닦으려 돌아서다가 '하…' 한다. 지호, 소주가 엎질러져 있는 테이블에 팔을 짚고 술 마시고 있다. 혜정, 지호의 곁에 의자를 끌고 와 앉아 휴지로 팔을 잡아 닦아준다. 지호, 흐릿하게 젖은 눈으로 혜정을 보는데 순식간에 눈물이 가득 찬다. 혜정, 보고는 '아휴…' 한다. 지호, 혜정의 팔을 잡고 고개를 떨구며 울기 시작한다.

혜정   (눈가가 젖어들며) 됐다니까….

지호   은우 때문에 가슴이 찢어지는 거 같아…. 너무 아파…. (토해내듯) 진짜 미칠 것 같아….

영재, 휴대폰을 쥐고 허겁지겁 들어온다. 지호의 테이블을 보고 흠칫 놀란다.

62. 기석의 집 거실

기석, 소파에 앉아 생각이 많은 표정으로 캔맥주를 마시다 헛웃음을
한 번 툭 뱉어낸다. 맥주 마시고 내려놓는다. 눈빛은 매섭기만 하다.

63. 포장마차 밖 일각

지호, 휘청거리며 나와 지나가는 승용차에 대고 택시 부르듯 손짓
을 한다. 영재, 계산하고 지호와 자신의 가방, 지갑을 들고 급히 나
와 지호의 곁으로 온다.

영재	(지호를 잡아끌며) 집에 가자.
지호	(뿌리치며) 은우 보러 가야 돼….
영재	(짜증 섞인) 내일 가라고 좀! (잡아끈다)
지호	(뿌리치려 하면서도 힘에 딸려간다)
영재	(휘청대는 지호를 부축해 힘겹게 데려간다)

64. 영주의 집 안

정인과 하린, 돌아갈 차림으로 식탁의 먹은 자리를 치우고 있다. 영
주, 다용도실에서 비닐봉투를 가지고 나온다.

영주	나머지는 내가 할게, 빨리 택시나 불러.
하린	(손 놀리며) 내려가서 불러도 돼요.
영주	넌 어떡할 거야? 삼층으로 귀가?
정인	(픽… 옆에 둔 휴대폰 집어 들고 뒤적…) 이상하게 톡을 안 보네….

영주	이정인 차인 거 아니야? (웃으며 손 놀리려는데…)

현관문에 뭔가 쾅! 부딪치는 소리 난다. 세 사람, 놀라며 동시에 현관 쪽을 본다. 이내 영재가 '정신 좀 차려…. 야야…' 하는 말소리가 들린다.

하린	뭐예요?
정인	(현관으로 향하며) 지호 씨 아니야?
영주	지호 씨라고? (따라간다)

정인, 슬리퍼를 밟고 문을 연다. 삼층으로 올라가는 지호와 영재의 발이 보이다 이내 꺾이며 사라진다. 영주, 정인의 뒤로 오며 "맞아?" 정인, 슬쩍 놀란 표정으로 돌아선다. 문 닫힌다.

정인	(허겁지겁 제 신발을 신으며) 나 잠깐. (바로 되돌아 문을 나간다)

65. 지호의 집 안

거실에만 불이 켜져 있다. 현관에 지호와 영재의 신발이 흩어져 놓여 있다. 입구에 지호와 영재의 가방이 아무렇게나 놓여 있다. 현관 번호키 소리 난다. 정인, 문을 들어서다 신발과 가방 들을 보고 흠칫한다. 영재, 지호의 겉옷을 벗기고는 문소리에 침실에서 나오다가 슬쩍 놀라며 인사한다. 정인, 고개인사만 할 뿐 시선은 침실 쪽에 가 있다.

영재	(지레) 조금 취해 가지고….
정인	지호 씨한테 무슨 일 있어요…?

영재	(머뭇…. 들어가 보라는 듯 손짓하고 주방으로 가 의자에 옷 걸친다)
정인	…. (신발을 벗고 들어와 침실로 향한다)

66. 지호의 침실

열린 문으로 들어오는 거실 불빛이 전부다. 지호, 침대에 걸터앉아
고개를 푹 숙이고 있다. 정인, 지호의 모습을 살피며 들어온다.

정인	지호 씨…. (앞으로 가 몸을 숙여 얼굴을 보려 한다)
지호	(고개 들고 흐릿한 눈으로 본다)
정인	(많이 취했네) 왜 이렇게 술을 많이 마셨어요…?
지호	(보기만…)
정인	(지레 슬쩍 어두워지며 곁에 앉는다) 왜. 무슨 일 있었어…?
지호	정인 씨도… 우리 버릴 거예요…?
정인	…! (멎은 듯 본다…)

엔딩.

O n e

S p r i n g

N i g h t

15 부

밤

| | 15 부 | |

1. 지호의 침실 (밤)

지호, 흐릿한 눈으로 보고 있다. 정인, 곁에 앉아 바라본다.

정인	왜. 무슨 일 있었어…?
지호	정인 씨도… 우리 버릴 거예요…?
정인	…! (멎은 듯 본다)
지호	그럴 거면… 지금이라도 괜찮아요…. 괜찮아…. (고개 떨군다)
정인	무슨 말이에요, 그게…?
지호	(여전히)
정인	(팔을 잡고 살짝 흔들며) 응? 무슨 말이냐고. 뭐 때문에 이래요….
지호	정인 씨 마음… (정인 보며) 믿어도 돼요?
정인	…! (빤히)
지호	말해봐요. 절대, 절대… 변하지 않을 자신 있어요?
정인	지금 날 못 믿겠다는 거예요…?
지호	믿어도 되냐고 묻는 거예요.
정인	내가… 변할 것 같아요?
지호	(고개 돌려 툭 뱉듯) 모르지…. 알 수가 없지….

정인	(참자…) 너무 취했어. 내일 다시 얘기해요.
지호	(여전히 보지 않고) 대답을 못하네….
정인	…!
지호	(슬쩍 끄덕끄덕하며) 그렇구나…. (힘겹게 일어나 휘청휘청 방을 나가 욕실로 향한다)
정인	(꼼짝 않고 그대로 앉아 있다)

2. 지호의 집 _ 현관 앞

정인, 나온다. 영재, 바로 "정인 씨…"하며 허겁지겁 따라 나온다. 정인, 계단에 멈춰 선다. 영재, 계단을 내려와 마주 선다.

영재	너무 많이 마셔서 그런 거니까 정인 씨가 좀 이해해줘요….
정인	오늘만이에요, 앞으로도 각오를 해야 되는 거예요? 과하게 마시면 또 뭐 하는데요? 다른 주사는 없어요?
영재	(쩝…)
정인	지호 씨가 그동안 나에 대해서 불만 있었어요?
영재	아뇨, 전혀.
정인	그럼 더 이상한 거 아니에요? 갑자기 저런다는 게?
영재	그게… 그, 사실은 유미가….
정인	누군데요? (순간 퍼뜩!) 혹시… 은우엄마?
영재	(끄덕인다)
정인	…! (외면했던 것을 만난 듯하다. 마치 탄식처럼) 아….
영재	이게 말하기 좀 그렇긴 한데….
정인	하지 말아요. 안 듣고 싶어요.
영재	…!
정인	갈게요. (빠르게 계단을 내려간다)

영재   (잡지 못한다)

3. 빌라

정인, 가방을 메며 영주의 집에서 나와 계단을 내려온다. 영주, 바로 쫓아 내려온다. 하린, 문을 잡고 걱정스레 내다본다. 정인, 출입구로 나온다. 영주, 무슨 일이냐 물어대며 팔을 잡는다. 정인, 영주의 손을 빼며 괜찮다는 듯 보고 길을 따라 내려간다. 영주, 걱정스레 본다.

4. 골목 일각

정인, 가방 끈을 꽉 움켜쥔 채 꼿꼿하게 걸어오다 휴대폰을 꺼내 보고는 멈춰 선다. 기석이다. 물끄러미 내려다본다…. 다시 주머니에 넣으며 천천히 걸어간다.

5. 약국 앞

정인, 코너길을 돌아 대로변으로 향하다가 멈춰서 약국을 돌아본다. 화도 나고 마음도 불편하다. 바로 뒤돌아 대로변에 가서 선다. 택시 잡을 생각도 없는 듯 저만치 시선을 두고 입을 꼭 다물고 있다. 잠시…. 택시, 멈춰 선다. 승객이 내린다. 정인, 이어서 뒷자리에 탄다. 택시, 떠난다. 정인, 앞만 보며 간다.

6. 지호의 침실

지호, 옷도 갈아입지 않은 채 잠이 든 것인지 울고 있는 것인지, 문과 등을 지고 옆으로 쪼그린 채 누워 있다. 영재, 가려는 듯 가방을 메고 문가에서 보다 문을 닫아준다. 이내 거실의 불이 꺼진다.

7. 정인의 집 앞 _ 복도

정인, 머릿속도 복잡하고 마음도 불편하다. 어두운 표정으로 입을 꼭 다물고 걸어오다가 앞을 보며 걸음이 점점 느려진다. 기석, 취한 얼굴로 난간에 기댄 채 보고 있다가 몸을 세운다. 정인, 다가온다.

기석   집에서 술 좀 마셨어. 마시다가….

정인   용건이 뭔데.

기석   그냥 왔어.

정인   술 마시니까 생각이 났다고?

기석   그것도 이유가 되고. 근데 어디서 오는 거야?

정인   알면서 뭘 물어봐.

기석   …! (하…. 시선을 돌린다)

정인   나 다시 만날 수 있어?

기석   …! (탁 본다)

정인   한 번 배신했었는데 다시 만날 수 있겠어? 또 그러면 어떡하려고.

기석   무슨 의미로 물어보는 거야?

정인   말 그대로. 내가 또 마음 변할 수 있잖아. 한 번 해봤는데, 두 번은 못하겠어? 어떻게 생각해? 나 믿을 수 있어?

기석   (왜 이러지)

정인   (자괴감에 피식…. 돌아서 번호키를 누른다. 도어락 풀린다)

기석	믿을 수 있어.
정인	…! (멈칫한 채 잠시 그대로…. 천천히 기석을 돌아본다)
기석	(빤히 보고 있다)

도어락이 스르륵 잠긴다.

8. 오피스텔 출입구

기석, 생각이 많은 표정으로 출입구를 나온다. 분명 무슨 변화가 생긴 것 같다…. 대로변으로 가며 슬쩍 입꼬리가 올라간다.

9. 약국 안 (아침)

예슬, 컴퓨터 앞에 앉아 있다. 혜정, 가운의 단추를 잠그며 조제실에서 나온다.

예슬	유 약사님 왜 안 오시지? (휴대폰 들며) 전화 한번 해볼까요?
혜정	(감이 온다) 놔둬. 오늘 늦는댔어. (괜스레 파일 꺼내 뒤적인다)
예슬	(눈치…. 휴대폰 놓고 일하려 한다)
손님	(처방전 들고 들어온다)
혜정	어서 오세요.

10. 지호의 침실

지호, 숙취로 눈을 뜨기도 전에 인상을 찡그린다. 겨우 일어나 앉는다. 입은 옷을 보고 한숨부터 나온다. 이불을 젖히며 침대에서 내려 오려다 멈칫한다. 협탁 위, 세 사람이 찍은 사진을 본다. 지호, 하…. 어젯밤이 바로 후회된다…. 이내 주변 살핀다. 책상 위에 휴대폰 놓여 있다. 힘겹게 일어나 휴대폰 가져와 침대에 걸터앉는다. 확인한다. 영재에게 온 부재중 전화 1통. 이내, 영재에게 다시 전화 온다.

지호   (바로 받는) 어.

영재(F)   출근했냐?

지호   아직.

영재(F)   퍼 마시더라.

지호   어제… 정인 씨 어떻게 갔어?

영재(F)   기억 안 나? 하나도?

지호   다는 아니고…. 정인 씨한테 내가 이상한 소리 안 했지?

영재(F)   미친 거 아니야? 정인 씨 못 믿겠다고. 은우랑 너 버리는 거 아니냐 는 식으로 말했잖아.

지호   …! 그런 말을 했다고? 정인 씨한테?!

영재(F)   그럼 나한테 했겠냐? 너무 오해를 하고 가는 거 같아서 사실은 유미 일….

지호   (뭐…?!) 왜 쓸데없는 소리를 해!

영재(F)   (짜증 섞인) 하지 말래서 못했어. 안 듣겠대.

지호   (아찔해진다…. 한숨 내뱉으며 꺾어질 듯 고개를 숙인다)

영재(F)   그렇게 숨기고 싶으면 티를 내지 말든가. 지랄은 다 해놓고 뭘….

지호   (숙인 채…. 들리지 않는다. 한숨만 커진다)

11. 도서관 _ 사무실

        영주, 자리에서 모니터 보며 일하고 있다. 정인의 책상 위에 놓인 휴

대폰에 진동 온다. 지호다. 하린, 다른 직원의 자리에서 서류 들고
와서 자리에 앉으려다 본다. 휴대폰 집어 들고 기웃거린다. 정인, 책
장 앞에서 파일 목록 보며 책을 찾고 있다.

하린	(와서 내밀며 작게) 전화… 끊겼다.
정인	(작게) 고마워.
하린	(자리로 간다)
정인	(부재중 표시를 내려다본다. 잠시 생각…. 주머니에 휴대폰 넣고 다시 손을 놀린다)

12. 빌라 앞

지호, 휴대폰을 귀에 대고 계단을 급히 내려오고 있다. 상대가 받지
않는 듯 다른 번호를 찾아 누르고 귀에 대며 출입구를 나와 리모컨
으로 차 문을 연다.

예슬(F)	(급한 목소리) 네, 약국입니다.
지호	(멈춰) 어, 예슬아. 약사님이 전화를 안 받….
예슬(F)	왜 안 나오세요. 지금 엄청 바빠요.
지호	(앗…!) 어, 바로 갈게. (끊고는 하…. 차 문을 잠그고 뛰어 내려간다)

13. 약국 안

손님들로 북적인다. 혜정과 예슬, 손님을 응대하고 처방전을 처리
하느라 정신이 없다. 지호, 기운을 입으며 조제실에서 나온다. 예슬,
처방전 몇 장을 들고 돌아선다.

혜정	(지호에게) 아예 조제실 안에 있어.
지호	…! 네. (예슬에게서 처방전 받아 들고 다시 들어간다)
혜정	(손님 보며) 드시던 약이 어떤 거라고 하셨죠?

14. 기석의 회사 _ 옥상

직원들, 커피 들고 곳곳에서 무리 지어 떠들고 있다. 기석과 직원 세 사람, 커피 들고 얘기하고 있다. 현수, 좀 떨어진 곳에서 통화 중이다.

직원1	팀장이 이번 보고서도 영 아니라는 거야. 너무 성질이 나서 맨 처음에 만들었던 거 몇 군데만 사사삭 고쳐서 갖고 갔다…?
직원2	최고래지?
직원1	그러니까!
기석	(웃으며 시선은 현수에게 가 있다)
현수	(마침 기석을 돌아보다 얼른 고개 돌리고 더 멀리 떨어지며 통화를 이어간다)
기석	(확실히 일이 났네…. 씨익)
직원3	팀장님 원래 그래. 난 전에 그랬다가 걸렸거든. 근데 뭐라는 줄 알아? 역시, 구관이 명관이야. 뭐든 처음 선택한 게 맞는 거야.
직원들	(웃는다)
직원3	더 잘 아시죠?
기석	많이 당해봤지. (다른 이유로 더 환하게 웃어 보인다)

15. 도서관 _ 상영실 안

정인, 파일을 무릎에 올려놓고 혼자 앉아 있다. 고개를 뒤로 젖힌 채 자는 건지 고민에 빠진 건지 눈을 감고 있다. 문소리 난다. 바로 눈을 탁 뜨고 돌아본다.

영주   (커피 두 잔을 들고 들어오며) 유지호인 줄 알았냐?

정인   (슬쩍 흘기며 받는다)

영주   (앉는다) 날밤을 새고 출근해서 점심도 포기하면서 낸 결론은 뭐야.

정인   정리가 안 돼. (마신다)

영주   일단 제일 걸리는 게 뭐야. 애엄마?

정인   아직 못 잊은 거 아닐까…?

영주   (야…!) 말이 되냐. 만약에 진짜 일이라도 그런 마음 있으면 지호 씨
        정말 미련한 거지. 자존심도 없어?

정인   기석오빠는.

영주   권기석은 집착이고.

정인   지호 씨는 날 못 믿겠다는데, 오빠는 날 믿는다더라.

영주   말하는 사람이 바뀐 거 아니냐? (마신다)

정인   바뀐 게 진실일 수도 있지. (마신다)

영주   너무 나갔다…! 이 기회에 유지호 꼬투리 잡아서 발 빼려는 거 아
        니야?

정인   (내리며 픽) 그것도 고민해볼게. (잠시…) 나름 정리된 건, 너무 당장
        눈앞에 보이는 것에만 빠져 있었던 거 같아.

영주   상대방의 과거를 다 안다고 꼭 좋은 것도 아니야. 모른 척 덮어두는
        게 더 나을 수도 있어.

정인   서로 몰래 의심하면서?

영주   유지호는 몰라도 이정인 성격에 그 꼴 못 보지. (다시 마신다)

정인   (앞으로 시선을 돌린다. 뭔가 결심한 듯 표정이 단단해진다)

16. 약국 건너편 (저녁)

정인, 택시에서 내린다. 택시, 떠난다. 정인, 약국을 바라본다. 횡단
보도로 향한다.

17. 약국 안

대기석에 손님들이 앉아 있다. 혜정, 데스크 앞에 있는 손님을 응대
하고 있다. 예슬, 조제실에서 조제된 약과 봉투를 들고 나와 혜정의
옆에 놓는다. 정인, 약국 앞을 지나쳐 코너길로 향하고 있다. 지호,
조제된 약을 들고 나와 혜정의 옆에 놓고, 예슬에게 처방전을 받아
들고 다시 들어간다.

18. 조제실 안

약 봉투가 주르륵 놓여 있다. 지호, 조제된 약들을 이름에 맞게 봉투
위에 올려놓는다. 예슬, 처방전 들고 들어와 놓고 조제된 약들 가지
고 나간다. 지호, 휴대폰을 꺼내본다. 정인에게서 연락이 없다. 톡을
보내려는데… 혜정, 급히 약장의 약을 가지러 들어온다. 지호, 얼른
휴대폰 집어넣고 처방전을 보며 손을 놀린다….

19. 기석의 회사 앞

퇴근하는 직원들 나오고 있다. 영재, 기다리고 있다. 현수, 출입증을
찍고 부지런히 나온다. 영재, 출입구 앞으로 간다. 두 사람, 바로 얘기

하며 간다. 기석, 뒤이어 나오다가 두 사람을 본다. 뭔 일이 나긴 났
구나… 점점 확신이 생긴다. 입가에 미소가 좀 더 커지며 걸어간다.

20. 조제실 안 (밤)

지호, 휴대폰을 귀에 대고 급히 들어와 가운의 단추를 풀며 캐비닛
앞에 선다.

정인(F)   여보세요?
지호   정인 씨….
정인(F)   응.
지호   바빠서 다시 전화를 못했어요.
정인(F)   괜찮아요.
지호   (슬쩍 긴장. 기껏) 어제 집에 잘 갔죠…? (하… 이게 아닌데…)
정인(F)   ….
지호   (당황해서 말이 두서없이 나오기 시작한다) 이상하게 어제는 술이….
         화났죠…. 많이 마시긴 했는데…. 내가 실수한 거 알아요. 알고…
         그… 나, 원래 안 그래요…. 안 그러는데…. 일단 봐요. 만나서 얘기
         해. (가운 벗으며) 내가 지금 정인 씨 집으로… 아니면 우리 집으로
         올래요…?
정인(F)   아니, 카페에서 봐요.
지호   (뚝 멈춘다…)

21. 작은 카페

정인, 이미 와 있다. 마시던 물 잔이 테이블에 놓여 있다. 통화를 끝

내고 잔 옆에 휴대폰 내려놓는다. 휴대폰에 진동 온다. 집어 든다. '엄마'

정인   (받는다. 힘없이) 어, 엄마.

형선(F)   집에 오든, 내가 가든지 하게 연락 좀 하라니까?

정인   아…! 미안. 좀 바빴어. 무슨 일 있어? 아빠가 또 뭐래?

형선(F)   엄청 뭐랬다. 근데 왜 이렇게 기운이 없는 것 같아?

정인   아닌데…. 캘리하는 날 봐.

형선(F)   수업 끝난 지가 언젠데.

정인   아….

형선(F)   뭔 정신에 사는 거야. 다른 게 아니고, 너 그 사람 말이야….

정인   …! (지레) 나중에. 이번 쉬는 날 갈게. 그때 얘기해.

형선(F)   뭘 그때 얘기….

정인(F)   엄마, 미안. 지금 통화하기 어려워. 갈 때 전화할게요. 끊어요. (얼른 끊고, 휴대폰을 툭 놓는다. 한숨이 절로…)

22. 조제실 안

지호, 걱정 가득한 표정으로 가방을 메고 캐비닛 앞을 벗어난다. 혜정, 가운의 단추 풀며 들어와 캐비닛 앞으로 간다. 지호, 혜정을 본다. 혜정, 가운 갈아입는다.

지호   정인 씨한테 실수한 거 같아….

혜정   (건성) 무슨 실수.

지호   은우하고 나, 버릴 거냐고 했대….

혜정   …! (탁 본다) 그런 생각하고 있었어?

지호   (인상 쓰며) 말이 돼요?!

혜정	근데 왜 그런 헛소리를 했어.
지호	알잖아. 너무 취했던 거…. 아, 진짜 미치겠네.
혜정	간만에 인간 같네. 잘했다. (옷 매무새를 만진다)
지호	…! 뭘 잘해.
혜정	조금이라도 흐트러지면 큰일 날 것처럼 기계적으로 살았잖아. 반듯하기는 한데, 솔직히 인간미는 없었어.
지호	그게 잘못된 거야?
혜정	잘한 것도 아니지. 니가 보여준 건 유지호의 민낯이 아니니까.
지호	(뜨끔…. 당혹스런 표정으로 빤히…)
혜정	반박해봐.
지호	(아휴…) 일단 그거보다, 정인 씨 어떡하냐고….
혜정	(가방 챙기며) 너도 니 과거가 무거운데 정인 씨한테는 얼마나 더하겠니. 이해만 바라지 마. 그건 이기심 중에서도 제일 못난 이기심이야.
지호	(시선을 돌린다…. 얼굴에 걱정이 가득해진다)

23. 카페 안

정인과 지호, 커피를 놓고 마주 앉아 있다. 지호, 미안함에 지레 시선을 내리고 있다. 정인, 빤히 보고 있다. 지호, 슬쩍 보다가 눈이 마주치자 얼른 다시 내리깐다.

정인	할 말이 없는 거예요, 할 수 있는 말이 없는 거예요?
지호	…! (뭐라고 해야 되지…)
정인	다시 말해줘요? 변명의 여지가 없는 건지, 변명거리도 못 만들 만큼 기억을 못하는 건지 묻는 거예요.
지호	(시선도 못 마주치고) 둘 다….

정인	아무리 취했어도 전혀 기억을 못하는 건 말이 안 되지 않나?
지호	변명으로 들릴 거 아는데… 진짜 너무 취해서…. 술김에 나온 거지…. 내가 정인 씨를 그렇게 생각했겠어요?
정인	어떻게 생각했는데요?
지호	미안해요…. 정말 너무 미안한데, 그런 생각 한 번도 한 적 없어, 진짜. 어떻게 우리를 버리니 어쩌니. 입으로 옮기기도 민망해….
정인	나야말로 상상도 해보지 않은 일이에요.
지호	(냉큼. 표정이 슬쩍 밝아지며) 거봐.
정인	근데.
지호	(뚝)
정인	나도, 버릴 거냐고 물었어요. 정인 씨도 우리 버릴 거예요, 라고.
지호	…!
정인	말꼬리 잡는 거 맞아요. 너무 오바다, 할 것도 알고요. 근데, 내가 받은 솔직한 느낌은 '혹시 이정인 너도 똑같은 거 아니야?' 였어요.
지호	(답답해…!) 하….
정인	그런 의도 아니었던 거 알아요. 그래서 솔직한 내 느낌이라고 했잖아. 지호 씨의 상처가 시간이 지났다 해서 흔적도 없이 아물었을 거라고는 생각 안 했어. 그렇다고 해서 술 때문이니까, 무의식 중에 튀어나온 말이겠거니… 덮어지는 것도 아니야.
지호	내가 어떻게 정인 씨를…. 하…. 지금 너무 답답한 게… 솔직히 기억이 다 안 나. 그래서 변명이든 반박이든, 사과조차 제대로 못하는 거예요. 어디서부터 사과를 해야 되는지도 모르겠어서. 오히려 더 오해만 만들까봐. 진짜 나도 미치겠다니까….
정인	사과 받자는 거 아니에요.
지호	잠깐만. 정인 씨가 말한 대로 내 과거 때문에, 상처 때문에 안 그러려고 해도 자격지심이 없을 수 없잖아. 그래서 나도 모르고 있던 내 안의 불안이 나온 것뿐이야. 단순히 그거라니까.
정인	내가 그래요.

지호	…!
정인	난 만나던 사람을 배신했고, 그걸 지호 씨한테 고스란히 보여줬잖아….
지호	(진짜) 억지야.
정인	지호 씨처럼 나도 자격지심이야. 알아, 날 전혀 믿지 못한다는 건 아니라는 거. 아는데…. 알면서도 마음이 불편해요.
지호	(답답…) 내 마음을 열어서 보여줄 수 있었으면 좋겠어. 난 이정인이 너무 아까워서 밀어냈던 사람이야. 그렇게 생각했던 여자가 나한테 오려고 그 힘든 노력을 했는데, 내가 그 마음을 의심한다는 게 말이 돼?
정인	지호 씨가 아니라…. 내가 날 의심하는 거예요.
지호	…!
정인	많이 얘기했었죠. 유지호가 욕심난다고. 지호 씨는 날 밀어낼 생각도 해봤었지만, 난 놓을 수 없다는 생각만 했어. 그 욕심 때문에 내가 너무 준비 없이 뛰어든 것 같아….

24. 기석의 집 _ 거실

테이블에 놓인 휴대폰 울린다. '아버지' 기석, 욕실에서 나와 받으며 소파에 앉는다.

기석	네.
영국(F)	장 의원네서 저녁 먹자는데.
기석	(표정 변화가 없다)
영국(F)	야, 세상에 여자가 걔 하나야? 그만 손 털어. 남자 놈이 구질구질하게.
기석	민회를 해야죠. 그래서 아직은 아니에요.
영국(F)	아직? 정리를 하기는 할 모양이다?

기석	오래 안 걸려요. 장 의원님하고 식사는 좀 미뤄주세요.
영국(F)	(밝아져) 그 집 딸 만나볼 거야?
기석	못 만날 거 없죠. 정리가 어떻게 되느냐에 달렸지만.

25. 카페 안

정인과 지호, 같은 모습으로 앉아 있다.

지호	내가 어떻게 하면 정인 씨 마음이 풀리겠어요?
정인	지호 씨가 아니라 나라니까. 지호 씨 더 곤란하게 하려고 나 때문이다, 쇼하는 거 아니야. 사랑해요.
지호	…!
정인	이렇게 사랑하면 되는 건 줄 알았어. 전부 이해하고 덮어줄 수 있다고 멋대로 생각… 아니, 생각도 안 했어. 그냥 저절로 되는 줄 알았지. 근데 지호 씨의 과거가 이렇게 잠깐 튀어나오는데도 철렁한 거야. 꼭 외면하려던 걸 맞닥뜨린 것처럼. 그래서 알았어요. 내 마음이 아직 모자라다는 걸. 어떤 상황이든 내 부족함을 들키게 되면, 우선 피하고 싶잖아. 지금 내가 딱 그래요.
지호	(덜컥한다. 답답함에 고개 숙이며) 하….
정인	내 자신을 좀 더 생각할 시간이 필요한 것 같아. 넘어가줄 법도 한데, 이것도 이해를 못 해주나 싶겠지만…. 미안해요. 다른 때는 밥 먹듯 했던 거짓말도 안 나와. 쿨한 척, 괜찮은 척 속이기 싫어. 나한테 그렇게 해주는 것도 싫고.
지호	…! (보며) 맞아요. 속이기도 하면서 살았어. 지난 것에 대한 미련이 아니라, 두려움이 남아서…. 이건 부정할 수 없는 사실이에요. 그렇다고 해서 정인 씨를…. 하…. (더 쏟아내려다 입을 닫고 만다)
정인	(아후!) 지호 씨 마음을 이해 못한다는 게 아니야.

지호	(달려들 듯) 그럼 지금 내가 어떤 심정인지도 알겠네. 어떤 말을 하고 싶은지도 알겠고.
정인	(하…. 나도 답답하다. 한숨 뱉으며 시선을 내린다)
지호	(빤히…) 이정인.
정인	…! (본다)
지호	맨 정신에 정확하게 다시 말할게. 우리, 버리지 마.
정인	(멎는다)

26. 도로 위 _ 택시 안

정인, 차창 밖으로 붕 뜬 시선을 던져놓은 채 가고 있다….

27. 지호의 집 안

지호, 침실로 들어와 가방을 침대 위에 툭 던지듯 놓는다. 그대로 선 채 답답한 숨을 토해낸다…. 협탁 위, 세 사람의 사진이 눈에 들어온다…. 그대로 돌아 현관을 나간다. 침실과 거실의 불은 켜진 그대로다.

28. 빌라 앞

지호, 순식간에 계단을 뛰어 내려와 출입구로 나오며 리모컨으로 차 문을 연다. 타서는 바로 시동을 걸고 벨트 맨다. 이내 바로 출발한다.

29. 정인의 집 안

깜깜한 집 안. 인터폰의 화면으로 조금 환해진다. 지호, 벨을 누르고 있다. 문 열린 침실. 정인, 이불을 머리까지 덮어쓰고 옆으로 누워 있다. 침대 옆에 놓인 휴대폰에 진동이 오며 화면이 빛나는 것이 보인다.

30. 정인의 집 _ 현관 밖

지호, 휴대폰을 귀에 댄 채 문을 바라본다. 손을 내린다. 문에 팔을 대고 이마를 기댄다…. 휴대폰에 진동 온다. 바로 몸을 세우고 내려다본다. 순간 허탈…. '엄마'

지호	(머뭇대다 받는다) 네….
은우(F)	아빠!
지호	…! (순간 눈을 질끈) 응….
은우(F)	아빠 언제 와?
지호	(하…)
은우(F)	언제 올 거야?
지호	어….
은우(F)	빨리 와.
지호	… 어, 지금 갈게 (휴대폰 귀에 댄 채로 문을 한 번 보고는 천천히 발길을 돌려 걸어간다)

31. 남수의 집 _ 주방

지호, 남수, 숙희. 식탁에 마주 앉아 있다. 지호, 이미 얘기를 듣고 허탈해 멍한 표정으로 숙희를 보고 있다.

숙희　나도 놀랐어. 오히려 날 위로해주시더라. 나라면 그럴 수 있었을까…. 집까지 오는 내내 그 생각만 했어. 아빠는 처음에 듣고도 믿지를 않더라.

남수　선뜻 믿게 되나. 나도 말은 안 했지만 속으로는 얼마나 노심초사했는데. 어떻게 그런 마음을 내주셨는지, 참…. 언제고 꼭 감사 인사드려야지.

지호　(미치겠다…. 고개를 슬쩍 떨군다)

남수　(응?) 이럴 때일수록 더 자신감 있게 해야 돼. 너 하나 믿고 오겠다는 사람인데, 든든해 보여야지.

지호　(억지로 고개를 든다)

숙희　(어째…?) 왜 반응이 그래…?

지호　아뇨….

남수　얘라고 안 놀랐겠어. 우리보다 더하지. (씨익)

지호　(어색하게 웃어 보인다)

32. 은우의 방

스탠드만 켜진 방 안. 지호, 침대에 옆으로 누워 은우에게 팔베개를 한 채 토닥이며 재우려 하고 있다. 은우의 눈이 가물가물 감기려 한다.

은우　아빠….

지호	응….
은우	선생님….
지호	…! 빨리 자….
은우	선생님하고 또 놀러…. (하품)
지호	알았어. 빨리 자, 이제….
은우	(지호의 품으로 몸을 돌리며 파고든다)
지호	(등을 토닥토닥…. 미치겠다…. 눈을 감는다)

33. 기석의 회사 _ 휴게실 (낮)

현수, 커피를 타고 있다. 기석, 들어와 옆으로 온다.

현수	(지레) 이거 먼저….
기석	됐어, 됐어. (커피를 타려 손을 놀린다)
현수	(커피 포장지를 휴지통에 버린다)
기석	(손만 놀리며) 지호는 어떻게 지내냐.
현수	(탁 본다) 뭐 잘….
기석	잘 지낸다고? (비웃음 섞인) 잘 지낸다….
현수	(뭐야…. 지레) 알고 있었어요…?
기석	(맞구나!) 대충.
현수	누가 그래요? (못마땅) 정인 씨가요?
기석	(커피 포장지를 휴지통에 버린다)
현수	(보기만)
기석	(커피를 들고) 친구, 잘 위로해줘. 그렇잖아도 딱한 앤데. (나간다)
현수	…! (인상 쓰며 본다)

34. 휴게실 밖 복도

기석, 커피를 들고 걸어온다. 미소가 점점 번진다. 소리를 내 마시며
걸어간다.

35. 도서관 _ 로비 일각

형선, 서 있다. 정인, 휴대폰만 쥐고 미안한 기색으로 다가온다.

정인 엄마….
형선 (지레 흘기며 돌아보다가) 왜 이렇게 얼굴이 까칠해 보여?
정인 (얼굴 만지며) 아닌데. 미안해. 집에 가려고 했는데 일이 좀 많았
      어….
형선 기다리다 지쳐서 온 거 아니야. 근데 어디 아프니?
정인 아니…. (시선에) 가. 내가 커피 살게. (형선의 등을 감싸며 간다)

36. 도서관 _ 휴게 장소

정인과 형선, 커피를 놓고 벤치에 마주 보며 앉아 있다. 정인, 놀란
표정이다.

형선 이래도 되는 건지, 솔직히 아직도 확신은 안 섰어. 그래도 니 인생이
      그래야 행복할 것 같다는데, 그것보다 중요한 게 뭐가 있겠어.
정인 (울컥…)
형선 그 사람이야 아직 제대로 못 봤지만, 어머님만 뵈어도 알겠더라.
정인 (왜 하필 지금…. 더 울컥해진다)

형선	아직 넘을 산 많아.
정인	(삼키려 애쓴다)
형선	결혼이 다가 아니야. 각오한 것보다 더 힘들 거야.
정인	(겨우…. 끄덕끄덕)
형선	(눈시울이 젖어들며) 후회하는 순간이 올 수도 있어.
정인	(애써 끄덕이지만… 지호와의 일이 생각나 기어이 울음이 터진다)
형선	…! (웃음) 누가 보면 서러워서 우는 줄 알겠다.
정인	(멈추지 못한다)
형선	(쓸어주며) 그동안 마음고생 많이 한 거 알아. 근데, 아직 남았다니까. 엄마가 허락했다고 다 끝난 거 아니야.
정인	(겨우) 알아…. (눈물이 더 흐른다)
형선	(빤히) 너 좀…. 무슨 일 있구나? 응? 그치?
정인	(얼른 형선을 안으며) 좋아서 그러지. 좋아서….
형선	(등을 쓸어주면서도 미심쩍은)
정인	(형선을 꼭 안고 울음을 삼키려 애쓴다)

37. 도서관 밖 출입구 일각

형선과 정인, 나와 멈춰 선다.

형선	아빠는 내 말도 안 먹히는 사람이니까 둘이 천천히 잘 의논해봐. 못되게 굴지 말고.
정인	(지레 뜨끔!) 뭘?
형선	그 사람은 자기 처지 때문에 목소리 크게 못 낼 거 아니야.
정인	안 그래….
형선	뭘 안 그래. 너 그 사람보다 잘난 거 없어. 훨씬 못나면 못났지.
정인	(단박에) 내가 어때서.

형선	니가 애 키워봤어? 그 마음 알아? 세상에서 제일 큰 공부는 자식 키우면서 배우는 거야. 그 사람, 너보다 어른이야.
정인	(저도 모르게) 치….
형선	…! 뭐야 그건?
정인	아니…. (민망해 시선을 피한다)

38. 약국 안 (밤)

지호, 대기석 앞에서 밖을 내다보고 서 있다. 예슬, 눈치를 보다가 조용히 조제실로 들어가 안에 있던 혜정을 입구로 데려와 보게 한다. 혜정, 지호의 뒷모습만으로도 속을 느낀다.

혜정	(나오며) 일 있으면 먼저 들어가.
지호	(돌아서 데스크로 오며) 없어요, 일.
혜정	(빤히)
예슬	(얼른 자기 자리로 간다)
지호	(혜정의 시선 느끼고) 없다고. (아예 조제실 안으로 들어간다)
혜정	저게 또 옛날 버릇 나오네…. (쫓아 들어가려 한다)
예슬	(얼른 잡고는 하지 말라고 고개 젓는다)
혜정	(조제실을 노려보기만 한다)

39. 서인의 아파트 _ 단지 내 휴게 장소 (저녁)

재인과 영재, 나란히 앉아 있다. 재인, 황당한 표정으로 보고 있다.

영재	그 표정 나올 줄 알았어.

재인	우리 언니가 끝냈다고? 이정인이 먼저?
영재	냉각기라고 보는 게 더 맞지. 지호도 몰랐던 지 불안이 터져 나온 건데 그게 정인 씨한테는 너무 다르게 해석이 된 거 같아.
재인	그래서 유지호 씨는 뭐라는데.
영재	뭘 뭐래. 그냥 우울해 있지. 자괴감도 들고 그러니까.
재인	계속 그러고만 있겠대?
영재	방법이 없잖아. 칼자루는 정인 씨가 쥐고 있는데.
재인	두 인간이 똑같아가지고.
영재	뭐가 똑같아?
재인	우리 언니도 알고 보면 트라우마 덩어리야. 둘이 어떻게 될 것 같아?
영재	글쎄. 난 지호는 물론이고 정인 씨도 어느 정도는 이해돼….
재인	(영재를 쓱 보며 곰곰… 앞을 보며) 우리도 보지 말자.
영재	…! (본다)
재인	유지호 친구잖아. 우리 언니는 깨질 판인데, 동생이 돼서 의리가 있지.
영재	(어이없는) 그게 뭐야….
재인	우리 집 가풍이다, 왜.
영재	아니… 언니 일하고 우리랑 무슨 상관이냐고.
재인	(앞만 보며) 난 상관 있다고.
영재	(빤히) 진짜 어이없네…. (슬쩍 인상 쓰며 앞을 본다)
재인	(몸을 좀 뒤로 하며 영재를 몰래 본다. 씨익. '알아서 움직여라')

40. 서인의 집 안

(몸태가 드러나지 않는 옷차림의) 서인, 소파에 와서 앉는다. 시훈, 안을 살피며 따라와서 앉는다.

| 시훈 | 갑자기 오라고 해서 지원군이 많은 줄 알았는데, 재인이도 없는 것 |

같네. 이건 무슨 설정이지?

서인 재인이 듣게 하기 싫어서 앞에 잠깐 나가 있으랬어.

시훈 (아!) 이제는 입이 아프다, 입이. 이혼 못한다니까.

서인 이혼은 하게 돼 있어. 문제는 당신이 친권, 양육권 전부 포기한 단순 이혼남이 되느냐, 상습 폭행….

시훈 야.

서인 남았어. 거기에 더해서 (꺼내기도 싫다…) 성폭력까지 저지른 범죄자가 되느냐.

시훈 (순간 경직된다)

서인 선택해.

시훈 또 설교하게 하네. 애가 태어난 다음을 생각해보라니까. 지 아빠가 전과자면 좋겠어? 자랑스럽게 얘기해줄래? 그리고 너 지금 친권이고 나발이고, 천륜을 부정하겠다는 건데…. 천륜이 끊어지는 거냐. 어?

서인 마음으로는 되지. 아이가 자라서 옳고 그른 게 뭔지 알 나이가 되면, 스스로 부정하지 않겠어?

시훈 (막힌다…. 뚫어져라 보기만)

서인 마지막 기회야. 이혼 서류, 직접 작성해서 가져와.

41. 서인의 집 _ 현관 앞

서인, 문을 열며 "가라고 좀" 하고 시훈을 떠민다. 시훈, 떠밀려 나온다. 서인, 문을 닫으려는데…. 시훈, 잡고 막는다.

서인 신고해?

시훈 좋아. 이혼해. 해줄게.

서인 해주는 게 아니라 당하는 거야.

시훈 (순간 욱…. 참자) 그렇다치고, 애 태어날 때까지만 미뤄.

서인	(빤히)
시훈	넌 태교가 뭔지도 몰라? 다 널 위해서 하는 배려야.
서인	어디서 개수작이야.
시훈	…!
서인	넌 아이 얼굴 볼 자격 없어. (시훈의 손을 탁 쳐내고 문을 꽝 닫는다)
시훈	(찰나에 문고리를 잡으며 문에 코를 박을 듯 바짝 붙지만… 하… 손바닥으로 닫힌 문을 빡! 친다) 아! (제 손은 아파서 손바닥을 불어가며 달달 떤다)

42. 정인의 집 안 (낮)

소파 앞에 옷가지가 담긴 캐리어 열려 있다. 정인, 소파에 앉아 책을
무릎에 놓고 차 마시고 있다. 재인, 옷들과 가방을 품에 안고 침실에
서 나와 캐리어 앞에 앉는다.

정인	언니한테는 다음 주 중에 한번 간다 그래.
재인	(담으며) 큰언니가 아니라 유지호 씨네 가야 되는 거 아니야?
정인	…! (얼른 책을 넘기며 보는 척한다)
재인	연기 많이 늘었어. (손 놀린다)
정인	생각할 시간이 필요하다니까.
재인	뼁도 늘고. 머릿속에 유지호만 있으면서 무슨 생각을 해.
정인	(당혹) 빨리 가. (다시 책을 뒤적…)
재인	(손 놀리며) 이래서 당해본 사람이 더 무섭다는 거야.
정인	(이미 감이 온) 자꾸 뭐래, 쟤….
재인	권기석네서 언니 인정 안 할 때 얼마나 자존심 상해했냐. 지금 유지호 씨는 훨씬 더 불리한데, 심지어 언니까지 너 별로야, 그러고 있잖아.
정인	(억울) 야, 내 나름대로는 상처 받았어. 내 반성도 생겼지만, 그런 말

듣고 아무렇지도 않게 넘기는 것도 이상한 거 아니야? 난 뭐 속도 없어?

재인   알았어. 계속 그렇게 해, 그럼. (손 놀린다)

정인   …! (애꿎은 재인만 노려본다)

43. 조제실 안

지호, 한쪽 의자에 앉아 있다. 혜정, 파일 들고 들어오다 보고는 바로 인상 쓴다.

혜정   (약들 살펴보며) 아예 사표 쓰고 나가라.

지호   … 처음으로 내 직업 싫어지기는 해. 처음 듣는 사람은 꼭 다시 한 번은 되묻고, 한 치의 실수도 용납되지 않고, 이 박힌 틀을 쉽게 벗어날 수도 없고…. 딱 내 인생 같아….

혜정   (빤히 보고 있다)

지호   (혜정 보고는, 멋쩍어) 그냥 갑자기 그런 생각이 들었다고.

혜정   누가 너 막은 사람 없어. 니가 막고 있는 거지.

지호   그런 뜻이 아니라…. (휴대폰에 진동 온다. 얼른 꺼내 본다. 현수다. 이내 실망하는 표정으로 받는다) 왜.

혜정   (다른 약장의 약들을 살핀다)

현수(F)   야, 너 정인 씨랑 끝난 거야? 완전히?!

지호   (짜증 섞인) 왜에.

혜정   (나가려다 흠칫하며 돌아본다)

현수(F)   권기석도 알고 있어서.

지호   …! (순간 싸늘해진다)

현수(F)   정인 씨 뭐냐. 벌써 얘기한 거야? 실마 형이랑 다시 되려고?

지호   (그냥 끊어버리고는 바로 일어나 가운을 벗기 시작한다)

혜정	(응?)
지호	(겉옷을 꺼내며) 잠깐 나갔다 올게요.
혜정	(어이구) 안 돼.
지호	(아랑곳없이 손을 놀린다)
혜정	안 된다고.
지호	(겉옷을 입으며 나가버린다)
혜정	(어이없는 웃음을 지으며 따라나간다)

44. 기석의 회사 _ 사무실

기석, 책상 앞에 앉아 일하고 있다. 휴대폰에 진동 온다. 슬쩍 보다
시선이 꽂힌다. 지호다.

기석	(집어들고 잠시…. 받는다) 웬일이냐. 전화를 다 하고?
지호(F)	할 얘기가 있어요. 좀 봐요.
기석	(픽) 하필 약속이 있는데. 다음에 한번 시간 봐서 내가 연락….
지호(F)	밑에 있어요. 잠깐 내려와요.
기석	(멈칫한다)

45. 회사 로비 커피숍

지호, 차를 앞에 놓고 굳은 표정으로 앉아 있다. 현수, 로비에서 손
님을 배웅하고 돌아서 가려다 지호를 보고 기겁하며 쫓아온다.

현수	야….
지호	(본다)

현수	(앞에 앉으며) 너 이 시간에 왜 여기 있어?
지호	너 보러 온 거 아니야. 올라가서 일해.
현수	…! 기석이형? 내가 전화한 것 때문에?! (아후…) 야, 그거 그냥 한 소리인데…. 확실한 것도 아니고…. (시선 돌리다 멈칫!)
기석	(다가오고 있다)
현수	(얼른 작게) 야, 사고치지 마라. 어?
지호	(눈길도 안 준다)
기석	(곁으로 온다)
현수	(일어나며 기석을 보고 어색하게 웃어 보이며 얼른 간다)
기석	(현수를 한 번 돌아보고는 지호의 앞에 앉으며) 니가 마음이 급하긴 급하구나. 날 다 찾아오고.
지호	(날 서게 본다)
기석	(얘기) 해봐. 뭔데.
지호	얘기했었죠. 이정인은 건들지 말라고.
기석	내가 건드렸대? 현수가 그래?
지호	어떻게 하면 이정인 인생에서 완전히 없어질래요?
기석	허…! 말 좀 가려 해라.
지호	반복되면 선배고 뭐고 없다고 얘기했던 것 같은데. 잊어버렸어요?
기석	너야말로 머리 좀 있는 놈이 왜 기억력이 없냐. 얘기해줬잖아. 니가 포기하면 나도 기꺼이 포기해준다고.
지호	내가 포기하면, 정인 씨를 다시 만날 수 있을 것 같아요?
기석	누가 만난대?
지호	…! (당혹)

46. 정인의 집 안

정인, 세탁기에 세제를 넣고 있다. 시선은 떠 있다. 식탁 위에 놓인

휴대폰에 톡 온다. 내던지듯 손을 놓고 뛰어가 휴대폰 집어 든다. 별
거 아니다. 신경질적으로 툭 놓고 되돌아 오려다 다시 돌아 휴대폰
을 집어 들고 노려보듯 본다.

정인   유지호, 진짜….

47. 로비 커피숍

기석, 여유롭게 커피 마신다. 지호, 빤히 보고 있다.

기석   (잔을 내려놓으며) 뭘 황당해하냐. 알잖아. 내 목표 유지호인 거. 아,
      물론 정인이가 다시 오겠다면 못 받아들일 것도 없지. 결혼까지 생
      각도 했었는데. 양쪽 집 부모님들의 여전한 기대에 보답도 되고. 여
      러모로 나쁘지 않지.

지호   (어이없어 피식…)

기석   넌 정인이를 몰라. 걔는 마음만으로 만족하는 애가 아니야. 날 그렇
      게 오래 만났던 거 보면 모르겠냐? 넌 감당 못해. 니 싸구려 로맨스
      는 정인이 이상에 맞지를 않아.

지호   …! (됐다…. 고개마저 돌린다)

기석   (아랑곳없이) 파렴치한 같지…? 날 이렇게 만든 게 이정인이야. 내가
      이 정도인데 넌…. 참 안타깝다. 앞날이 너무 보이잖아.

지호   (곧은 시선으로 보며) 진심어린 내 걱정이면 감사하게 받을게요. 지금
      부터 할 얘기는, 경고 아니야. 협박이야.

기석   …! (순간 긴장한 시선으로 본다)

지호   선배야말로 좋은 머리면 기억하겠네. 다른 건 몰라도 아이 문제에
      있어서는 세상 무서울 거 없다고 했던 내 말.

기석   (순간 픽) 또냐. 이 상황에서는 애 문제가 제일 치명적인 약점인 거

몰라?

지호 그 약점이 제대로 작용하면 강점이 될 수도 있죠. 나하고 내 아들, 불법으로 촬영한 거. 어떻게 써볼까요?

기석 ⋯! (싸늘해진다)

지호 심지어 아버님이 하신 거라던데. 당시에는 이정인을 봐서 참은 거지, 속이 없어서 넘어갔던 거 아니야.

기석 (당혹스러움에 웃음기마저 섞여) 지금 감히 우리 아버지를 건드리겠다는 거야?

지호 세상 무서울 게 없다니까. 감히 내 아이를 건드렸는데 뭐가 겁나.

48. 기석의 사무실

기석, 경직된 표정으로 들어와 책상 앞에 앉는다. 약이 올라 죽을 지경이다. 이내 휴대폰 꺼내 빠르게 뒤적인다.

49. 수영고 _ 교장실

태학, 책상 위에 노후 관련 책을 내려놓으며 한숨부터 내쉰다. 돋보기 낀다. 휴대폰에 진동 온다. 기석이다. 흠칫⋯! 돋보기 벗어놓고 긴장하며 집어 든다.

태학 (멋쩍게 받는다) 어⋯ 기석이⋯.

기석(F) 에, 너무 연락을 못 드렸어요. 죄송합니다.

태학 아니야. 서로 바쁜데 뭘⋯.

기석(F) 아버님, 오늘 저녁에 시간 좀 내주십시오.

태학 (지레⋯) 왜, 뭐 나한테 할 얘기 있나⋯?

기석(F)	당연히 있죠. 저랑 정인이 날 잡아주신다면서요.
태학	…! (이건 뭔 소리야?)
기석(F)	아버님?
태학	어, 어…. 잡아야지, 그럼. 잡아야지. 그래, 몇 시에 어디서 볼까?

50. 약국 안 (저녁)

예슬, 소모품을 들고 나가는 손님에게 인사한다. "안녕히 가세요" 정
인, 머뭇거리는 표정으로 손님과 교차해 들어온다.

예슬	어서 오세요.
정인	(조제실 쪽을 본다)
예슬	뭐 필요하신데요?
정인	저기….
혜정	(조제실에서 나오다 흠칫한다)
정인	…! (인사하며) 안녕하셨어요….
혜정	네, 오랜만이에요. 지금 유 약사 없는데….
정인	아…! 네…. (민망) 안녕히 계세요. (나가려 한다)
예슬	(얼른) 차 한 잔 드릴까요?
정인	…! (돌아보며) 아니에요. 고맙습니다. 그럼…. (미처…. 빠르게 나가서 는 코너길 방향으로 사라진다)
혜정	(보다가 아무래도…. 데스크를 나가 쫓아간다)

51. 기석의 회사 앞 일각

지호, 가려 하고 있다. 현수, 붙잡으며 실랑이 중이다.

현수	(잡고) 얘기 좀 하고 가라고.
지호	할 얘기 없다니까.
현수	그럼 그냥 한잔하자.
지호	(팔을 빼고 가려 하며) 술 안 마셔.
현수	(다시 잡고) 그럼 밥 먹자, 밥. 됐지.
지호	(마지못해 멈춘다)
현수	기다려. 가방만 갖고 내려올게. (가려다) 딱 있어. (빠르게 들어간다)
지호	(기석과의 일로 불편한 기색이 가시지 않는다)

52. 기석의 회사 _ 주차장

기석의 차, 주차되어 있다. 기석, 통화하며 걸어오고 있다.

기석	지금 출발하니까, 아버지는 이십 분쯤 있다 나오세요. (리모컨으로 차 문 열며) 그럼 시간 맞을 거예요…. 네…. (운전석으로 오며) 이따 봬요. (끊고는 차에 오른다. 괜스레 씨익 웃으며 시동을 건다)

53. 수영고 _ 본관 일각

영국의 차, 세워져 있다. 기사, 뒷좌석 문 앞에 서 있다. 태학, 가방을 들고 나온다. 기사, 인사한다.

태학	(끄덕이며) 이사장님 아직까지 계셨어?
기사	일정이 남으셔서…. (어깨 너머로 보며) 나오시네요. (뒷좌석 문 연다)
태학	(돌아본다)
영국	(나오고 있다)

태학	(살짝 목례한다)
영국	왜 아직 있어?
태학	지금 퇴근하는 길입니다. 다치신 데는 좀 어떠세요?
영국	슬쩍 접질린 건데 뭘. 괜찮아.
태학	예…. 그럼, 들어가십시오.
영국	어. (차로 가려) 혹시 오늘 시간 되나?
태학	(순간 머뭇) 죄송합니다. 선약이 있어서…. 뭐 하실 말씀 있으세요?
영국	나만 있나?
태학	(뜨끔!)
영국	알았어. 가봐. (차에 오른다)
기사	(문을 닫고 재빠르게 운전석으로 가서 오른다)

영국의 차, 이내 떠난다. 태학, 다시 살짝 목례한다. 고개를 들며 이
내 씨익…. 꿍꿍이가 가득한 표정이 된다. 빠르게 길을 재촉한다….

54. 식당가 입구

식당들이 늘어선 골목 입구다. 지호와 현수, 걸어온다. 현수, 휴대폰
을 뒤적이며 맛집을 찾고 있다.

현수	뭐 먹고 싶냐. 저 안으로 들어가면 웬만한 거 다 있거든. 말만 해.
지호	(멈춘다)
현수	(휴대폰만 보다가, 응?) 왜.
지호	그냥 다음에 먹자.
현수	여기까지 와서 왜. 알았어. 뭔 일인지 안 물어볼게. 됐지.
지호	그것 때문이 아니라, 약국 너무 오래 비웠어.
현수	어차피 지금 가면 금방 문 닫을 시간인데, 뭘.

| 지호 | 그래도. 사실 밥 생각도 별로 없고. 나중에 보자. (반대로 되돌아간다) |
| 현수 | (잡지 못하고…) |

55. 일식집 _ 룸 안

영국과 기석, 술과 많은 안주가 놓인 테이블을 사이에 두고 마주 앉아 먹는 중이다. 종업원, 또 다른 안주를 놓아주고는 나가며 문을 닫는다.

영국	걸신 들린 것도 아니고 둘이 먹는데 뭘 이렇게 많이 시켰어?
기석	많이 드시고 빨리 회복하시라고요.
영국	속이나 썩이지 마.
기석	(피식. 잔을 채워주며) 죄송한 것도 있고요.
영국	(술 받으며 빤히… 이상한데…? 마시고는 잔 내려놓는다)
기석	(보고 있다) 정인이, 그 문제 다 정리됐어요.
영국	(멈칫!)
기석	제가 그랬잖아요. 잠깐 동정심에 그러는 거였다고.
영국	(안주 집으며 웃음기 섞어) 그래서 다시 너한테 오기라도 한대?
기석	아버지 손에 달려 있죠. 정인이 아버님, 자리 결정해주세요.
영국	(젓가락을 탁 놓으며) 너 정말….

노크 소리 난다. 종업원, 이내 문을 열어준다. 태학, 문가에 서 있다. 영국, 놀라 본다. 태학도 흠칫한다. 기석, 얼른 일어서며 "들어오세요, 아버님" 한다. 영국, 기석을 노려본다.

| 태학 | (멋쩍어하며 들어온다) 아니, 어떻게 된 거야…? |
| 기석 | 제가 날을 겹쳐서 약속 잡은 걸 몰랐어요. 여기 와서 알고 다시 연 |

락드릴까 하다가 이미 근처 오셨을 것 같아서. 앉으세요.

태학   어…. (영국의 맞은편에 앉는다)

기석   저, 잠깐 화장실 좀. (나가서 문을 닫으며 슬쩍 씨익)

영국   (뭐야…) 선약이 이거였어? 내 자식 만나는 건데 왜 말을 안 했어?

태학   (떨떠름) 저도 눈치로 산 세월이 얼만데…. (시선 피한다)

영국   (어쭈…. 기가 차다)

56. 약국 앞 대로변 (밤)

택시, 선다. 지호, 계산하고 내린다. 예슬, 퇴근하는 중이다. 약국을
나오다 지호를 보고 슬쩍 못마땅한 표정을 짓는다. 지호, 보고는 지
갑을 넣으며 얼른 다가온다.

지호   좀 늦었다. 많이 바빴어?

예슬   네.

지호   …! 아, 그래? 미안….

예슬   됐어요. 내일 봬요. (코너길 방향으로 가버린다)

지호   …! (예슬의 뒷모습을 잠시 본다. 하…. 약국으로 들어간다)

57. 약국 안

지호, 들어온다. 조제실 불이 꺼진다. 혜정, 조제실에서 가방을 들고
나온다.

지호   죄송해요. 앞에서 예슬이 봤는데, 많이 바빴….

혜정   (밖으로 나오며) 여기 엄연한 직장이야.

지호   (흠칫…!) 죄송합니다….

혜정   (정인이를 대변하는 말이다) 입장 이해하는 것도 한계가 있어. 너무
        니 생각만 하는 거 아니니?

지호   (당혹…. 섭섭하기도) 누나….

혜정   제대로 하자, 어? (나가며) 문단속 잘하고 가. (나간다)

지호   (혜정이 사라질 때까지 유리 너머로 보다 돌아선다. 섭섭하기도 하고 짜증
        도 난다…. 굳어지며 데스크 안으로 들어간다)

58. 약국 밖 _ 코너길 일각

혜정, 후다닥 코너길 쪽으로 온다. 예슬, 코너에서 내다보다가 얼른
나온다. 두 사람, 손을 맞잡고 호들갑을 떤다.

59. 조제실 안

약국의 불만 새어드는 어두운 조제실. 지호, 힘없이 들어와 돌아서
다가 기절할 듯이 놀라며 옆의 벽을 짚는다. 정인, 의자에 앉아 빤히
보고 있다.

지호   (덜덜) 여기서… 뭐해요…?

정인   (일어선다) 어디 갔다 오는 거예요?

지호   (몸을 세우고는 혜정과 예슬에게 속은 게 생각나 뒤를 돌아보며 슬쩍 인상
        쓴다. 다시 정인을 본다)

정인   어디 갔다 오는 거냐고요.

지호   잠깐 볼일이 있어서….

정인   되게 여유 있다. 볼일도 보러 다니고.

지호	(참 나…! 알지도 못하면서…. 슬쩍 굳어져) 일단 나가요. 어디 다른 데 가서 얘기해요.
정인	무슨 얘기?
지호	… 얘기하러 온 거 아니에요?
정인	아닌데.
지호	그럼 왜 왔어요?
정인	약 사러.
지호	무슨 약?
정인	(노려보듯 본다)
지호	왜에….
정인	한 대 콱 쥐어박고 싶고, 속이 바싹바싹 타고, 섭섭해서 죽을 것 같을 때 먹는 약 줘요.
지호	…! (슬쩍 웃음이 새어나오려 한다)
정인	(말하고 나니 더 야속해진다…. 눈시울이 젖어든다) 없으면 말고. (나가려 한다)
지호	(순간 막아선 뒤, 정인의 얼굴을 감싸고 키스한다…)

엔딩.

O n e

S p r i n g

N i g h t

16 부

봄밤

1. 약국 안 (밤)

정인과 지호, 티백 담긴 컵을 하나씩 들고 대기석에 나란히 앉아 있다.

지호 　… 언제부터였는지는 정확히 모르겠어요. 은우가 나하고 눈을 맞추 기 시작했을 때쯤 됐으려나. 무조건 참아야 살 수 있겠더라고. 시시 때때로 올라오는 온갖 감정을 누르지 않으면 무슨 짓이든 저지를 것 같았어.

정인 　설마, 은우 두고… 나쁜 생각도 했어요?

지호 　(시선을 돌리며 말을 못한다)

정인 　미쳤어.

지호 　(앞에 시선을 놓고 고백하듯) 날 통제했지. 그동안의 생활, 행동, 말…. 심지어는 생각까지. 그나마 견디게 되더라고요. 지금까지 단 한 번 도 그때의 일이나, 은우를 낳은 여자를 떠올리지 않았다면 거짓말 이야. 근데 믿기 어렵겠지만 정말 어떤 감정도 없어. 그게 서글플 때 도 있었어. 취했던 날은… 그날만큼은 누르고만 있지는 못하겠어 서….

정인 　잘했어요.

지호	(본다)
정인	은우도 그렇지만, 지호 씨 자신한테도 위로하고 싶었겠지.
지호	고마워요….
정인	내가 고맙지. 서운했을 텐데 오히려 내 마음까지 이해해줘서.
지호	(피식…)
정인	(미소 짓다가) 다 식었다. 마셔요. (쭉 마신다)
지호	(한 모금 마시고 입을 뗀다)
정인	다 마시지.
지호	(응? 마시라고 한다고 또 쭉 마신다)
정인	(보고 있다가 바로 빈 컵을 홱 뺏어 자신의 컵과 포개며 일어선다) 고해성사는 했어도 받을 벌은 받아야지. 일어나요.
지호	(응? 무슨…?! 의아한 눈으로 올려다본다)

2. 지호의 집 _ 주방 (밤)

정인과 지호, 식탁을 사이에 두고 마주 앉아 있다. 정인, 립스틱 들고 빤히 보고 있다. 지호, 미간만 살짝 찌푸린 것으로 억울함을 표시하고 있다.

정인	싫어요?
지호	싫다는 게 아니라…. 나 원래 안 그런다니까요? 실수잖아. (점점 높아진다) 사람이 실수할 수도 있지. 얼마나 인간적이야. 사람 냄새나고.
정인	(흐흐…)
지호	그리고 처음인데 한 번은 봐줘야지 단칼에 이러는 건 너무 비인간적….
정인	(순간 굳어진다)
지호	(말끝이 흐려지는) …이지 않나….

정인	진짜 말 많네. 보건소에 금주 클리닉 있는데, 신청할까?

지호, 순간 앞에 놓인 (몇 장 있는) A4용지 바짝 당겨오며 펜을 집어든다. '각서'라고 쓰고는 정인을 본다. 정인, 빤히 본다. 지호, '유지호는 술을 일주일에…' 쓴다.

정인	일주일?
지호	이주는 너무 길지….
정인	한 달에 한 번만 마신다.
지호	말도 안 돼!
정인	(A4 당기며) 금주 클리닉 가자.
지호	(새 종이를 홱 당겨와) 됐어. 안 마시고 만다.
정인	절대 금주. 위반 시 이정인과 결혼 불가.
지호	…?! (황당)
정인	(쓰라고 턱짓한다)

지호, 각서를 쓰기 시작한다. 정인, 립스틱 뚜껑을 연다. 지호, 신경질적으로 후다닥 써내려간다. 자신의 이름을 쓴다. 정인, 얼른 지호의 손을 당겨와 엄지에 립스틱을 칠한다. 지호, 어이없어 노려본다. 정인, 다시 턱짓한다. 지호, 이름 옆에 지장을 콱! 찍는다.
냉장고에 각서가 붙어 있는 모습 비친다.

3. 일식집 _ 룸 안

영국, 태학, 기석. 둘러앉아 먹고 마시고 있다. 세 사람, 취기가 올라 있다. 영국, 심기가 불편한 표정이다. 태학, 의식해 시선도 주지 않고 있다.

기석	(얼른 태학 보며) 아버지께서 좋은 자리 주시려고 고민이 많으시대요.
영국	(저런…! 잔을 쥐고 있던 손에 힘이 들어간다)
태학	뭘 그렇게까지…. 전 욕심 없어요. 그저 재단에 몸 바쳐서 봉사할 수 있는 거, 그거 하나면 더 바랄 게 없는 사람입니다.
영국	(어이구…) 그렇게 우리 재단을 아끼는 줄 몰랐네….
태학	그러셨다면 섭섭한데….
영국	(빤히 보다가…) 딸내미, 우리 기석이하고 결혼해도 되겠어?
태학	…! (막힌다)
영국	어떻게 생각해. 해도 될 것 같아, 안 될 것 같아? (누르듯 본다)
태학	음. 그 결정이야 당사자들이 하는 거죠. 저나 이사장님은 그저 부모일 뿐이잖습니까. 부모 역할이 뭡니까. 자식들 의견 존중하면서 지켜보고 응원 보내는 거죠. 전 지금껏 그렇게 생각하면서 살아왔습니다.
영국	(허!)
기석	맞는 말씀이세요. 결혼은 저희가 하는 거니까요.
영국	(저 자식이…)
기석	오늘 우연찮게 자리가 만들어진 게 마침 잘된 것 같아요. 정인이하고 저, 올해 안에 결혼하려고요. 너무 덥거나 추울 때보다는 가을쯤이 좋을 것 같은데. 두 분 생각은 어떠세요?
영국	(피하듯 바로 술 마신다)
태학	…! (질세라 얼른 잔을 채워 마신다)

4. 지호의 집 안

소파 앞 테이블에 먹다 남은 피자와 음료수, 접시, 포크 등이 놓여 있다. 정인과 지호, 음료수 담긴 머그잔을 하나씩 들고 소파에 나란히 앉아 있다.

정인	아빠가 문제지. 솔직히 엄마는 크게 걱정 안 했었어. (마신다)
지호	어머님도 내색을 안 한 것뿐이지 얼마나 힘들게 결정하셨겠어요. 아버님은 훨씬 더 하시겠지. 너무 조급하게 생각 안 했으면 좋겠어.
정인	조급한 것보다, 나도 나지만 지호 씨… 괜히 죄인 만드는 거 같잖아.
지호	아무렇지 않다고 하면 거짓말인데, 그렇다고 자존심 상하거나, 상처가 되지는 않아.
정인	존재를 인정받지 못하는데 어떻게 괜찮아.
지호	정인 씨 때문에. 정인 씨가 날 인정해주는데 뭐.
정인	(기석과의 일이 생각난다…)
지호	왜, 아닌 것 같아?
정인	(고개 젓는) 맞는 것 같아. 맞아, 그게. (음료수 마신다)

5. 일식집 앞 일각

영국과 태학, 거나하게 취해서 나온다. 영국의 기사, 차에서 얼른 나와 대기한다.

영국	딸내미가 진짜 우리 기석이한테 시집 올 것 같아?
태학	얘기 잘 끝내고 나와서 또 왜 이러십니까?
영국	난 자식 말이라도 다 안 믿는 거 알지? 근데 당신 딸을 어떻게 믿어.
태학	그렇게 따지면 저도 기석이 전부는 안 믿습니다.
영국	근데 뭘 자꾸 결혼을 하재.
태학	기석이가 안달인 거지, 우리 정인이는 일절 재촉 안 했어요.
영국	그마나 양심은 있나보네.
태학	…! 기석이라고 털어서 먼지 안 나올 것 같아요?!
영국	(바싹 다가와) 내 새끼가 한눈이라도 팔았다는 거야?
태학	그거야 모르죠. 이럴 줄 알았으면 나도 미리 사진 좀 찍어둘걸.

영국   …! (코 앞으로) 지금 나랑 한번 해보겠다는 거야?!

태학   (오기 난다. 배로 밀며) 누가 겁나나?!

영국   (순간 슬쩍 떠밀린다) 어쭈! (배를 내밀며 붙는다)

기석, 지갑을 넣으며 나오다 보고 기겁하며 뛰어와 두 사람을 떼어
낸다. "왜 이러세요, 왜…" 기사, 역시 뛰어와 영국을 뒤에서 감싸며
당긴다. 영국, 흠칫하며 "야, 팔, 팔…" 기사, 얼른 오른쪽만 잡는다.
기석, 태학을 뒤로 당기고 있다.

영국   (뿌리치지는 않으면서) 나 말리지 마.

태학   (역시 그대로) 나도 말리지 마. 지금은 계급장이고 뭐고 없어.

영국   뭐?! 말이면 다인 줄 알아?!

기석   아버지 왜 그러세요!

태학   내 입 갖고 말도 못해?!

기석   아버님도 그만하세요. 두 분 다 너무 취하셨어요.

영국/태학   안 취했어!

기석   (데려가라고) 김 기사님.

기사   (영국을 당기며) 이사장님, 들어가시죠….

영국   (여전히 뿌리치지 않으며) 내 성격 알지. 이대로는 못 가.

태학   누구는!

영국   내가 팔 좀 이렇게 됐다고 감히 나한테 엉겨? 허! 붕대 풀까? 진짜
       한번 해볼래?!

태학   해봅시다!

기석   아버님. (앞에서 감싸며 뒤로 민다)

기사   이사장님, 이제 그만하십시오…. (뒤로 당긴다)

영국   (뒤로 가며) 너 오늘 애들이 살린 줄 알아!

태학   (기석을 떠밀듯 하며) 사돈 남말 하시네!

6. 도로 위 _ 영국의 차 안

기사, 운전하고 있다. 영국, 뒷자리에 거의 눕듯이 기댄 채 주정 중이다.

영국   야…. 한주먹거리도 안 되는 게 어디…. 권영국 성질 많이 죽었다.

7. 도로 위 _ 기석의 차 안

대리 기사, 운전하고 있다. 기석, 조수석에 앉아 상황만 더 꼬인 것에 짜증이 나 죽을상을 하고 있다. 태학, 역시 뒷좌석에 앉아 중얼대고 있다.

태학   결혼 못해서 죽은 귀신이 붙었는 줄 알아? 웃기고 있어!

8. 태학의 집 _ 침실

기석, 몸을 제대로 가누지 못하는 태학을 부축해 데리고 들어온다. 형선, 놀라고 정신없는 표정으로 안절부절못하며 따라 들어온다. "이게 무슨 일이야…" 기석, 태학을 침대에 눕힌다. 태학, 그대로 널브러져 잠든다. 기석, 헉헉…. 형선, "술을 얼마나 마신 거야…" 태학의 겉옷을 벗기려 낑낑댄다….

9. 태학의 집 _ 주방

기석, 식탁 앞에 앉아 있다. 형선, 차를 가져와 앞에 놓아준다.

기석 감사합니다.

형선 내가 고맙지. (앉는다) 이사장님은 잘 들어가셨나 모르겠네.

기석 네, 조금 전에 기사님한테 연락 받았어요.

형선 아무튼 고생했어. 근데 어떻게 갑자기 자리를 했어. 원래 약속된 거였어?

기석 예, 뭐…. (질러야겠다) 저희 결혼 얘기 구체적으로 할 때 됐잖아요.

형선 …! (당혹스러워 웃음이 툭…)

기석 (느꼈다) 어머니, 저 정인이하고 결혼해야 됩니다.

형선 다른 것도 아니고 결혼인데, 제일 우선이 두 사람 마음 아니야?

기석 정인이를 생각해서예요.

형선 무슨 의미인지 잘 모르겠네.

기석 정인이, 유지호 만나면 안 돼요.

형선 그 사람, 사정이 좀 다르다는 건 알고 있어.

기석 그거야 뭐 안타깝게 봐야죠. 것보다… 질이 좀 안 좋더라고요.

형선 …!

기석 저도 걔를 좀 안다고 생각했는데… 사람, 진짜 겉만 보고는 모르는 건가봐요. 사진, 아시죠? 그거 제가 결혼 얘기만 나오면 말을 돌리니까, 아버지가 정말 부모로서 자식 걱정 때문에 잠깐 알아보는 차원이셨던 거예요. 근데 하필 지호가 걸려들어서…. 아버지도 엄청 충격받으셨어요. 정인이하고 결혼이 물 건너갔다는 생각에….

형선 다 알겠는데, 유지호라는 사람이 질이 좋지 않다는 건 무슨 얘기야?

기석 사진 찍은 걸로 회사까지 찾아와서 협박을 하더라고요.

형선 협박?

기석 자기는 세상 무서울 게 없다는 둥 우리 아버지를 가만 안 두겠다는 둥….

형선   가만 안 둔다니?!

기석   모르죠. 무슨 짓을 하겠다는 건지. (컵을 들며 흘리듯) 돈이라도 달라는 건지…. (마신다)

형선   (어이없어 빤히 보기만…)

기석   (내리며) 걱정 마세요. 제가 정인이 제자리로 돌려놓을 거니까. 그럼 유지호도 알아서 떨어져나가겠죠.

형선   (속을 알 수 없는 표정. 살짝 끄덕끄덕…)

10. 약국 _ 조제실 (아침)

지호, 조제된 약과 봉투를 챙기고 있다. 예슬, 처방전 들고 들어온다. 지호, 휴대폰에 진동 온다. 꺼내 본다.

예슬   주세요. (약을 들고 처방전 놓고 나간다)

지호   (받는다) 응, 정인 씨.

정인(F)   엄마가 지호 씨 만나고 싶대요.

지호   언제?

정인(F)   (웃음) 당장 나오라고 해도 나올 것 같네.

지호   그래야 된다면.

정인(F)   너무 여유만만인데?

지호   한 번은 치를 일인 줄 알고 있었는데 뭐.

정인(F)   씩씩해서 좋네. 알았어요. 날짜하고 장소 정해서 얘기해줄게.

지호   정인 씨.

정인(F)   응?

지호   은우하고 같이 뵙고 싶어요.

11. 도서관 _ 복도

정인, 파일과 책 몇 권 안고 통화하며 오다 멈춰 선다.

지호(F) 아닌 거 같아…?

정인 (멈칫!) 아니. 그런 게 아니고, 지호 씨가… 괜히 무리하는 거 아닌가….

지호(F) 은우 소개하는 것도 한 번은 치를 일이잖아.

정인 내가 미처 생각을 못했다. 그렇게 해요, 우리.

지호(F) (웃음) 예뻐라.

정인 뭐가?

지호(F) 우리 일이라고 생각해주는 게.

정인 (웃음. 걸어가며) 앞으로 계속 나올 거니까 미리 감동하지 마.

12. 도서관 _ 회의실 안

영주와 하린, 일거리를 앞에 놓고 앉아 놀란 표정으로 정인을 본다. 정인, 맞은편에 앉아 안경을 꺼내며 웃고 있다.

하린 완전 대박이다.

영주 너무 멋지다, 진짜.

정인 뭘 이 정도로. (안경 낀다)

영주 너 말고.

하린 남친이요.

정인 …! 난 왜 아닌데?

영주 니가 지호 씨랑 사정이 똑같아? 데리고 오라고 해도 덜덜 떨릴 판에 유지호 완전 용감무쌍이네.

하린	이래서 부모가 되면 다르다는 건가봐. 동갑인데 너무 차이 난다.
정인	나도 같이 만나는 게 좋다고 했어!
영주	늦었다. (일에 손을 놀린다)
하린	다음에 선배님집 갈 때 약국 들러서 파스라도 한 장 사야겠어요.
영주	시원하게 한 세 장 사자.
정인	(웃다 뚝) 지갑은 꼭 챙겨가라.
영주/하린	…! (동시에 노려본다)
정인	(웃으며 일에 손 놀린다)

13. 남수의 집 안 (밤)

지호, 남수, 숙희, 은우. 식탁에 모여 저녁 식사를 막 끝내는 중이다.
은우, 물 마시고 컵을 내민다. 지호, 컵을 받아 든다. 은우, 바로 제
방으로 튀어 들어간다.

숙희	괜찮겠어? 처음 뵙는 자리인데 좀 그렇지 않을까? 당신 생각은 어때?
남수	그러게. 니가 어떤 사람인지 보시려는 건데 은우까지, 부산스럽지 않겠냐?
지호	은우가 있어야 내 전부를 보시는 거지.
남수	니 마음은 알지만….
숙희	그래, 너야 부모니까. 근데 여자 쪽은 니가 좋은 거지 아직 익숙하게 받아들일 정도는 아니잖아.
지호	정인 씨도 그렇게 하는 게 좋대. 그리고, 지금부터는 작은 일이든 큰 일이든 뭐든 같이 해나가는 게 맞다고 생각해요.

14. 남수의 집 _ 대문 밖

지호, 앞서 나온다. 남수, 뒤따라 나온다.

지호   들어가세요. 도착하면 전화드릴게요.

남수   (끄덕인다) 난 너 같은 아빠는 아니었던 거 같다.

지호   (멋쩍은) 무슨 말씀이세요. 아버지 엄마한테 갚을 게 더 많아요.

남수   내 자식이지만, 참 장하고 대견해.

지호   (더 민망) 갈게요. 들어가세요. (차로 향한다)

남수   운전 조심하고.

지호   네. (간다)

남수   (뿌듯하다…. 미소 담고 바라본다)

15. 영국의 집 _ 거실

기석, 고집스러운 표정으로 혼자 소파에 앉아 있다. 영국, 주방에서
나오다 인상 쓴다.

영국   뭘 어쩌라고 버티고 앉았어? 빨리 가라니까.

기석   확답 들어야 간다고요.

영국   (소파로 오며) 다른 놈한테 간 여자를 놓고 결혼한다는 게 말이 되
냐? (앉아) 그래, 한다 치자. 너 평생 좋아하면서 살 수 있어?

기석   어떻게든 살기만 하면 되는 거 아니에요?

영국   … 이게!

기석   그러게 왜 일을 망쳐요! 아버지가 사진만 안 찍었어도 별 문제 없이
해결 할 수 있었잖아요.

영국   (황당) 내 탓이란 소리냐?

기석   그럼 내 탓이에요? 그렇잖아도 아버지가 반대하셨던 거 때문에 빈
        정 상해 있는데. 아버님한테 시비는 왜 걸어요. 도대체 날 도와주시
        겠다는 거예요, 막겠다는 거예요?

영국   결혼에 환장을 한 것도 아니고… 넌 밸도 없어?!

기석   그걸 따질 때가 아니라고요! 그 새끼가 지금 사진으로 협박한다니
        까. 아버지를 위해서라도 결혼해야 돼요. 억지든 강제로든 해야 된
        다고. 지금까지 쌓아온 명예, 한순간에 날리실래요?

16. 기석의 회사 (아침)

직원들, 엘리베이터 앞에 서 있다. 현수, 통화하며 걸어온다.

현수   대박. 역시 유지호다.

영재(F)   개가 작정한 거 뻑사리 내는 거 봤냐.

현수   어쨌거나 우리 중에 제일 먼저 결혼하네.

영재(F)   이제 인사 가는 건데 뭐.

현수   넌 인사 갈 여자라도 있냐고.

영재(F)   또 시작이네. 넌 있어?

현수   두고 봐라. 유지호 다음으로 누가 가나. 나야.

기석   (어느새 와서 옆에 선다)

현수   …! (놀라, 작게) 끊어. (얼른 끊으며) 안녕하세요.

기석   (지레 굳어) 지호가 어디를 가는데.

현수   (헉…) 아니….

엘리베이터 열린다. 직원들 탄다. 기석, 빤히 보고 있다. 현수, 에라
모르겠다. "결혼하나 봐요" 하고 엘리베이터에 후다닥 올라탄다. 기
석, 시선도 돌리지 못하고 굳었다. 문 닫힌다….

17. 서인의 집 안 (낮)

식탁에 마시던 찻잔과 먹던 디저트들이 담긴 접시가 놓여 있다. 현관 앞 일각에, 아기 용품들이 든 박스 여러 개가 놓여 있다. (유아용 카시트 그려진 박스 포함) 정인과 서인, 앞에서 내려다보고 있다. 재인, 현관문 앞에서 배송원들과 인사하고 있다. "수고하셨어요", "안녕히 계세요" 재인, 문을 닫고 들어온다.

재인   남시훈답다. 애기 물건 몇 개로 용서해줄 거라고 생각을 하냐. 어떻게 이런 습자지 같은 머리로 의사가 됐을까.

서인   뜯지 말고 그대로 놔둬. (주방으로 향한다)

재인   그러게 그때 확 고소를 했어야 되는 거야.

정인   무슨 고소?

재인   …! (서인을 본다)

서인   (식탁 앞에 앉으려다 경직된 표정으로 보고 있다)

정인   (돌아보며) 얘 무슨 말 하는 거야? 소송이 아니라 왜 고소야?

서인   … 나중에 얘기할게.

정인   지금 해. 뭔데 나만 몰라? (재인 보며) 뭐야.

재인   (확 말하려는데)

서인   내가 나중에 한다고.

재인   (입 꾹…)

정인   (재인만 보며) 말해.

서인   (다가오며) 정인아….

정인   (여전히 재인만 보며) 말 안 해?! (팔을 잡아 서재 쪽으로 끌고 가려 하며) 들어와봐.

재인   (팔 빼며) 남시훈이 언니 때렸대.

정인   …! (탁 돌아본다)

서인   (멈춰 서 있다)

정인　(뚫어져라 본다…)

18. 시훈의 병원 _ 원장실 안

시훈, 작성을 마친 이혼 서류를 앞에 놓고 도장을 쥐고 찍을 듯 말 듯 하고 있다. 휴대폰을 집어 본다. 연락이 없다. 툭 놓는다. 성질 난 듯 도장을 집어 확 찍는다. 찍어놓고 스스로 놀란다. 머리를 감싸 쥔다….

19. 서인의 집 _ 거실

정인, 운 기색이 역력한 얼굴로 앉아 있다. 여전히 눈에 눈물이 가득 차 침실을 노려보듯 보고 있다. 재인, 눈시울이 젖은 채 옆에 앉아 있다. 정인, 이를 악물고 참으려 애쓰지만 눈물이 떨어진다. 재인, 보고는 겁도 나고 속도 상하고… 훌쩍댄다…. 정인, 벌떡 일어나 침실로 간다. 재인, 헉! 쫓아가 잡고 하지 말라고 고개 젓는다. 정인, 손을 치우고 침실로 향한다. 재인, 발을 동동…. 눈물이 뚝뚝 떨어진다.

20. 서인의 침실

서인, 젖은 눈으로 침대에 걸터앉아 있다. 정인, 들어온다. 서인, 정인을 보자 눈물이 순식간에 차오른다. 정인, 속상한 표정으로 흘기듯 보는 눈에 눈물이 맺힌다. 서인, 울며 고개를 떨군다. 정인, 다가와 곁에 앉으며 꼭 안는다. 서인, 정인의 어깨에 기대 서럽게 운다…. 정인, 눈물 떨구며 더 꼭 안고는 등을 쓸어준다…. 재인, 조심스레 들어온다. 안심이 돼 젖은 눈으로 두 사람을 흘기듯 본다. 서인, 재인을 보고 미소 지으며 팔을 뻗는다. 재인, 쪼르르 와서 정인의 뒤에 앉으며 안는다. 세 자매가 서로를 꼭 감싸고 있다….

21. 남수의 집 _ 대문 앞 (낮)

지호의 차 세워져 있다. 숙희, 뒷자리 카시트에 앉은 은우의 머리를 정돈해주고, 옷매무새를 만져가며 '말 잘 들어라' 등 당부 중이다. 지호, 운전석에 오른다. 남수, 여전한 숙희를 끌어당기며 문 닫는다. 지호, 이내 출발한다. 숙희, 좋으면서도 눈가가 젖어 바라본다. 남수, 흐뭇하게 바라보고 있다….

22. 한정식집 _ 주차장

서인의 차, 후미등이 꺼진다. 뒷자리에서 형선과 재인, 차례로 내린다. 서인, 조수석에서 내린다. 지호, 차를 몰고 와 좀 떨어진 곳에 세운다. 정인, 운전석에서 내려 문을 닫다가 지호의 차를 단박에 알아본다.

정인	지호 씨 왔다!
형/서/재	(다 돌아본다)

지호, 차에서 내리다 보고는 인사한다. 형선, 서인, 재인, 인사한다. 지호, 얼른 뒷좌석으로 가서 은우를 내려준다. 문을 닫고는 은우의 눈높이에 맞게 앉아 옷매무새를 만져준다. 정인, 형선의 곁으로 온다. 형선, 지호의 모습을 가만히 보고 있다. 지호, 은우의 손을 잡고

다가온다. 정인, 미소 짓는다. 은우, 정인을 보고 뛰어와 안기다시피
한다. 형선, 서인, 재인, 흠칫한다. 정인, 아랑곳없이 은우를 쓰담 쓰
담한다.

지호	(형선의 앞으로 와서 인사한다) 처음 뵙겠습니다. 유지호라고 합니다.
형선	네, 반가워요.
재인	우린 인사 생략.
지호	(빙긋)
서인	나도 구면이죠.
지호	네, 오랜만에 뵙네요. (은우를 인사시키려 한다)
정인	(은우를 형선 앞으로 데려온다) 은우야, 인사해. 선생님 엄마셔.
은우	(배꼽인사) 안녕하세요.
형선	그래, 인사도 예쁘게 잘하네⋯.
서인	안녕하세요.
은우	안녕하세요.
재인	(은우 앞에 냉큼 앉아) 안녕. 나 기억나? 누군지 모르겠어?
은우	음⋯. 동생.
재인	오⋯. (얼굴을 감싸며) 똑똑해!
지호	(미소 지으며 보고 있다)
정인	(그런 지호를 미소 담고 본다)

23. 한정식집 _ 룸 안

정인, 은우, 지호 순으로 앉아 있다. 맞은편에 형선, 서인, 재인 앉아
서 식사 중이다. 재인과 서인, "맛있다", "이거 먹어봐" 등 대화하며
먹고 있다. 정인과 지호, "쏙쏙 썰어", "물 줄까?" 하고 은우를 챙겨가
며 먹고 있다. 지호, 그러면서도 정인의 손이 닿지 않는 곳의 음식

접시를 들어 집을 수 있게 하고, 냅킨을 앞에 놓아주기도 한다. 형
선, 먹는 둥 마는 둥 지호만 살피고 있다.

정인	엄마, 지호 씨 얼굴 뚫어지겠어.

정인   엄마, 지호 씨 얼굴 뚫어지겠어.

형선   …! (흘기고는 먹는다)

지호   (피식…. 젓가락을 놓고는) 편하게 말씀하세요. 뭐든 궁금하신 거 물어
        보셔도 괜찮습니다.

형선   서로에 대해 궁금한 거야, 여기서 다 알 수 있겠어요. 이 자리를 계
        기로 하나씩 알아가는 거지.

재인   내가 유지호 씨에 대해서는 조금 아는데.

지호   (웃음) 잘 부탁드려요.

재인   언니 하기 나름이지. 얼마 줄 거야?

정인   (싹 굳어) 죽을래? (헉! 얼른 은우의 귀를 막는다)

지호   (웃으며 본다)

재인   어흐…. (일어나) 은우야, 다 먹었지? 이모랑 밖에 놀러 나가자.

정인   이모?!

재인   그럼 누나니? (지호의 옆으로 와서 은우를 데리고 나간다)

지호   (두 사람의 모습을 본다. 고맙다…. 고개 살짝 떨구며 미소 담는다)

정인   (얼른 지호의 옆으로 옮겨 앉는다)

형선   …! (슬쩍 흘기듯 본다)

정인   지금부터 호구 조사 들어갈 거잖아. 대답할 필요 없는 건 막아야지.

서인   니가 그럴수록 지호 씨 더 불리하게 만들 수 있어.

정인   언니는 왜 그래? 지호 씨 꼭 만나야겠다고 왔으면서.

서인   (피식하고는) 정확히는 배우고 싶어서 나왔어요. 나보다 선배잖아.

지호   아…. 저도 여전히 서툴러요. 부모님께서 키워주신 거라. 그래도 알
        고 있는 한에서는 설명해드릴게요.

서인   한 가지만 궁금해요. 어떤 마음으로 견뎠는지.

형선   …! (얕은 한숨이 툭…)

정인   (서인을 안쓰럽게 본다…)

지호   (담담…) 조금 전에 부모님께서 키워주셨다고 말씀드렸지만, 은우는
         제 자식이잖아요. 저만 바라보고 세상을 살아가고 있는데 무너질
         수 없죠. 정인 씨도 마찬가지예요. 저라는 사람 하나만 믿고 왔는데,
         무슨 일이 있어도 지켜내야죠.

         서인, 지호를 보며 눈시울이 젖어든다. 정인, 이미 울컥해 그렁해지
         고 있다. 형선, 울컥하는 것을 삼키려 애쓰고 있다. 지호, 세 사람을
         차례로 보고는 오히려 당혹스럽다…. 얼른 냅킨을 한 사람 한 사람
         앞에 놓아준다. 정인, 형선, 서인, 멋쩍어 서로를 보며 웃는다. 형선
         과 서인, 얼른 냅킨으로 눈물 찍어낸다. 정인, 여전히 그렁한 채 지
         호 보며 "우리 집 여자들 원래 잘 울어" 하고 웃는다. 지호, "아…" 하
         며 웃는다.

24. 해장국집

         점심시간이 지나 손님이 많지 않다. 혼자 온 손님 몇몇이 해장국만
         먹고 있다. (평상복 차림의) 시훈, 해장국에 소주 마시고 있다. 이미
         비운 소주병 하나가 옆에 있다. 조금 마신 소주병으로 잔 채우고 있
         다. (평상복 차림의) 기석, 놀란 표정으로 와서 앉는다.

기석   형님, 이 시간에 무슨 술을 이렇게….

시훈   (취기 오른) 내가 이혼을 하게 됐어.

기석   …!

시훈   그 원인의 칠십… 아니, 좋아. 오십. 오십 퍼센트는 너 때문이야.

기석   (황당) 저요?

시훈   너지. 대출만 제대로 해줬어도 내가 부활했지. 그리고, 정인이. 결혼

까지만 갔어도 그만큼 시간을 버는데, 그 사이에 뭐라도 했을 거 아니야. 말로만 맨날 신경 쓰겠다느니, 잘해보겠다느니… (마신다)

기석   (어이없는…. 욱!) 형님은 뭐하셨는데요.

시훈   (잔 내리며) 뭐?

기석   형님이야말로 맨날 도와준다, 밀어준다, 걱정 마라…. 그래서 하나라도 해주신 게 뭔데요.

시훈   …! (막힌다…. 제 잔을 내밀며 기껏) 한잔할래?

25. 한정식집 _ 룸 안

테이블에 후식이 놓여 있다. 정인, 지호, 은우, 앉아 있다. 형선, 서인, 재인, 맞은편에 앉아 있다. 재인, 은우와 마주 앉아 후식 먹는 것을 챙기고 있다.

재인   소감들 얘기하고 빨리 끝내. 이런 자리 오래하는 거 서로 불편해.

형선   (저거 진짜…. 순간 표정 풀고 지호 보며) 우선 편하지 않을 자리인데, 오히려 우리를 신경 써줘서 고맙게 생각해요. 그리고, 무엇보다 아이하고 같이 온다는 얘기 듣고 처음에는 당혹스러우면서도… 이런 표현이 어떨지 모르겠는데, 감동했어요. 나도 부모니까.

지호   아닙니다. 거절하실 수도 있는데 승낙해주셔서 감사하고, 불편하고 낯설 상황인데… (은우를 슬쩍 보고는) 잘 받아주셔서 고맙습니다. (서인 보며) 감사합니다.

서인   내가 더요. 진심으로. 앞으로 지호 씨 많이 귀찮게 할 것 같아.

지호   얼마든요.

정인   안 돼. 내 허락 받고 해.

재인   어후, 완전 꼴 보기 싫다.

정인   (욱 하려다 은우 보며 참는다)

형선	얘기했지. 너보다 어른이라고. 진중하게 행동해.
정인	(대꾸하려는데…)
지호	(테이블 밑으로 손을 잡는다)
정인	(잡힌 손을 내려다보며 참는다)
형선	(지호 보며) 예상하겠지만, 정인이 아빠는… 갈 길이 멀어요.
지호	각오하고 있습니다. 전 얼마든 괜찮은데, 정인 씨가 힘들까봐….
정인	아니라고. 엄마, 언니, 재인아. 나, 잘할 수 있어. 잘 이겨낼 거야. 아빠의 마음, 최대한 기다릴 거고. 그리고 엄마가 해준 말 명심하고 있어. 앞으로 생각지도 못한 일들이 생겨날 수 있고, 후회하는 순간이 생길 수도 있다는 거. 근데… 그래도 괜찮아. 내 옆에는 지호 씨가 있을 테니까. 그래서, 지호 씨한테 다 퍼붓고 위로 받으면서 다시 금방… (바라보며 눈시울이 젖어든다) 행복해질 거야.

26. 해장국집 (밤)

기석과 시훈, 잔뜩 취해 마주 앉아 있다. 테이블에 수육 접시 놓여 있고 한쪽 끝에는 빈 소주병들이 있다.

시훈	끝까지 니 잘못은 없다?
기석	이혼하는 게 왜 내 탓이야. 몇 번을 얘기해. 정인이랑 결혼하게 도와준다며. 믿으라며. 그래놓고 뭐했냐고. 그 말했던 사람 어디 갔는데.
시훈	(듣다보니) 말 까냐?
기석	존대 받을 때냐고. 하…. 내 기분이 어떤지…. (가슴을 퍽퍽) 권기석이, 유지호…. (헛웃음) 와… 진짜, 쪽팔려서….
시훈	누구? 유, 뭐?
기석	(버럭) 장난하냐고! 얻다 대고 유지호야!!!
시훈	뭐야…. 너 경쟁자 있었냐?

기석	경쟁?! 나랑 게임이 안 된다고. (잔을 채운다)
시훈	(이것 봐라) 쇼킹이네. 우리 처제… 정인이가 다른 남자가 있어?!
기석	(꽥 마신다…)
시훈	아, 이거 이거…. 그런 일이 있으면 진작 얘기를 했어야지이!
기석	…! (일말의 희망이…?) 하면요?
시훈	하면요라니. 집안에 확 다 까면, 우리 와이프가 특히 정인이 일이면 열 일 제치는데…. 정신 팔렸을 거 아니야. 그동안 난 시간 좀 벌면서 만회하고…. 아, 그림이 나오는데. 넌 참 결정적일 때 도움이 안 된다.
기석	…! (황당)
시훈	(아랑곳없이) 이렇게 하자. 서로 윈윈 전략. 우리 이혼 문제를 떠벌려. 장인 장모가 안 좋은 일로 책잡히기 싫을 거 아니냐. 그럼 너하고 정인이 결혼을 더 몰아붙이겠지. 난 그 사이에 부부관계를 회복하고. 스스로 돕는 자를 돕는다. 가화만사성. 야, 기가 막힌다!
기석	(아후…! 벌떡 일어선다)
시훈	화장실 가게?
기석	(이런!) 각자 알아서 살아남읍시다, 남시훈 씨. (꽥 돌아 나간다)
시훈	(순간 말짱…. 나가는 모습을 빤히) 넌 텄어. (잔을 채운다)

27. 서인의 서재

스탠드 불빛만 켜진 책상에 펜이 놓여 있고, 임신 일기가 펼쳐져 있다. 한정식집에서 은우와 찍은 (출력) 사진이 붙여져 있고, '엄마도 널 한없이, 끝까지 지켜낼게…'라고 적혀 있다. 서인, 티백 담긴 머그잔을 들고 들어와 책상 앞에 앉는다. 미소 담고 차를 마신다.

28. 번화가

젊은이들이 넘쳐나는 번화가. 웃고 떠들며 지나는 이들, 기분 좋게 취해 장난을 치는 친구들, 서로를 꼭 안고 있는 연인들이 곳곳에 있다. 형선, 무작정 걷듯 그들의 사이를 지나며 따뜻한 시선을 건넨다. 미소가 섞인 얕은 한숨을 뱉으며 길을 이어간다….

29. 한강 둔치

재인과 영재, 캔맥주를 하나씩 들고 앉아 강을 바라보고 있다.

영재   (강만 보며) 무슨 생각해?

재인   (강만 보며) 내가 한국에 온 이유.

영재   (보며) 공부하기 싫어서 왔다며.

재인   (여전히) 그런 줄 알았는데, 오히려 배우러 온 거더라.

영재   뭘?

재인   (싱긋 웃으며 맥주를 내민다)

영재   (응? 내민다)

재인   (툭 건배하고 마신다)

영재   (… 마신다)

재인과 영재, 다시 강을 바라보고 있다….

30. 도로 위 _ 지호의 차 안

지호, 운전하고 있다. 정인과 은우, 각각 조수석과 뒷자리에 앉아 가고 있다. 지호, 생각이 많은 표정이다. 정인, 지호의 표정을 살핀다.

정인   오늘 실수한 거 없어.

지호   아니. 그냥…. 이런 날이 온 게 신기해서….

정인   나도 내 인생이 이렇게 흘러가는 게 신기하기는 해.

지호   (미소)

은우   아빠.

신호에 걸린다. 지호의 차, 횡단보도 앞에 멈춰 선다.

지호   (돌아보며) 응?

은우   선생님하고 결혼해?

지호   (멋쩍은 웃음) 응. 왜? 이상해?

정인   (웃으며 은우를 돌아본다)

은우   그러면 선생님이 이제 우리 엄마야?

지호   …! (순간 당황) 어…. (말을 잇지 못한다)

정인   (놀라지도 않고 미소 담은 채) 응, 선생님이 은우엄마 될 거야.

지호   …! (몸을 앞으로 돌린다. 너무 뭉클해져 미소조차 짓지 못한다)

정인   (지호를 본다)

지호   (정인을 본다) 내가 잘할게요….

정인   아니. 우리 셋이 잘 해낼 거예요.

31. 횡단보도 앞

지호의 차 멈춰 서 있다. 청색 주행 신호로 바뀐다. 지호의 차, 출발한다.

32. 약국 안 (아침)

지호, 구매 목록 파일을 데스크에 놓고 황당한 표정으로 혜정을 보고 있다. 혜정, 아랑곳없이 팔짱 끼고 의자에 앉아 있다. 예슬, 역시 황당한 듯 혜정을 본다.

지호   사고 못 친다고 구박할 때는 언제고, 왜 결혼을 하지 말래?
혜정   나도 먹고 살아야지.
예슬   아, 결혼하면 약사님 그만두실까 봐?
지호   …! 나 계속 다닐 건데?
혜정   어디다 신혼집 차릴 건데. 은우 초등학교 보낼 생각도 해야 할 거 아니야.
지호   그건 아직 시간 있는데 뭘. 그리고 먼 데 살든 말든 계속 다닌다니까.
혜정   각서 쓰자!
지호   …! 됐어. 각서 말도 꺼내지 마. (파일을 탁 접어 들고 조제실로 간다)
예슬   (웃음) 그거 썼다고 진짜 술 안 드시더라. 말 되게 잘 들어.
혜정   딱 보면 사이즈 나오잖아. 팔불출.
지호   (휙 나와) 누가?!
혜정/예슬   (거의 동시에) 유지호.

33. 수영고 _ 이사장실 (낮)

영국, 소파에 앉아 있다. 태학, 들어와 소파로 오고 있다. 서로 멋쩍어 눈은 마주치지 못한다. 영국, 손짓으로만 앉으라 한다. 태학, 앉는다.

영국	그… 요 전번엔 말이야….
태학	제가 술이 과해서 본의 아니게 결례를 했습니다.
영국	나도 뭐…. (대충 넘기려) 지나간 건 복기하는 게 아니야. 털어버려. 다른 게 아니고… 퇴임 후에, 이사직이 어떨까 싶은데.
태학	…! (빤히)
영국	내 자리를 줄 수는 없잖아.
태학	(멋쩍게 웃으며) 무슨 말씀을….
영국	이 교장 생각은 어때.
태학	너무 과분하죠. 과분한데, 이제 이게 그러니까….
영국	뭘 또 그러니까야. 싫어?
태학	싫다니요. 그게 아니라…. 그게 참… 그러네요.
영국	(어째 반응이…. 몸을 세워 바짝) 이 교장, 여태 꽁한 거야? 털자니까. 그리고 이런 기회, 아무한테나 주는 거 아니야. 나 얼마나 철두철미한 사람인지 잘 알잖아.
태학	아다마다요. 그… 우선 제안은 감사하고요. 저도 생각을 좀 해봐야 될 것 같습니다. (애써 웃음 짓는)
영국	(뭐…?!) 생각할 거리야? 그리고 사람이 너무 머리를 쓰다보면 오히려 패착이 돼요. 못 이기는 척, 따라가는 게 승산이 높은 거야. 그렇다니까?
태학	(어색하게 웃기만)
영국	(조급함에) 아니, 왜 자꾸 웃기만 하지….

34. 도서관 _ 회의실

정인, 휴대폰 받으며 들어온다.

정인	이제 괜찮아요. 얘기해.

태학(F)	그… 너, 기석이하고는 정말 아닌 거냐?
정인	…! (의자에 앉는다) 아빠. 난 엄마나 아빠한테 화려하게 사는 모습 보여주는 것보다, 마음 아프게 봐야 하는 자식이 안 되는 게 더 가치 있다고 생각해. (눈가가 젖어든다) 아빠가 언니 보면 속상해서 더 모진 소리하는 거 다 알아.
태학(F)	(큰 한숨을 뱉는다…)
정인	당장이야 날 볼 때 만족스럽지 않고, 불안한 거 아는데, 조금만 참고 지켜봐줘요. 꼭 엄마 아빠한테 행복하게 사는 모습 보여드릴게요. 믿어주세요….

35. 수영고 _ 교정 (저녁)

해가 지고 있는 교정. 태학, 가방을 들고 무거운 걸음을 옮기며 걸어가고 있다….

36. 영국의 집 _ 거실 (밤)

영국, 소파에 기대 앉아 테이블을 뚫어져라 보고 있다. 테이블 위의 휴대폰에 전화가 오고 있다. '이태학 교장' 영국, 받지 않고 바라만 보고 있다.

37. 기석의 집 _ 침실

기석, 책상 앞에 앉아 휴대폰을 귀에 대고 있다.

영국(F)   기석아, 너 할 만큼 했어.

기석   …! (어깨가 축 떨어지며 의자에 몸을 기댄다)

38. 정인의 집 _ 주방

식탁에 휴대폰 놓여 있다. 정인, 티백 담긴 머그잔을 들려는데 휴대폰에 톡 온다. 확인한다. 기석이다. '미안했다…' 정인, 휴대폰 켠 손을 스르륵 내린다. 저만치에 시선을 두며 얕은 숨을 툭 뱉어낸다.

39. 빌라 앞 일각 (저녁)

지호, 못마땅한 표정으로 걸어온다. 영재와 현수, 술과 주전부리가 가득 든 편의점 봉투를 하나씩 들고 온다.

영재   웃기는 새끼네. 우리나라를 응원해야지. 매국노냐?

현수   당연히 응원하지. 근데, 공은 둥글잖냐. 축구는 누구도 몰라.

영재   내기하자.

현수   콜. (지호 보며) 넌 어디다 걸래?

지호   됐고. 축구만 끝나면 바로 가라.

영재   (봉투) 이건 다 먹어야지.

지호   가라고.

영재   너 진짜 술 끊었냐?

현수   끊은 거냐. 끊긴 거지. 벌써 정인 씨한테 잡혀가지고….

지호   잡히긴 누가 잡혀! (안으로 들어간다)

영재/현수 (비웃으며 따라 들어간다)

40. 지호의 집 안

테이블에 술과 안주가 깔려 있다. 영재와 현수, 서로 건배하고 온갖 추임새를 쏟아내며 열광적으로 축구 보고 있다. 지호, 식탁 앞에 앉아 음료수를 홀짝대며 축구를 보는 건지, 친구들의 술 마시는 모습을 보는 건지… 싶은 모양새다. 전반전이 끝난다.

영재   (주방으로 오며) 아까 그건 진짜 아깝다. (냉장고에서 맥주 꺼내며) 너 진짜 안 마실 거야?

지호   (음료수를 벌컥)

영재   (냉장고 닫다 각서 본다) 그래, 결혼하려면 참아라. (TV 앞으로 간다)

지호   니네 진짜 그거 끝나면 가.

현수   알았다고. 드럽게 지랄이네. (영재와 건배한다)

지호   (애꿎은 각서를 노려본다. 이내 짜증이 난 듯 머리칼을 흐트러뜨린다)

41. 정인의 침실 (밤)

스탠드만 켜진 침실. 정인, 침대로 올라오며 지호와 통화 중이다.

정인   이제 자려고. 친구들은 갔어요?

지호(F)   아까 갔지. 축구 끝나고 바로.

정인   근데 되게 기운이 없네. 술 못 마셔서 삐졌어?

지호(F)   무슨. 나도 이제 자려고 누워서 그래.

정인   알았어요. 자.

지호(F)   응, 정인 씨도 잘 자요.

정인   응.

지호(F)   정인 씨.

정인	응?
지호(F)	사랑해요.
정인	(미소)

42. 지호의 집 안

영재와 현수가 먹고 난 술자리가 소파 앞 테이블에 여전히 남아 있다. 침실문이 꼭 닫혀 있다. 영재와 현수, 문 앞에서 통화 소리를 엿듣고 있다. 지호, 휴대폰 쥐고 슬쩍 걱정 어린 표정으로 문을 열고 나온다.

현수	(인상 쓰며) 십대니. 사랑해요는 뭐냐.
영재	야, 마무리를 그렇게 해야 완벽하게 속일 수 있는 거야.
지호	나 원래 늘 하거든.
현수	예에. (소파로 가며) 어쨌든 이제 정인 씨는 잔다 이거지…. (휴대폰 집어 들고 뒤적이며) 야, 야식은 뭐 시킬까?
지호	아무래도 이건 아닌 것 같아. 그냥 니네 있다 그러고 술 마신다고 할래. (전화하려 한다)
영재	…! (휴대폰 확 뺏으며) 왜 잘 깔아놓은 판을 깨려고 그래?!
지호	(도로 뺏으려 하며) 거짓말하기 싫다….
영재	아, 좀! (휴대폰을 소파에 던져버린다)
지호	아이! (가지러 가려 한다)
영재	(지호를 침실로 밀며) 꺼져, 좀. 안 걸린다고! (침대로 던지듯 떠민다!)
지호	(침대에 고꾸라지듯 엎어진다)
현수	야, 못 나오게 해!
영재	(얼른 문을 닫아 꼭 잡고 있다) 빨리 시켜!
현수	(휴대폰을 빠르게 검색한다)

지호(E) (문을 열려 하며) 야, 나 정인 씨한테 죽는다니까!

영재 (기를 쓰고 문을 잡고 있다)

43. 빌라 앞

배달 오토바이가 세워져 있다. 배달원1, 3층에서부터 내려오고 있다. 다른 배달 오토바이가 와서 선다. 배달원2, 음식을 꺼내 출입구로 들어간다. 배달원끼리 교차하며 지난다. 배달원1, 출입문 나와 오토바이 타고 간다. 배달원2, 지호의 집으로 올라가 벨을 누른다. 영주, 인상 쓰며 창을 열고 내다보고 있다가 문을 탁 닫으며 사라진다.

44. 정인의 침실

불 꺼진 침실. 베개 옆에 놓인 휴대폰에 톡이 오면서 밝아진다. 정인, 더듬거리며 집어 들고 확인한다. 영주다. '지호 씨 오늘 집들이 하나?' 정인, 벌떡 일어나 앉는다.

45. 지호의 집 안

식탁 위에 빈 술병과 맥주 캔들이 늘어져 있다. 배달 음식 봉투들이 가득하다. 지호, 영재, 현수, 거실 바닥에 배달 음식들을 잔뜩 깔아 놓고 술판을 벌이고 있다. 영재와 현수는 지호의 반바지와 티셔츠로 갈아입은 상태다. 세 사람, 벌겋게 취해 떠들고 웃고 난리법석이다. 영재와 현수, 툭탁거리다 일어나 뭔가를 흉내내며 서로 자기 말이 맞다고 우겨댄다. 지호, 둘의 모습에 쓰러지며 웃어댄다.

46. 빌라 앞 (아침)

택시가 멈춰 선다. 정인, 계산하고 내린다. 바로 지호의 집을 올려다
본다. 택시, 떠난다. 정인, 출입구로 들어간다. 천천히 계단을 올라
지호의 집으로 향한다.

47. 지호의 집 안

번호키 소리 난다. 정인, 이내 문을 열고 들어오다 멈칫한다. 신발들
이 뒤섞여 흩어져 있다. 집 안을 본다. 어젯밤 술자리 흔적이 식탁과
거실에 고스란히 남아 있다. 지호, 영재, 현수, 뒤엉켜서 바닥에서
자고 있다. 정인, 들어와 바로 식탁 위를 정리하기 시작한다. 일부러
탁탁 소리를 내며 치운다. 영재, 소리에 부스스 깬다. 몸을 반쯤 일
으키다가 정인을 보고 기겁한다. 바로 지호와 현수를 흔든다.

현수	(눈 감은 채 짜증) 왜에….
지호	(눈 감은 채, 신경질적으로) 그냥 자고 가라고 조옴!
영재	(지호를 심하게 흔들며) 일어나라고!
지호	(눈을 뜨며) 왜! (시선을 따라 돌아보다 헉! 벌떡 일어나 앉는다) 정인 씨, 이렇게 늦은 시간…. (창밖 보고는 '아침이구나…' 하…)
정인	(아랑곳없이 손만 놀리고 있다)
영재	(현수를 마구 흔들며) 일어나라니까.
현수	아, 진짜! (벌떡 일어나 앉다 정인을 보고) 뭐야…!
영재	(현수를 일으켜 세우며 일어난다) 빨리, 빨리.
현수	(허둥지둥 일어나 영재와 침실로 향한다)
지호	(슬그머니 정인 쪽으로 오며 기껏) 전화라도 하고 오지….
정인	(손을 놓고 냉장고의 각서를 탁 떼어낸다)

지호	…! (멈칫)
정인	(바로 나가려 한다)
지호	(덥석 잡고) 잘못했어….

48. 서인의 집 안

서인, 소파에서 차 마시며 웃고 있다. 재인, 주방에서 통화하며 열
내고 있다.

재인	박영재, 너 진짜 공부 안 하냐?! 이번에도 떨어지면 나하고 완전 끝 인 줄 알아!!!

49. 지호의 집 안

정인, 소파에 앉아 있다. 지호, 각서를 앞에 놓고 고개 떨군 채 무릎
꿇고 있다. 세상 불쌍한 표정을 지으며 정인을 살짝 보다 눈이 마주
치자 얼른 내리깐다.

정인	뭐가 자꾸 아니야. 나랑 결혼하기 싫은 거지.
지호	(하…. 쳐다보지도 못하고) 진짜 왜 그래요….
정인	거기 써 있잖아.
지호	난 죽어도 안 마신다 그랬는데, 애들이 자꾸….
정인	비겁하기까지 하네.
지호	(깨갱)
정인	결혼하기 싫으면 싫다고 얘기를 하지, 뭘 이런 방법을 써.
지호	너무한다…. (더 불쌍한 척 눈을 비벼댄다)

정인	뭐가 너무한데? (여전하자) 어? 뭐가 너무하냐고. 말을 해봐.
지호	배 아파….
정인	허! 그런 건 어디서 배웠어? 은우한테?
지호	(불쌍한 눈으로 보며) 잘못했다고요. 다시는 안 마실게.
정인	내가 술 마신 거 때문에 화내는 것 같아요?
지호	(뭐지…? 하는 시선으로 본다)
정인	하룻밤 사이에 아주 바보가 됐네. 친구들은 마시는데, 혼자 어떻게 안 마셔. 그럼 그냥 솔직히 말을 하지. 친구들 갔다며. 그래서 잘 거라며. 심지어 사랑한다면서 끊어?
지호	(얼른, 억울한 표정) 그건 진심이다!
정인	(어이구) 다른 건 아니잖아. 왜 거짓말했어요?
지호	(바로 다시 불쌍한 표정으로…) 혼날까봐.
정인	뒤가 더 겁나야 되는 거 아니야? 끝까지 속일 수 있을 줄 알았어?
지호	응.
정인	(어이없어. 순간 웃음이 터진다) 풉!
지호	(바로 밝아져) 한 번 봐줘….
정인	(미소 담고) 알았어.
지호	(웃으며 얼른 저린 다리를 무릅쓰고 옆에 앉으려 한다)
정인	(각서 확 집어 들며) 근데 결혼은 안 해. (침실로 간다)
지호	…! (절뚝대며 쫓아간다)

정인, 문 닫으려 한다. 지호, 억지로 밀고 들어가 각서 뺏으려 한다. 정인, "하지 마!" 안 뺏기려 한다. 지호, 기어이 뺏어낸다. 정인, 팔을 당기며 다시 뺏으려 한다. 지호, 각서 내던지며 정인과 함께 침대로 쓰러진다. 각서가 바닥으로 떨어진다. 정인, "진짜!" 웃으며 때린다…. 지호, 막아대다 아예 팔, 다리를 감싸 꼭 안고 꼼짝도 못하게 한다. 서로 실랑이하면서도 웃음이 가득하다….

50. 세탁소 옆 _ 꽃집 앞 (낮)

지호의 차가 없다. 정인, "수고하세요" 하며 포장된 꽃 한아름을 안고 나온다. 지호, 차 키를 들고 다른 쪽에서 빠르게 걸어온다.

지호   그냥 들어가도 된다니까….
정인   (옷을 내려다보며) 나 어때요? 이상한 데 없어?
지호   예쁘다니까.
정인   (울상) 너무 떨려. 내 옆에 딱 붙어 있어요. 알았지?
지호   이정인 이렇게 긴장하는 거 처음 보네.
정인   유지호 안 준다 그러실까봐. (꽃을 지호에게 안기고는 옷매무새를 만진다)
지호   (미소 담고 보다가… 손을 잡아끌며 대문으로 향한다)
정인   (대문 앞에서 뚝 멈추고 긴장하는 눈으로 지호를 본다)
지호   (등을 쓸어주고는 앞서 들여보내고 따라 들어간다)

51. 남수의 집 안

정인과 지호, 마당으로 들어선다. 정인, 멈춰 집을 슬쩍 둘러본다. 남수, 마루에서 내려선다. 정인, 얼른 인사한다. 남수, "어서 와요" 정인과 지호, 마루 끝으로 온다. 숙희와 은우, 은우의 방에서 나온다. 정인, "처음 뵙겠습…"

은우   선생님! (달려와 정인을 안는다)
정인   (안아주며) 은우아, 잘 지냈어?

숙희, 흠칫한다. 남수, 흐뭇하게 본다. 지호, 미소 담고 보고 있다.

52. 태학의 집 안

형선, 캘리 재료들을 식탁에 놓고 앉아 통화 중이다.

형선 혹시 어른들 앞에서 입바른 소리나 하지 않을까 싶어서… 잘하는
건 바라지도 않아. 실수나 안 하면 다행이지….

태학 (안방에서 나온다)

형선 …! (고개 돌리며) 그럼 일봐. 나중에 전화할게. (끊는다)

태학 누구야?

형선 서인이.

태학 (앉으며) 무슨 실수를 해. 이혼 말고 더 할 게 남았대?

형선 이미 결정났는데 미련 좀 버려. 그리고, 제일 힘든 건 당사자야.

태학 부모 속은 속도 아니냐. 하나들 같이, 아휴….

형선 … 자식은 기대한 만큼 실망도 주는 거 같아. 우리, 크게 바라지도
말고 부담도 안 주는 부모로 살자. 나 그러고 싶어, 여보.

태학 …. (한숨을 뱉으며 소파로 가서 놓여 있는 신문을 건성으로 넘겨댄다)

형선 (물끄러미…. 저 사람도 참) 간만에 어디 좋은 데 가서 저녁 먹자.

53. 남수의 집 안

소파에 정인의 가방이 놓여 있다. 정인, 거실에서 은우와 나란히 앉
아 공룡 장난감과 동화책들을 늘어놓고 소곤거리고 있다. 지호, 주
방에서 과일과 차를 준비하고 있다. 숙희, 타일 개수대에서 꽃을 병
에 꽂고 있다. 지호, 남수의 표정에 슬쩍 미소 짓는다. 남수, 식탁 앞
에서 정인과 은우를 흐뭇하게 보고 있다.

남수 (지호 옆에 와서 슬쩍) 야, 오늘 같은 날은 한잔해야 되는 거 아니냐?

지호	엄마한테 또 혼나시려고.
남수	뭘 혼나냐…. (정인 보며) 술 좀 하잖아요.
정인	(놀라며 본다)
지호	(왜 그 말을…!) 아버지….
남수	(앗!) 요즘 한두 잔씩들은 다 하니까….
정인	(앉은 채 몸을 세우고) 네, 좋아합니다.
숙희	(꽃병을 조리대 한쪽에 놓으며 으이구…) 차는 무슨 차야.
남수	(바로) 넌 뭐 마실래?
지호	어…. (지레 정인의 눈치를 본다)
정인	지호 씨는 술 끊었어요.
지호	(순간 정색)
숙희	듣던 중 반가운 소리다. 어떻게 그런 기특한 생각을 했대?
지호	(정인만 흘기듯 보고 있다)
정인	(씨익…)

54. 레스토랑 (저녁)

기석과 여자(30대 초반), 차를 놓고 마주 앉아 있다.

여자	아빠가 기석 씨 본 적 있다고 하시던데.
기석	아… 네. 국회의원 되시기 전에 우연히 한 번 뵀어요.
여자	그 때 잘 보였나 봐요? 얘기 자주 하셨어요.
기석	저도 아버지 통해서 많이 들었어요. 훌륭한 인재시라고.
여자	잘 몰라서 그래요. 요즘은 젊은 교수들 많아요. (마신다)
기석	. (마신다)
여자	(잔 놓고는) 마지막 연애는 언제였어요?
기석	…! (잔 놓고는) 기억이 잘 안 나네요.

여자	음…. 하긴 만족스럽지 못한 과거는 현실에 도움될 게 없죠.
기석	… 일리 있네요.
여자	그래서, 결혼 생각은 있는 거예요?
기석	그러니까 여기를 나왔죠. 그리고, 나오길 잘했다 생각 중이었어요.
여자	…! (멋쩍게 미소 짓고는 마신다)
기석	(짓던 미소가 흐려진다…. 창밖으로 시선을 보낸다)

55. 남수의 집 _ 주방 (밤)

정인, 남수, 숙희, 식탁에 마주 앉아 양주와 안주를 늘어놓고 마시고 있다. 정인 옆의 지호 자리가 비어 있다. 정인과 남수, 적당히 취기가 올랐다. 남수, 잔을 내민다. 정인, 건배하고 고개 돌려 마신다.

숙희	천천히 마셔. (정인 보며) 기분파라 맞춰주면 큰일 나요….
정인	(헤헤) 어떡하죠. 저도 기분파인데.
숙희	(어이없어 웃는…. 은우의 방에서 지호가 나오는 것을 보며) 자나보네.
지호	(문을 조심스레 닫고 정인의 옆으로 와서 앉는다) 괜찮아요?
정인	(끄덕인다)
지호	많이 마신 것 같은데?
정인	아닌데. (양 뺨을 만져본다)
남수	오늘 같은 날 마시지, 언제 또 이렇게 마시겠냐.
정인	저 자주 올 건데요.
남수/숙희	(슬쩍 놀라서 본다)
지호	(두 사람의 반응에 피식…. 정인 보며) 살살하지….
정인	사람은 솔직해야지. (남수와 숙희 보며) 그쵸?
남수	아, 그럼, 그럼.
정인	제가 지호 씨 더 좋아해요. 처음에는 저 만나주지도 않으려고 했어요.

숙희	(순간 지호를 안쓰럽게 본다)
지호	(멋쩍어 병을 가져와 남수의 잔을 채워준다)
정인	더 취하기 전에 이것만 말씀드릴게요. 두 분, 걱정 많으신 거 알아요. 근데, 덜 하셨으면 좋겠어요. 서로 배려하면서 예쁘게 지낼게요. 그리고… 은우한테도… 할 수 있는 한, 최선 다할 거예요.
지호	(고마움에 고개를 살짝 떨군 채 미소를 담는다)
숙희	(울컥…. 고개 돌려 감춘다)
남수	(역시 울컥…. 숙희의 반대로 고개 돌려 눈물 찍어낸다)
정인	(어떡해…. 지호를 본다)
지호	(괜찮다는 듯 미소 건네며 한 손을 잡아준다)

56. 은우의 방 (아침)

정인, 이불을 돌돌 말고 은우의 침대에서 대각선으로 잠들어 있다. 뒤척이다 슬쩍 눈을 뜬다. 책상 위에 놓인 공룡 인형이 눈에 들어온다. 기겁하며 벌떡 일어난다. 은우의 방이다! 어떡해…! 이불을 뒤집어쓰고 엎어져버린다. 이내 머리만 빼고는 두리번…. 책상 위에 놓인 휴대폰을 얼른 집어 다시 이불을 뒤집어쓴다. 지호에게 전화를 건다. 신호만 갈 뿐 받지 않는다. 지호, 문 밖에서 방을 들여다보며 웃는다. 이내 휴대폰 들고 들어온다. 정인, 꼼짝도 않는다. 지호, 책상 쪽으로 가서 침대에 걸터앉는다. 정인, 이불 살짝 젖히며 본다.

정인	…! (밖을 살피며 일어나 앉아, 작은 소리로) 왜 집에 안 데려다줬어….
지호	자고 간다고 난리친 사람이 누군데. 달리더라. 양주에 소주에….
정인	말렸어야지. 나 어떻게 나가… 어머님 화나셨죠?
지호	엄청 나셨지. 유지호 안 주신대.
정인	(머리칼을 뒤섞으며) 어떡해, 어떡해….

지호	(머리칼을 쓸어주며) 괜찮아. 아버지는 술친구 새로 생겼다고 얼마나 좋아하셨는데.
정인	유지호 안 준다고 하셨다며.
지호	그래도 가질 거잖아.
정인	그건 그래.
지호	(웃으며 뺨을 쓰담 쓰담)
정인	지호 씨는 어디서 잤어요?
지호	자긴 뭘 자. 이정인이 여기 있는데 잠이 왔겠어?
정인	몰래 들어오지.
지호	…! (볼 꼬집) 으이구.
정인	(씨익 웃다가 다시 울상) 나, 어떻게 나가….
지호	나가기 전에. (책상을 보다가… 은우의 스케치북 꺼내고 색연필을 집어와 펼쳐 정인에게 내민다)
정인	…! (단박에 알아채고) 아, 배 아파….
지호	빨리 쓰시지.

57. 정인의 집 안

정인, 출근 준비를 끝내고 가방 메며 급하게 침실에서 나와 현관으로 향한다. 신발을 꺼내 신고 밖으로 나간다. 냉장고에 지호의 각서가 붙어 있다. '절대 금주'에 X 표시돼 있고, '거짓말하지 않는다'로 바뀌어 있다.

58. 지호의 집 안

지호, 출근 차림으로 냉장고에서 생수 하나를 꺼내 들고 현관으로 간다. 냉장고에 색연필로 스케치북에 쓴 정인의 각서가 붙어 있다. '이정인은 유지호와 반드시 결혼한다. 위반 시 처녀 귀신이 되겠음!'

59. 도서관 _ 종합자료실

정인, 책장 사이에서 일하고 있다. 북트럭에 놓인 휴대폰에 톡 온다. 집어 들고 확인하다가 미소 짓는다. 지호다. '나한테 와줘서 고마워요…' 정인, 책장에 기대서서 톡을 남긴다.

60. 약국 _ 조제실 안

지호, 정인의 톡을 확인하며 들어와 약장에 기대선다. 미소 지으며 내려다본다. '어느 봄이 지호 씨를 데려온 거예요…'

61. 약국 (밤)

조제실의 불은 꺼져 있다. 지호, 데스크를 정리하고 있다. 정인, 들어온다.

지호	…! 도서관에서 나올 때 전화한다면서.
정인	(데스크로 바짝 가서) 약사님, 술 깨는 약 좀 주세요.
지호	(피식…! 팔짱 끼며) 고무줄은 안 필요해요?
성인	상태가 나쁘지 않아서.
지호	약은 까서 줄까요?
정인	원하시면.

| 지호 | 지갑 갖고 온 여자한테는 안 까주는데. |
| 정인 | (피식) 치. |

갑자기 밖에서 '다다다다…' 하는 공사 소음이 들린다. 정인과 지호, 동시에 한쪽을 돌아보고 다시 서로를 보며 웃는다. 지호, 좀 큰 소리로 "잠깐 기다려요" 단추 풀며 조제실로 향한다. 공사 소음 멈춘다. 정인, 대기석에 가방을 놓고 주변을 보며 어슬렁거린다. 휴대폰 진동 온다. 꺼내 본다. 지호다. 응…? 순간, 공사 소음이 또 들린다. 정인, 받지 않고 휴대폰 든 채 데스크를 지나 조제실 앞으로 간다. "지호 씨…?" 하며 들여다본다. 지호, 정인의 팔을 확 당긴다. 정인, 쏙빨려 들어간다. 소음 멈춘다. 약국에 고요함만 내려앉는다. 두 사람의 모습도 나타나지 않는다….

엔딩.

각서

거짓말 하지 않는다

~~절대 금주~~

위반 시

이정인과

결혼 불가

유지호 🖤

각서

이정인은 유지호와

반드시 결혼한다

위반 시

처녀 귀신이 되겠음!

이정인

기억되는 봄을 만들고 싶었습니다.
무언가를 담을 새도 없이 지나갔고,
무심히 지나쳐 버리기도 했던 수많은 찰나의 봄들.

기분 좋은 온도와 달콤한 향기를 품은 봄날에
당장이라도 달려 나가 만나고픈 누군가가 있다면.
초저녁 바람 속을 저도 모르게 미소 지으며 걷고 있다면.
봄 밤은 알고 있습니다.
분명 사랑에 빠지리라는 것을.

어느 봄 밤에 따스한 사랑을 전해 온

정인과 지호에게 감사합니다.

두 사람과 한 마음이 되어 주신 모든 분들께도

진심으로 감사합니다.

오래오래 기억에 남을 봄이었습니다.

봄 밤

김 은

봄밤 2

1판 1쇄 발행 2019년 7월 29일
1판 2쇄 발행 2019년 8월 2일

지은이 김은
펴낸이 김영곤
펴낸곳 (주)북이십일 아르테팝
미디어사업본부 본부장 신우섭
기획·편집 이은 **미디어믹스팀** 강소라 김미래 곽선희
미디어마케팅팀 김한성 황은혜 **영업팀** 오서영
홍보기획팀장 이혜연 **제작팀장** 이영민

출판등록 2000년 5월 6일 제406-2003-061호
주소 (우 10881) 경기도 파주시 회동길 201(문발동)
대표전화 031-955-2100 **팩스** 031-955-2151

ISBN 978-89-509-8203-4 (04680)
ISBN 978-89-509-8204-1 (SET)

(주)북이십일 경계를 허무는 콘텐츠 리더

아르테 채널에서 도서 정보와 다양한 영상자료, 이벤트를 만나세요!
북이십일과 함께하는 팟캐스트 '북팟21 책 이게 뭐라고'
페이스북 facebook.com/21arte **블로그** arte.kro.kr
인스타그램 instagram.com/21_arte **홈페이지** arte.book21.com